警官高等职业教育"十三五"规划教材

编审委员会

主　　任：胡来龙　　尹树东

副主任：周善来　　彭　　晔

委　　员：刘传兰　　印　　荣　　阚明旗　　姚亚辉

警官高等职业教育"十三五"规划教材

行政诉讼法教程

XING ZHENG SU SONG FA JIAO CHENG

主　编◎欧元军

撰稿人◎（以撰写章节先后为序）

欧元军　万春梅　刘靖华

朱　勇　郭　昕

中国政法大学出版社

2019·北京

图书在版编目（ＣＩＰ）数据

行政诉讼法教程/欧元军主编. —北京：中国政法大学出版社, 2019.8（2022.8重印）
ISBN 978-7-5620-9144-8

Ⅰ.①行…　Ⅱ.①欧…　Ⅲ.①行政诉讼法－中国－教材　Ⅳ.①D925.3

中国版本图书馆CIP数据核字(2019)第170026号

出 版 者　中国政法大学出版社
地　　址　北京市海淀区西土城路 25 号
邮寄地址　北京 100088 信箱 8034 分箱　邮编 100088
网　　址　http://www.cuplpress.com（网络实名：中国政法大学出版社)
电　　话　010-58908435(第一编辑部) 58908334(邮购部)
承　　印　北京朝阳印刷厂有限责任公司
开　　本　720mm×960mm　1/16
印　　张　13.5
字　　数　251 千字
版　　次　2019 年 8 月第 1 版
印　　次　2022 年 8 月第 2 次印刷
印　　数　5001～10000 册
定　　价　39.00 元

❖ 主编简介

欧元军　男，1973 年 7 月生。中国人民大学宪法学与行政法学博士，安徽警官职业学院教授，三级警监。兼任中国法学会会员，安徽省人民政府立法咨询员，中国人民大学比较行政法研究所研究员，安徽省法学会理事，安徽省法学会学术委员会委员，安徽省法学会监狱法学研究会副会长，安徽省法学会行政法学研究会理事，安徽省法学会食品药品法律研究会理事，安徽省高级律师与高级公证员评审委员会成员、安徽省律协行政法律委员会委员。主要从事行政法学和行政诉讼法学的教学和研究工作。出版专著 1 部，在《法律适用》《科技与法律》《华东经济管理》《广西社会科学》等学术刊物上发表学术论文二十余篇，主编和参编多部教材。

❖ 编写说明

　　作为高等职业教育的重要组成部分，警官高等职业教育正随着经济社会的快速发展和一线政法工作对专门人才的迫切需求而与时俱进。近年来，全国司法类高职院校都积极探索高职教育教学规律、完善专业人才培养模式，以适应经济社会发展对司法类专门人才的客观需求，创新内容涉及各个方面，包括专业建设、课程建设、师资队伍建设等，当然也少不了至关重要的教材建设。编写一套以促进就业为导向、以能力培养为核心、以服务学生职业生涯发展为目标、突出当前警官高等职业教育教学特点的系列规划教材就显得尤为重要。

　　为适应司法类专业人才培养的需要，安徽警官职业学院决定遴选理论功底扎实、教学能力突出、实践经验丰富的优秀教师组成编写组，对警官高等职业教育原有的系列教材进行重新编写。本次编写按照"就业导向、能力本位、任务驱动"等职业教育新理念的要求，紧紧围绕培养高素质技术技能型人才开展工作。基础课程教材体现以应用为目的，以必需、够用为度，以讲清概念、强化应用为教学重点；专业课程教材加强针对性和实用性。同时，遵循高职学生自身的认知规律，紧密联系司法工作实务、相关专业人才培养模式以及课程教学模式改革实践，对教材结构和内容进行了革故鼎新的整合，力求符合教育部提出的"注重基础、突出适用"的要求，在强调基本知识和专业技能的同时，强化社会能力（含职业道德）和应用能力的培养，把基础知识、基本技能和职业素养三者有机融合起来。

　　本系列教材的主要特点是：

　　1. 创新编写思路，培养职业能力。"以促进就业为导向，注重培养学生的职业能力"是高等职业教育课程改革的方向，也是职业教育的本质要求。本系列教材针对司法类高职院校学生的特点，在教材编写过程中突出实用性和职业性，以我国现行的法律、法规和司法解释为依据，使学生既掌握法学原理，又明晓现行法律制度，提高学生运用法律知识解决实际问题的能力。同时，在教材内容编排上，本系列教材遵循由浅入深和工作过程系统化的编写思路，为学生搭建合理的知识结构，以充分体现高职的办学要求。

2. 体例设计新颖，表现形式丰富。为了突出实践技能培养，践行以能力为本位的职业教育理念，本系列教材改变以往教材以理论讲述为主的教学模式，采用新颖的编写体例。除基本理论外，本系列教材在体例上设置了学习目标、工作任务、导入案例、案例评析、实务训练、延伸阅读等相关教学项目，并在每章结束时通过思考题的形式，启发学生巩固本章教学内容。该编写体例为学生课后复习和检验学习效果提供便利，对提高学生的学习兴趣、促进学以致用、丰富教学形式、拓宽学生视野、提升职业素养具有积极的推动作用。

3. 课程针对性强，职业特色明显。高等职业教育教材突出相关职业或岗位群所需实务能力的教育和培养，并针对专业职业能力构成来组织教材内容。法律实务类专业在社会活动中具有与各方面接触频繁、涉及面广的特点，要求学生具有较高的综合素质和良好的应变能力。因此，本系列教材采用案例教学法，通过案例导入，并辅以简洁的案例分析，提供规范的实务操作范例，使学生能够更为直观地体会法律的适用，体验工作的情境和流程，增强学生的综合能力。

4. 文字表述简洁，方便学生使用。本系列教材在概念等内容编写中，尽量采用简洁明了的语言表述，使学生明确概念的要点即可，从而避免教材"一个概念多个观点""理论争论较多"的现象。

本系列教材共 16 本，在其编写过程中借鉴吸收了相关教材、论著的成果和资料；中国政法大学出版社也给予作者们大力支持和指导，责任编辑在审读校阅过程中更是付出了辛勤的劳动，在此我们深表谢忱。同时，由于时间紧、任务重，教材中难免出现不足和疏漏，恳请广大师生和读者给予批评指教，以便我们再版时进一步改进和提高教材质量，更好地服务于警官高等职业教育事业的发展。

警官高等职业教育"十三五"规划教材编审委员会

2019 年 3 月

❖ 前　言

　　本教材面向警官高等职业教育，主要适用于理论教学。在体例设计、内容编排、文字表述等方面，本教材既遵循高等职业教育的基本规律，力求将理论知识传授和岗位专业技能培养有机结合；又兼顾学科内容的完整性和系统性，注重对学科基础理论和基础知识进行介绍和阐述。

　　本教材的内容编写以"必需、够用"为原则，突出介绍基本理论、基本原理和常见的实务问题，注重融入法律制度的变化内容和行政诉讼法教学与科研的新成果。本教材共 10 章，章节体例简明统一：章前先明确"学习目标"，以使学生明确本章的学习要点和技能培训要点；章前和章内分别设置"导入案例"和"参考案例"，促使学生产生问题意识，并在相应的知识点上解析"导入案例"和"参考案例"，以培养学生分析问题、把握问题和解决问题的能力；"导入案例"之后为章节的知识部分，阐述学科的主流观点、通说，以使学生建立系统的学科知识体系，选取能够帮助学生理解理论知识的"延伸阅读"资料，对重要知识点和前沿性知识进行解读，增强学生解决问题的能力；每章的结尾部分为"思考题""实务训练"，引导学生运用本章所学内容解决相应的行政诉讼法律实践问题。本教材的语言文字力求通俗易懂，避免晦涩冗长的叙述。

　　本教材由欧元军同志任主编，刘靖华同志任副主编。朱勇、郭昕、万春梅等同志参与了教材的编写工作。由主编负责全书的统稿和修改定稿。各章撰稿分工如下（以撰写章节先后为序）：

　　欧元军：第一章、第五章、第六章；

　　万春梅：第二章、第三章；

刘靖华：第四章；

朱　勇：第七章、第十章；

郭　昕：第八章、第九章。

主　编

2019 年 6 月

◆❖ 目　录

模块三　诉讼之王：行政诉讼证据

模块四　行政诉讼的审理和裁判

模块五　行政案件的执行

模块一　行政诉讼法的基本原理

第一章

行政诉讼法概述

学习目标

　　通过本章学习，了解行政诉讼的概念、特征，能够在诉讼实践中分辨行政诉讼与刑事诉讼、民事诉讼及行政复议的不同；掌握行政诉讼法的概念及其渊源，了解行政诉讼法与行政法之间的关系，树立程序公正和实体公正并重的观念。

导入案例

李某某诉广东省交通运输厅政府信息公开案

　　原告李某某诉称：其于 2011 年 6 月 1 日通过广东省人民政府公众网络系统向被告广东省交通运输厅提出政府信息公开申请，根据《中华人民共和国政府信息公开条例》（以下简称《政府信息公开条例》）第 24 条[1]第 2 款的规定，被告应在当月 23 日前答复原告，但被告未在法定期限内答复及提供所申请的政府信息，故请求法院判决确认被告未在法定期限内答复的行为违法。

　　被告广东省交通运输厅辩称：原告申请政府信息公开通过的是广东省人民政府公众网络系统，即省政府政务外网（以下简称省外网），而非被告的内部局域网（以下简称厅内网）。按规定，被告将广东省人民政府"政府信息网上依申请公开系统"的后台办理设置在厅内网。由于被告的厅内网与互联网、省外网物理隔离，互联网、省外网数据都无法直接进入厅内网处理，需通过网闸以数据"摆渡"方式接入厅内网办理，因此被告工作人员未能立即发现原告在广东省人民政府公众网络系统中提交的申请，致使被告未能及时受理申请。根据

---

[1]　2019 年修订后为第 33 条，期限改为 20 日。

《政府信息公开条例》第 24 条、《国务院办公厅关于做好施行〈中华人民共和国政府信息公开条例〉准备工作的通知》[1] 等规定，政府信息公开中的申请受理并非以申请人提交申请为准，而是以行政机关收到申请为准。原告称 2011 年 6 月 1 日向被告申请政府信息公开，但被告未收到该申请，被告正式收到并确认受理的日期是 7 月 28 日，并按规定向原告发出了《受理回执》。8 月 4 日，被告向原告当场送达《关于政府信息公开的答复》和《政府信息公开答复书》，距离受理日仅 5 个工作日，并未超出法定答复期限。因原告在政府公众网络系统递交的申请未能被及时发现并被受理应视为不可抗力和客观原因造成，不应计算在答复期限内，故请求法院依法驳回原告的诉讼请求。

法院经审理查明：2011 年 6 月 1 日，原告李某某通过广东省人民政府公众网络系统向被告广东省交通运输厅递交了政府信息公开申请，申请获取广州广园客运站至佛冈的客运里程数等政府信息。政府公众网络系统以申请编号 11060100011 予以确认，并通过短信通知原告确认该政府信息公开申请提交成功。7 月 28 日，被告作出受理记录确认上述事实，并于 8 月 4 日向原告送达《关于政府信息公开的答复》和《政府信息公开答复书》。庭审中被告确认原告基于生活生产需要获取上述信息，原告确认 8 月 4 日收到被告作出的《关于政府信息公开的答复》和《政府信息公开答复书》。

广州市越秀区人民法院于 2011 年 8 月 24 日作出（2011）越法行初字第 252 号行政判决：确认被告广东省交通运输厅未依照《政府信息公开条例》第 24 条规定的期限对原告李某某 2011 年 6 月 1 日申请其公开广州广园客运站至佛冈客运里程数的政府信息作出答复违法。[2]

[任务提出]

根据本案，思考并完成以下学习任务：

1. 行政诉讼法的功能是什么？
2. 本案的行政诉讼审查内容是什么？

第一节　行政诉讼

一、行政诉讼的概念、特征

（一）行政诉讼概念

在我国，行政诉讼是指公民、法人或者其他组织认为行政机关和法律、法

---

[1]　现已失效。

[2]　最高人民法院指导案例 26 号，引自北大法律信息网，为教学需要案件内容作了必要的改动。

规、规章授权的组织作出的行政行为侵犯其合法权益，依法定程序向人民法院提起诉讼，人民法院在当事人及其他诉讼参与人的参加下，对行政行为的合法性进行审查并作出裁决的活动。

（二）行政诉讼特征

1. 人民法院依法审判行政案件。在我国，由人民法院行使宪法所赋予的审判权，法院组织只设立一套人民法院系统，人民法院设立行政审判庭，审理行政案件。根据《行政诉讼法》第4条的规定，人民法院依法对行政案件独立行使审判权，人民法院设行政审判庭，审理行政案件。我国的行政审判主体制度不同于英美法系国家和大陆法系国家。在英美法系国家，由普通法院审理行政案件，普通法院内部不设行政审判庭；大陆法系国家，由专门成立的行政法院审理行政案件。

2. 行政诉讼的目的是解决一定范围内的行政争议。行政诉讼不同于用来解决民事争议的民事诉讼和用来处理刑事案件的刑事诉讼，行政诉讼解决行政争议。所谓"行政争议"，是指行政主体及其工作人员在行使行政职权的过程中与作为相对人的公民、法人或者其他组织、其他利害关系人之间发生的权利义务纠纷。由于行政争议形式多样，涉及领域广泛，因此并非所有的行政争议都通过司法途径来解决，只有一定范围内的行政争议才能通过司法途径解决，人民法院只受理法律、法规规定属于法院受案范围内的行政争议。

3. 对行政行为的合法性进行审查。对行政行为的合法性进行审查，是指人民法院通过依法受理、审理行政案件，对被诉行政行为的合法性进行审查，并作出判决。行政诉讼以审查行政行为的合法性为核心，是因为行政诉讼的重要作用在于督促行政主体依法行政，监督行政主体行使行政权。另外，行政权与司法权的关系也决定了行政诉讼主要审查行政行为的合法性。

法院生效裁判认为：《政府信息公开条例》第24条规定："行政机关收到政府信息公开申请，能够当场答复的，应当当场予以答复。行政机关不能当场答复的，应当自收到申请之日起15个工作日内予以答复；如需延长答复期限的，应当经政府信息公开工作机构负责人同意，并告知申请人，延长答复的期限最长不得超过15个工作日……"本案原告于2011年6月1日通过广东省人民政府公众网络系统向被告提交了政府信息公开申请，申请公开广州广园客运站至佛冈的客运里程数。政府公众网络系统生成了相应的电子申请编号，并向原告手机发送了申请提交成功的短信。被告确认收到上述申请并认可原告是基于生活生产需要获取上述信息，却于2011年8月4日才向原告作出《关于政府信息公开的答复》和《政府信息公开答复书》，已超过了上述规定的答复期限。由于广东省人民政府"政府信息网上依申请公开系统"作为政府信息申请公开平台所应当具有的整合性与权威性，如未作例外说明，则从该平台上递交成功的申请应视为相关行政机关已收到原告通过互联网提出的政府信息公开申请。至于外网与内网、上下级行政机关之间对于该申请的流转，属于行政机关内部管理事务，不能成为行政机关延期处理的理由。被告认为原告是向政府公众网络系统提交的申请，因其厅内网与互联网、省外网物理隔离而无法及时发现原告申请，应以其2011年7月28日发现原告申请为收到申请日期而没有超过答复期限的理由不能成立。因此，原告通过政府公众网络系统提交政府信息公开申请的，该网络系统确认申请提交成功的日期应当视为被告收到申请之日，被告逾期作出答复的，应当确认为违法。

4. 以行政诉讼法和民事诉讼法为诉讼程序展开的依据。我国的行政诉讼制度缘起于民事诉讼制度，行政诉讼发展之初适用民事诉讼程序。在制定行政诉讼法之前，1982年制定的《民事诉讼法（试行）》第3条第2款规定，人民法院审理行政案件适用民事诉讼程序。1989年制定了《行政诉讼法》[1]，但内容简略，对一些程序性问题没有明确规定。1991年《最高人民法院关于贯彻执行〈中华人民共和国行政诉讼法〉若干问题的意见（试行）》及2000年《最高人民法院关于执行〈中华人民共和国行政诉讼法〉若干问题的解释》（以下简称《若干问题解释》）为此作了解释，人民法院审理行政案件，除依照行政诉讼法及相关的司法解释外，可以参照民事诉讼的有关规定。2014年修订的《行政诉讼法》第101条规定，人民法院审理行政案件，关于期间、送达、财产保全、开庭审理、调解、中止诉讼、终结诉讼、简易程序、执行等，行政诉讼法没有规定的，适用《民事诉讼法》的相关规定。

5. 行政诉讼原告、被告的身份具有恒定性。行政诉讼的原告为受到行政行为实质影响的公民、法人或者其他组织，行政诉讼的被告为行政主体，这是由行政诉讼的性质和宗旨决定的。行政诉讼属于事后救济的制度，在行政主体作出已发生法律效力的某行政行为后，受到行政行为实质影响的公民、法人或者其他组织可以依法请求人民法院对该行政行为进行审查，以撤销违法的行政行为或确认行政行为违法，恢复或补救被违法行政行为侵犯的利益。行政诉讼是旨在监督行政主体依法行政，保护行政相对人的合法权益，在公民、法人或者其他组织合法权益受到或可能受到行政行为侵犯时，为其提供及时有效救济的制度。

---

〔1〕　为行文简便，本书在本章及以下各章节中，将《中华人民共和国行政诉讼法》简称为《行政诉讼法》。

二、行政诉讼与其他制度的关系

(一) 行政诉讼与刑事诉讼、民事诉讼

在我国，行政诉讼与刑事诉讼、民事诉讼是三大诉讼。这三大诉讼，有一些共同的原则和制度，例如人民法院依法独立行使审判权原则，以事实为依据、以法律为准绳原则，回避制度，两审终审制度等，但三者之间也存在着诸多差异。主要有以下不同：

1. 涉诉案件性质和诉讼目的不同。行政诉讼解决的是行政主体与行政行为的相对人以及其他与行政行为有利害关系的公民、法人或其他组织之间的行政争议；民事诉讼解决的是平等主体之间的民事争议；刑事诉讼解决的是犯罪嫌疑人、被告人是否犯罪，犯了什么罪，是否应当给予刑事处罚，应当处以什么刑事处罚的问题。

2. 适用的实体法规范和诉讼法规范不同。行政诉讼适用的实体规范主要是行政法律规范，如《行政许可法》《行政处罚法》《行政强制法》等；适用的诉讼法规范主要是《行政诉讼法》。民事诉讼适用的实体规范主要是民事法律规范，如《民法总则》《合同法》《物权法》《侵权责任法》等；适用的诉讼法规范主要是《民事诉讼法》。刑事诉讼适用的实体规范主要是《刑法》，适用的诉讼法规范主要是《刑事诉讼法》。

延伸阅读

行政诉讼与刑事诉讼作为两种性质不同的司法救济手段，其目的和任务不同。行政诉讼是行政相对人与行政主体在行政法律关系领域发生纠纷后，依法向人民法院提起诉讼，人民法院依照法定程序审查行政主体的行政行为的合法性，并作出裁判的一种活动。其解决的是行政行为的合法性审查问题，而刑事诉讼是国家专门机关在当事人及其他诉讼参与人的参加下，依照法定程序，追诉犯罪，解决被追诉人刑事责任的活动。二者存在着明显的区别，因此，在通常情况下，二者是两种相互独立的诉讼类型，并无必然的联系。但由于行政处罚与刑事刑罚、行政责任与刑事责任存在重合和衔接等原因，行政诉讼与刑事诉讼不可避免地存在交织，如果处理不好，会造成行政诉讼和刑事诉讼相互矛盾的结果，不利于当事人合法权益的保护，滋生受诉法院之间的矛盾。在实践中，行政诉讼与刑事诉讼存在很多关联，主要表现在以下两种关系：①移送关系。人民法院在审理行政案件过程中发现本案符合刑法及有关司法解释的规定，涉及犯罪可能需要追究刑事责任的，应当将有关案件材料移交给公安机关或者有关司法机关处理，并应当裁定中止行政诉讼。②排斥关系。为了维护法院的权威，防止刑事诉讼和行政诉讼的裁判发生冲突，原则上刑事诉讼和行政诉讼

不同时进行，当事人也不得同时提起行政诉讼和刑事诉讼。实际上，在行政诉讼（或者刑事诉讼）过程中或者审结后，由于案件事实可能有刑事犯罪（或者行政违法）的性质，从而又引起两种诉讼交叉，使得两种诉讼在程序以及结果上发生矛盾的情形时有发生。[1]

3. 诉讼权利不同。行政诉讼双方当事人的诉讼权利是不对等的，如只能由公民、法人或者其他组织一方起诉，行政主体一方没有起诉权和反诉权。民事诉讼双方当事人的诉讼权利是对等的，如一方起诉，另一方可以提起反诉。而刑事诉讼是在公安机关、人民检察院和人民法院与当事人（包括被害人、自诉人、犯罪嫌疑人、被告人等）共同参加下进行的活动，当事人之间的诉讼权利也不对等，例如为维护控辩双方总体上的地位的平衡，刑事诉讼法对被害人的诉讼地位作了限制性规定，被害人不享有完全的上诉权。

4. 证明责任分配不同。在行政诉讼中，由被诉行政主体对其作出的行政行为的合法性负举证责任。在民事诉讼中，举证责任由双方当事人承担，在一般情况下哪一方提出主张，哪一方就要对自己的主张负举证责任。在刑事诉讼中，公诉案件中被告人有罪的举证责任由人民检察院承担；自诉案件中被告人有罪的举证责任由自诉人承担。

（二）行政诉讼与行政复议

行政诉讼和行政复议，是现代国家解决行政争议的两种法律制度和途径，也是行政救济法体系的重要组成部分。

1. 行政诉讼和行政复议的联系。

（1）行政复议、行政诉讼选择制。根据《行政诉讼法》第44条第1款的规定，对属于人民法院受案范围的行政案件，公民、法人或者其他组织可以先向行政机关申请复议，对复议决定不服的，再向人民法院提起诉讼；也可以直接向人民法院提起诉讼。

（2）行政复议前置。法律、法规规定必须经过行政复议的，当事人只有经过行政复议后，才能够向法院提起诉讼。《行政诉讼法》第44条第2款规定："法律、法规规定应当先向行政机关申请复议，对复议决定不服再向人民法院提起诉讼的，依照法律、法规的规定。"例如，根据《土地管理法》第16条的规定，土地所有权和使用权争议，由当事人协商解决；协商不成的，由人民政府处理。当事人对有关人民政府的处理决定不服的，可以自接到处理决定通知之日起30日内，向人民法院起诉。

---

[1]　李楠："行政与刑事法律关联问题研究——以行政违法与刑事犯罪关系为研究进路"，吉林大学2012年博士学位论文。

（3）在可选择前提下的终局裁决制。《行政复议法》明确规定了以赋予申请人选择权为前提的终局裁决制。《行政复议法》第 14 条规定，对国务院部门或者省、自治区、直辖市人民政府的具体行政行为不服的，向作出该具体行政行为的国务院部门或者省、自治区、直辖市人民政府申请行政复议。对行政复议决定不服的，可以向人民法院提起行政诉讼；也可以向国务院申请裁决，国务院依照本法的规定作出最终裁决。

2. 行政诉讼与行政复议的区别。

（1）管辖主体不同。行政复议的管辖主体是行政复议机关，行政复议机关依法对被申请复议的行政行为进行审查，属于内部监督；行政诉讼的管辖主体是法院，行政诉讼由法院对依法被诉的行政行为进行合法性审查，属于外部监督。

（2）处理权限范围不同。行政复议不仅审查行政行为的合法性，而且还要审查行政行为的合理性；行政诉讼除了行政行为明显不当的情形外，只审查行政行为的合法性。

（3）程序不同。行政复议采用准司法程序解决行政争议，而行政诉讼则采用正式的司法程序解决争议。与行政诉讼程序相比，行政复议程序简便易行，能够及时、有效地解决部分行政争议。

（4）法律效果不同。除法律有特别规定以外，一般情况下，行政复议并不是最后的救济手段，如果行政相对人对行政复议决定不服，可以向法院提起行政诉讼。行政诉讼作为一种司法救济手段，对行政相对人权益的保障具有终局性。

参考案例

原告韩某系彭阳县白杨镇姚河村姚河队村民。彭阳县国土资源局依据《关于省道 203 线王洼经彭阳至高寨塬段公路先行用地的函》、彭阳县人民政府制定公布的《省道 203 线王洼经彭阳至高寨塬段公路工程建设土地及房屋等附着物征收与补偿安置公告》、宁夏回族自治区人民政府《关于省道 203 线王洼经彭阳至高寨塬段公路建设项目用地的批复》，批准了省道 203 线王洼经彭阳至高寨塬段公路建设项目用地。被征收人韩某家使用的集体土地 1.592 亩在省道 203 线的用地区域内。按照上述公告的《彭阳县县城规划区内项目建设集体土地上房屋及构筑物征收补偿标准》《彭阳县集体土地征收补偿标准》，其土地及其地上附着物补偿费共计 515 469.40 元。在《省道 203 线王洼经彭阳至高寨塬段公路工程建设土地及房屋等附着物征收与补偿安置公告》规定的丈量、登记、补偿期限内，被征收户韩某不能接受《彭阳县县城规划区内项目建设集体土地上房屋及构筑物征收补偿标准》，拒绝与彭阳县国土资源局签订拆迁安置协议。彭阳县国土资源局遂于 2014 年 11 月 18 日作出彭国土征决字（2014）第 02 号《土地征收补偿及责令交出土地决定书》，决定：①征收被征收户韩某家使用的集体土地 1.592 亩，土地及附着物等补偿款 515 469.4 元。被征收户韩某自接到本决定之日起 10 日内到彭阳县国土资源局签订补偿协议并领取补偿款。②责令被征收户韩某自接到本决定之日起 15 日内交出被征收的集体土地 1.592 亩并腾出该土地上被征收的房屋。原告韩某不服，于 2015 年 1 月 17 日向彭阳县人民政府申请复议，被告彭阳县人民政府于 2015 年 1 月 16 日对原告韩某作出彭复不字（2015）第 1 号《不予受理行政复议申请决定书》。原告韩某不服行政复议决定，便向固原市中级人民法院起诉。

固原市中级人民法院认为，案件争议的焦点是彭阳县人民政府能否受理韩某的复议申请，也就是彭阳县人民政府是否是复议机关。从原告韩某提供的证据截图来看，彭阳县国土资源局是彭阳县人民政府的职能部门。国土资源局是否为国家垂直管理单位，被告也未提供证据来证明，法律、法规也没有明确规定，但在行政级别上受上级主管部门固原市国土资源局领导。根据《中华人民共和国行政复议法》第 12 条第 1 款"对县级以上地方各级人民政府工作部门的具体行政行为不服的，由申请人选择，可以向该部门的本级人民政府申请行政复议，也可以向上一级主管部门申请行政复议"，据此，彭阳县人民政府是复议机关，原告韩某选择彭阳县人民政府申请复议，符合法律规定。因此，固原市中级人民法院撤销被告作出的彭复不字（2015）第 1 号《不予受理行政复议申请决定书》，责令被告依法受理原告的行政复议申请并作出决定。[1]

（5）二者的审级制度不同。除法律有特别规定的以外，行政复议实行一级复议制；而行政诉讼则实行两审终审制。

一级复议制，是指公民、法人或者其他组织对行政机关作出的具体行政行为不服，可以向该行政机关的上一级行政机关或者法律、法规规定的其他机关申请复议，对复议决定不服，只能依法向人民法院提起行政诉讼，不得再向复议机关的上一级行政机关申请复议的制度。两审终审制，是指行政案件经过两级人民法院的审判宣告完结的制度。根据两审终审制度，当事人对第一审地方各级人民法院作出的裁判不服的，可以在法律规定的期限内，向上一级人民法院提起上诉。经过上一级人民法院审理裁判后，对案件的审理宣告终结，裁判发生效力。

---

〔1〕　参考宁夏回族自治区固原市中级人民法院行政判决书（2015）固行初字第 3 号，载中国裁判文书网，为教学需要案件内容作了必要的改动。

第二节　行政诉讼法

一、行政诉讼法的概念

行政诉讼法是指有关调整人民法院和行政诉讼当事人、参与人在审理行政案件过程中所进行的诉讼活动以及所形成的诉讼关系的法律规范的总称。关于行政诉讼法的概念，有狭义和广义两种理解。狭义的行政诉讼法也称形式意义上的行政诉讼法，特指具有完整法律形式的行政诉讼法典，在我国就是指由全国人民代表大会制定的《行政诉讼法》。广义的行政诉讼法也称实质意义上的行政诉讼法，是指由包括行政诉讼法典在内的一切有关行政诉讼的法律规范所构成，其包括行政诉讼法典、民事诉讼法及法律、法规中有关或者适用于行政诉讼的原则、制度和一些具体规定等。

二、行政诉讼法的渊源

行政诉讼法的渊源是指行政诉讼法规范的外在表现形式。在我国，行政诉讼法的渊源主要有：

（一）宪法

《宪法》关于人民法院和人民检察院行使审判权和检察权的规定；对公民对于任何国家机关和国家机关工作人员有提出批评和建议的权利规定；对公民受到国家机关和国家机关工作人员违法失职行为侵犯时行使申诉、控告权和请求赔偿权的规定，是行政诉讼法的重要渊源。

（二）人民法院组织法、人民检察院组织法

《人民法院组织法》中有关审判组织、审判原则、审判制度和审判程序的法律规范；《人民检察院组织法》中有关法律监督的法律规范，都是调整行政诉讼关系的法律规范，因此是行政诉讼法的渊源。

（三）行政诉讼法

1989 年 4 月 4 日第七届全国人民代表大会第二次会议通过《行政诉讼法》，2014 年 11 月 1 日第十二届全国人民代表大会常务委员会第十一次会议对该法予以全面修订。2017 年 6 月 27 日第十二届全国人民代表大会常务委员会第二十八次会议通过关于修改《行政诉讼法》的决定，规定检察机关可以依法提起行政公益诉讼。《行政诉讼法》系统地规定了我国行政诉讼各方面的基本问题，是公民、法人或者其他组织提起行政诉讼，人民法院审理行政案件的主要依据，是行政诉讼法的基本渊源。

（四）民事诉讼法

人民法院审理行政案件，关于期间、送达、财产保全、开庭审理、调解、中止诉讼、终结诉讼、简易程序、执行等，以及人民检察院对行政案件受理、审理、裁判、执行的监督，在《行政诉讼法》没有规定的情况下，可以适用《民事诉讼法》的相关规定。

（五）部分法律、法规中的有关行政诉讼法规范

部分法律、行政法规和地方性法规中调整行政诉讼关系的规范也是行政诉讼法的法律渊源，如《行政处罚法》《行政许可法》《土地管理法》等有关于行政相对人或者其他利害关系人的起诉权、起诉期限和条件的规定。民族区域自治地方制定颁布的自治条例和单行条例中调整自治地方行政诉讼关系的规范，也是行政诉讼法的组成部分。

（六）法律解释

作为行政诉讼法源的法律解释，是指全国人民代表大会常务委员会、最高人民法院和最高人民检察院对法律所作的解释。依据《立法法》第45条和第104条的规定，法律的规定需要进一步明确具体含义的或者法律制定后出现新的情况，需要明确适用法律依据的，由全国人民代表大会常务委员会解释法律；最高人民法院、最高人民检察院作出的属于审判、检察工作中具体应用法律的解释，应当主要针对具体的法律条文，并符合立法的目的、原则和原意。最高人民法院、最高人民检察院对于法律制定后出现新的情况，需要明确适用法律依据的情形的，不可以进行解释，而应当向全国人民代表大会常务委员会提出法律解释的要求或者提出制定、修改有关法律的议案。

2017年11月13日最高人民法院审判委员会第1726次会议通过的《最高人民法院关于适用〈中华人民共和国行政诉讼法〉的解释》（以下简称《行政诉讼法解释》），自2018年2月8日起施行。该解释施行后，《最高人民法院关于执行〈中华人民共和国行政诉讼法〉若干问题的解释》（法释〔2000〕8号）、《最高人民法院关于适用〈中华人民共和国行政诉讼法〉若干问题的解释》（法释〔2015〕9号）同时废止。最高人民法院以前发布的司法解释与该解释不一致的，不再适用。

（七）国际条约和行政协定

在涉外行政诉讼中，要适用我国参加的国际条约和行政协定（我国申明保留的条款除外）。

延伸阅读

《最高人民法院关于审理国际贸易行政案件若干问题的规定》（法释〔2002〕27号）第9条规定，人民法院审理国际贸易行政案件所适用的法律、行政法规的具体条文存在两种以上的合理解释，其中有一种解释与中华人民共和国缔结

或者参加的国际条约的有关规定相一致的，应当选择与国际条约的有关规定相一致的解释，但中华人民共和国声明保留的条款除外。

三、行政诉讼法的功能

行政诉讼法具有以下三个方面的基本功能：

（一）保证人民法院公正、及时审理行政案件，解决行政争议

1. 为保证公正审理行政案件，《行政诉讼法》规定了人民法院独立行使行政审判权原则、证据制度、诉讼强制措施、审判依据及审判监督程序等原则和制度，以保证人民法院正确审理行政案件。

2. 为确保及时审理案件，《行政诉讼法》对期限作了明确规定，如起诉期限、受理期限、审理期限等，避免案件久拖不决，使公民、法人和其他组织的合法权益得到及时的司法救济。

3.《行政诉讼法》明确了行政诉讼化解行政纠纷、解决行政争议的作用。解决行政争议有行政复议、行政诉讼、信访等多种途径，行政诉讼是其中一个重要途径，通过司法审判的方式，由人民法院对被诉行政行为的合法性进行审查，可以有效化解行政争议，实现定纷止争的目的。

（二）保障公民、法人和其他组织的合法权益

1.《行政诉讼法》规定了人民法院受理行政案件的范围，即公民、法人和其他组织认为行政主体及其工作人员作出的行政行为侵犯其合法权益，可以依法提起行政诉讼。

2. 规定了公民、法人和其他组织在行政诉讼中的权利。例如，为了保障当事人的起诉权利，《行政诉讼法》对于受理条件作了明确规定。人民法院作出裁定不受理起诉或者驳回起诉，原告对裁定不服的，可以向上一级人民法院提出上诉。

（三）监督行政主体依法行使行政职权

人民法院通过审理行政案件，对行政行为的合法性进行审查。对违法的行政行为，例如对于主要证据不足、适用法律法规错误、违反法定程序、超越职权、明显不当的行政行为，判决撤销或者重作、变更、履行、给付。对行政协议是否履行、按约定履行等行为进行监督，对于不依法履行、未按照约定履行或者违法变更、解除行政协议的，判决被告承担继续履行、采取补救措施或者赔偿损失等责任。

延伸阅读

《行政诉讼法》修改的背景、过程

《行政诉讼法》于 1989 年由第七届全国人民代表大会第二次会议通过，

1990 年 10 月 1 日起施行。《行政诉讼法》在我国的法制建设史上具有里程碑意义，其确立的行政纠纷司法解决机制，对我国民主法制建设产生了巨大的影响。《行政诉讼法》实施以来，在解决行政争议、推进依法行政，保护公民、法人和其他组织的合法权益等方面发挥了重要作用。同时，随着社会主义民主法制建设的深入推进，行政诉讼制度与社会经济发展不协调、不适应的问题也日渐突出。公众对行政诉讼中成长的"立案难、审理难、执行难"等突出问题反映强烈。为解决这些突出问题，适应依法治国、依法行政，推进法治国家、法治政府、法治建设的新要求，有必要对《行政诉讼法》予以修改完善。

全国人大常委会法工委从 2009 年开始着手《行政诉讼法》的修改调研工作，先后到山东、湖南等多地调研基层人民法院、地方政府部门的意见和建议，并采取旁听案件审理、阅卷、派人到行政审判一线蹲点等多种方式了解行政诉讼实践的情况。此外，多次召开国务院部门、学者和律师座谈会，听取意见。又分三次召开 31 个省、自治区、直辖市人大法制机构、政府法制部门、人民法院和人民检察院参加的座谈会，听取意见。修改工作着重把握以下几点：一是维护行政诉讼制度的权威性，针对现实中的突出问题，强调依法保障公民、法人和其他组织的诉讼权利；二是坚持我国行政诉讼制度的基本原则，保障人民法院依法独立公正行使审批权，畅通公民、法人和其他组织寻求司法救济的渠道，通过有效化解行政争议来维护其合法权益；三是坚持从实际出发，循序渐进，逐步完善；四是总结行政审判实践的经验，把经实践证明的有益经验上升为法律。经与最高人民法院、国务院法制办公室等方面沟通协商、反复研究，在充分论证并取得基本共识的基础上，提出了行政诉讼法修正案（草案），于 2013 年 12 月提请十二届全国人大常委会第六次会议进行初审，而后分别于 2014 年 8 月、10 月经十二届全国人大常委会第十次、第十一次会议进行二审和三审，并于 2014 年 11 月 1 日获得通过。新修订的《行政诉讼法》于 2015 年 5 月 1 日起实施。[1]

思考题

1. 简述行政诉讼的概念。
2. 简述行政诉讼法的渊源。
3. 简述行政诉讼法的功能。

---

〔1〕 全国人大常委会法制工作委员会行政法室编著：《中华人民共和国行政诉讼法解读》，中国法制出版社 2014 年版，第 1~2 页。

实务训练

2015 年 1 月 31 日，浙江海盐县的贝某到海宁办事，途经西山路时被交警拦下。交警告知其因未在斑马线上礼让行人，违反了《道路交通安全法》，给予罚款 100 元并记 3 分的处罚。贝某当即表示不服，没有在行政处罚决定书上签字确认。2 月 13 日，贝某向海宁市人民政府申请行政复议，复议机关维持了原处罚决定书。随后贝某向海宁市人民法院提起诉讼，请求撤销行政处罚。

[问题]

本案所体现的行政诉讼特征是什么？

第二章

行政诉讼法的基本原则

学习目标

通过本章学习，可以了解行政诉讼法基本原则的概念和特征；掌握行政诉讼法基本原则的内容体系；熟练运用行政诉讼法基本原则分析案例。

导入案例

2011 年，某市政府与甲公用企业签订了合作特许经营民用天然气管道协议。合同约定由甲公用事业建设经营该市部分区域的天然气管道。然而，在天然气管道建成后，市政府撕毁了与甲公司签订的协议，与乙公用企业签署特许经营天然气管道协议。甲公用企业不服，向法院提起诉讼。在二审期间，市政府向法院发函，要求法院撤销甲公用事业胜诉的一审判决，声称不这样做就会影响该地的社会稳定大局。

[任务提出]

根据本案，思考并完成以下学习任务：

请运用行政诉讼法的基本原则，分析本案中该省政府的做法为什么是错误的。

行政诉讼法的基本原则，是指行政诉讼法规定的，贯穿于行政诉讼的整个过程或主要过程，对行政诉讼活动具有普遍指导意义的基本行为准则。

行政诉讼的基本原则为行政诉讼法所规定，属于法律原则。这些基本原则虽然不具有直接的操作性，但对行政诉讼行为有着重要的规范作用。无论是人民法院，还是诉讼参与人，实施行政诉讼行为都要遵循基本原则。当行政诉讼法的具体规范对某些问题缺乏明确规定时，可以根据基本原则体现的精神实质加以处理和解决。

第一节　共有原则

行政诉讼作为三大诉讼制度之一，与其他诉讼制度有一些共同的原则，主要有：①法院依法独立行使行政审判权原则；②以事实为根据，以法律为准绳原则；③合议、回避、公开审判和两审终审原则；④当事人法律地位平等原则；⑤使用本民族语言、文字进行诉讼原则；⑥辩论原则；⑦人民检察院实行法律监督原则。

一、依法独立行使行政审判权原则

《行政诉讼法》第4条第1款规定："人民法院依法对行政案件独立行使审判权，不受行政机关、社会团体和个人的干涉。"

人民法院独立行使审判权不仅是一项重要的宪法原则，更是一项重要的诉讼原则。就行政诉讼而言，行政审判权是人民法院根据当事人的请求，依照诉讼程序居中审理，裁判行政争议的权力。与作为原告一方的公民、法人等相比，行政机关显然具有强势地位。所以在行政诉讼中，强调人民法院依法独立行使审判权，不受行政机关、社会团体和个人的干涉，尤为重要。这一原则主要包括以下几个方面：

（一）人民法院作为一个整体独立行使审判权

根据《宪法》和《人民法院组织法》的规定，我国上下级人民法院之间的关系是监督关系而不是领导关系。这就意味着，就具体案件的审判而言，各人民法院的审判权是独立、不受干预的。上级人民法院不能就某一具体案件要求下级人民法院按照自己的意见进行审理和裁判。即使下级人民法院的裁判有错误，上级人民法院也只能通过法定程序予以纠正。

（二）行政审判庭对具体案件具有独立的审判权

我国行政案件的审理实行的是合议制。合议庭对具体案件独立进行审判，既不受行政机关、社会团体和个人的干涉，也不受审判委员会、院长或庭长的干涉。当然，这与审判委员会对合议庭工作的指导是不矛盾的。重大案件或合议庭成员有重大分歧的案件，可以由院长提交审判委员会集体讨论决定。

（三）审判人员具有独立的审判权

审判人员对案件的审查和判断应当完全按照自己的意志独立进行，发表自己的意见。合议庭评议案件，每个合议庭成员都有平等的表决权，不受来自人民法院内部和外部的干涉或者指使。

（四）独立审判与依法接受监督

第一，人民法院依法独立行使审判权，并不意味着法院的审判活动不受任何监督。根据我国《宪法》的规定，各级人民代表大会及其常务委员会是国家的权力机关，各级人民法院由其产生并受其监督，所以人民法院的审判活动必须接受人民代表大会及其常务委员会的监督。此外，人民检察院作为国家的法律监督机关，也有权对人民法院的审判活动进行监督。

第二，坚持人民法院依法独立行使审判权的原则，需要正确处理独立行使审判权与坚持党的领导之间的关系。审判权的独立行使不能离开党的领导。要把坚持党的领导与审判机关依法独立行使审判权统一起来，在审判活动中贯彻党的路线、方针和政策，同时保证依法、独立、公正地行使审判权。

在导入案例中，被告某市政府向法院发函，要求法院判决原告甲公用事业企业败诉，此行为违反了人民法院依法独立行使审判权的原则。

二、以事实为根据，以法律为准绳原则

《行政诉讼法》第 5 条规定："人民法院审理行政案件，以事实为根据，以法律为准绳。"

人民法院审理案件，以事实为根据，以法律为准绳的原则，是我国刑事诉讼法、民事诉讼法和行政诉讼法这三大诉讼法均明确规定的一个基本原则。

以事实为根据，是指人民法院在审判活动中，一切从具体的案件真实情况出发，使认定的法律事实完全符合案件的客观真相。这就要求人民法院在审判活动中必须重证据、重调查研究，查清案件的事实真相。在行政案件的审理中，人民法院要查清被诉的行政行为是否真实存在，该行政行为的法律依据和实施程序，以及该行政行为与原告的权益损害之间是否存在因果关系等事实问题。

以法律为准绳，是指人民法院在审理案件时，要以法律作为判案的依据。《行政诉讼法》第 63 条规定，人民法院审理行政案件以法律法规为依据。这里的法律法规是指与案件相关的法律、行政法规、地方性法规、自治条例和单行条例。另外还规定，人民法院审理行政案件，参照规章。这里的规章是指国务院部委规章和地方政府规章。

以事实为根据，以法律为准绳，是一个原则不可分割的两个方面。事实是适用法律的基础，适用法律以查明事实为前提，只有出现符合法律规定条件的事实，才能选择正确的法律加以适用。

三、合议、回避、公开审判和两审终审原则

《行政诉讼法》第 7 条规定："人民法院审理行政案件，依法实行合议、回避、公开审判和两审终审制度。"

（一）合议原则

《行政诉讼法》第 7 条规定的合议制度，是指人民法院对行政案件的审理，是在由审判员与人民陪审员依照法定人数和组织形式组成合议庭的方式下进行的制度。

《行政诉讼法》第 68 条规定，人民法院审理行政案件，由审判员组成合议庭，或者由审判员、人民陪审员组成合议庭。合议庭的成员，应当是 3 人以上的单数。行政审判实行合议制是一个基本的原则，但是也有例外的情况。本次修改行政诉讼法增加了简易审判程序，对一些事实清楚、权利义务关系明确、争议不大的特殊案件，以及当事人各方同意适用简易程序的案件，可以适用简易程序审理。适用简易程序审理的案件，由审判员一人独任审理，不实行合议制，这一点与《民事诉讼法》和《刑事诉讼法》的相关规定是一致的。

（二）回避原则

《行政诉讼法》第 7 条规定的回避原则是诉讼公正的内在要求。回避制度是指承办行政案件的审判人员和其他有关人员遇有法律规定应回避的情形时，应当经过法定程序退出行政诉讼活动。回避适用于审判人员、书记员、勘验人员和翻译人员等。回避制度包括两种：

1. 当事人申请回避。当事人申请回避是当事人认为审判人员与本案有利害关系或者有其他关系可能影响公正审判，有权申请审判人员回避。根据最高人民法院相关司法解释的规定，当事人申请回避，应当说明理由，在案件开始审理时提出；回避事由在案件开始审理后知道的，应当在法院辩论终结前提出。被申请回避人员，在人民法院作出是否回避的决定前，应当暂停参与本案的工作，但案件需要采取紧急措施的除外。对当事人提出的回避申请，人民法院应当在 3 日内以口头或者书面形式决定。

2. 审判人员主动回避。审判人员主动回避是审判人员认为自己与本案有利害关系或者有其他关系，应当申请回避。对于当事人或者审判人员提出的回避申请，《行政诉讼法》第 55 条明确规定了决定程序和救济制度，即对于院长担任审判长时申请回避的，由审判委员会决定；审判人员申请回避的，由院长决定；申请人对驳回回避申请决定不服的，可以向作出决定的人民法院申请复议一次。复议期间，被申请回避的人员不停止参与本案件的工作。对申请人的复议申请，人民法院应当在 3 日内作出复议决定，并通知复议申请人。

（三）公开审判原则

《行政诉讼法》第 7 条规定的公开审判制度，是指人民法院公开审理行政案件，但涉及国家秘密、个人隐私和法律另有规定的除外。涉及商业秘密的案件，当事人申请不公开审理的，可以不公开审理。人民法院对公开审理和不公开审理的案件，一律公开宣告判决。人民法院应当公开发生法律效力的判决书、裁定书，供公众查阅，但涉及国家秘密、商业秘密和个人隐私的内容除外。

除不予公开和可以不公开审理的案件外，法院对行政案件的审理一律依法公开进行，允许群众旁听，允许记者公开报道；不论是否公开审理的案件，判决结果均一律公开，这一规定具有重要的意义：

第一，公开审判有利于保证审判活动的公开。公开、透明是保证司法权依法行使，防止司法腐败的有力武器。公开审判制度的确立，让法官在众目睽睽之下进行案件的审理，使法院的审判活动处于公众的监督之下，防止由于暗箱操作而导致的审判不公，甚至是徇私枉法问题的产生，从制度上确保审判公开。

第二，公开审判有利于保证当事人的诉讼权利。行政诉讼法赋予了当事人一系列的诉讼权利，如可以申请相关审判人员回避，以及在法庭上举证、质证及辩论等，这些权利的实现需要公开审判制度作为保证。离开了公开审判这一前提，当事人的这些诉讼权利很可能因为法官的任意妄为难以得到充分行使。从这个意义上讲，公开审判可以说是整个诉讼程序制度的核心。

第三，公开审判有利于增强公众的法律意识，发挥审判活动的教育作用。一次好的庭审活动，相当于给旁听观众上了一次生动的法制课。通过公开审判，让公众了解审判过程，可以促进更多的人知法懂法，增强法律意识，从而对公众起到法制教育作用。

（四）两审终审原则

《行政诉讼法》第 7 条规定的两审终审制度，是指一个案件经过第一审和第二审人民法院的审理即终结诉讼的制度。当事人对第一审行政判决、裁定不服的，可以向上一级人民法院提起上诉，启动第二审程序。第二审人民法院的判决、裁定是终局判决、裁定，对此，当事人不得再提起上诉。当事人对已经终审的判决、裁定，认为确有错误的，只能依据审判监督程序申请再审，但判决、裁定不能停止执行。而且审判监督程序不是法定的每个行政案件的必经程序，与两审终审原则并不冲突。

实行两审终审制度有利于上级人民法院对下级人民法院的审判工作进行监督，及时纠正错误的判决，维护当事人的合法权益。由于两审终审制度审级不多，可以方便当事人参加诉讼，快速化解行政争议，及时对当事人受损害的权益给予司法救济，防止案件由于久拖不决而形成诉累，既增加当事人的负担、浪费司法资源，也不利于行政管理秩序的稳定。

四、当事人法律地位平等原则

《行政诉讼法》第 8 条规定："当事人在行政诉讼中的法律地位平等。"这一规定体现了一项重要的行政诉讼基本原则，即当事人的法律地位平等原则。这一原则的主要内容包括：

（一）各方当事人诉讼地位平等

在行政管理过程中，行政机关是行政主体，其地位明显优越于行政管理相对人。在行政诉讼中，这种情况发生了转变，行政机关与行政相对人一样都是行政诉讼的当事人。行政机关不再是管理者，不能再像在行政管理程序中那样指挥命令公民、法人或者其他组织。行政机关认为公民、法人或者其他组织的诉讼行为违法，不能直接采取行政处罚、行政强制执行等措施，只能要求人民法院处理。

（二）当事人平等地享有权利和承担义务

行政机关与公民、法人或者其他组织一样都是行政诉讼主体，没有高低贵贱之分，也没有法外特权，拥有同等的机会阐述意见和辨明是非。公民、法人或者其他组织依法享有起诉权，行政机关不但没有这项权利，也没有反诉权，同时受到很多限制，如对行政行为的合法性承担举证责任，诉讼期间不得自行向原告、证人调查取证等，这些限制正是为了平衡双方当事人表达意见的机会，科学地反映了行政诉讼的特殊要求。

（三）人民法院平等对待各方当事人，平等适用法律

人民法院作出裁判时应当同等情况同等对待，对当事人在适用法律上一律平等，不能因人而异。对此，《人民法院组织法》第5条规定：人民法院审判案件，对于一切公民，不分民族、种族、性别、职业、社会出身、宗教信仰、教育程度、财产状况、居住期限，在适用法律上一律平等，不允许有任何特权。行政机关虽然依法享有行政管理权，但是在遵守宪法和法律上与一般的公民没有、也不应当有任何区别，行政机关没有从事违法行为的特权。

五、使用民族语言文字原则

《行政诉讼法》第9条规定："各民族公民都有用本民族语言、文字进行行政诉讼的权利。在少数民族聚居或者多民族共同居住的地区，人民法院应当用当地民族通用的语言、文字进行审理和发布法律文书。人民法院应当对不通晓当地民族通用的语言、文字的诉讼参与人提供翻译。"

使用本民族语言文字进行诉讼的原则主要内容包括：

1. 各民族公民都有用本民族语言文字进行诉讼的权利。不论是作为当事人还是作为其他诉讼参与人，各民族公民都有权用本民族的语言文字参加诉讼活动，包括用本民族的语言回答审判人员的询问，在法庭上发表意见，用本民族语言文字书写诉述、证人证言等。

2. 在少数民族聚居区或者多民族共同居住的地区，人民法院对案件的审理，应当用当地通用的语言进行。如果当事人和其他诉讼参与人不通晓当地通用的语言文字，人民法院有义务聘请翻译人员为他们翻译。

3. 使用当地通用的语言文字发布法律文书。在少数民族聚居区或者多民族共同居住的地区，人民法院发布判决书、裁定书、调解书、开庭通知及其他诉

讼文书，应当使用当地通用的一种或者几种语言文字进行发布。

六、辩论原则

《行政诉讼法》第 10 条规定："当事人在行政诉讼中有权进行辩论。"所谓"辩论"，是指当事人在法院的主持下，就案件的事实和法律问题各自陈述主张和意见，互相反驳，进一步辩明真伪和是非的行为。当事人有权辩论的原则是我国行政诉讼民主性的体现和诉讼公正的要求。辩论原则主要内容包括：

1. 辩论权是当事人的基本诉讼权利。原告、被告、第三人和共同诉讼人都享有辩论权。

2. 当事人行使辩论权贯穿于行政诉讼的全过程。当事人不但可以在第一审程序、第二审程序中进行辩论，也可以在审判监督程序和执行程序中进行辩论。虽然法庭辩论是当事人行使辩论权的主要阶段，但不能把辩论原则与法庭辩论简单等同起来。

3. 当事人辩论的内容，既可以包括实体问题，也可以包括程序问题；既可以涉及事实问题，也可以涉及法律问题。

4. 当事人辩论的方式可以是言辞辩论，也可以以书面形式进行，如原告的起诉状、被告的答辩状都属于书面的辩论形式。需要指出的是，辩论应当在人民法院的主持下，围绕与本案有关的问题进行，以确保当事人辩论权的充分、有效行使。这也有助于案件事实的迅速查明，有利于行政争议的解决。

七、实行法律监督原则

《行政诉讼法》第 11 条规定："人民检察院有权对行政诉讼实行法律监督。"人民检察院对行政诉讼实行法律监督，是为了保障行政诉讼活动依法进行。在目前我国司法体制不尽完善的情况下，强调这一原则具有更重要的意义。人民检察院实施的法律监督主要是：

（一）抗诉

人民检察院认为人民法院作出的已经生效的判决、裁定确有错误的，或者发现调解书损害国家利益、社会公共利益的，应当依法向人民法院提出重新审理要求。人民法院对抗诉必须受理并要对抗诉案件开庭审判。

（二）检察建议

检察建议分为两种：一是再审检察建议，是指人民检察院发现人民法院已经发生法律效力的判决、裁定确有错误或者发现调解书损害国家利益、社会公共利益的，向人民法院提出检察建议，由人民法院自行决定是否启动再审程序进行再审。地方人民检察院提出再审审查建议的，可以向同级人民法院提出，并报上级人民检察院备案。二是对审判人员违法行为的检察建议，是指各级人民检察院对审判监督程序以外的其他审判程序中审判人员的违法行为，有权向同级人民法院提出检察建议。

（三）对执行进行监督

《民事诉讼法》第 235 条规定，人民检察院有权对民事执行活动实行法律监督。根据这一规定，人民检察院有权对行政案件的执行实行法律监督。

（四）对审判人员的监督

检察机关在对行政诉讼活动进行法律监督的过程中发现审判人员涉嫌贪污受贿、徇私舞弊、枉法裁判的，应及时立案、侦查乃至提起公诉，这是加强司法监督、遏制司法腐败的一个重要方面。

第二节 特有原则

一、合法性审查原则

《行政诉讼法》第 6 条规定："人民法院审理行政案件，对行政行为是否合法进行审查。"合法性审理原则，是行政诉讼所特有的一个基本原则，主要包括两层含义：

（一）实体合法

行政行为的实体合法是指行政机关作出的行政行为，是否有法律依据，是否在其法定职权范围内作出，适用的法律、法规是否正确等。如行政机关作出一个治安管理处罚行为，法院在审查时，应审查该行政机关是否为具有处罚权的执法主体、该处罚行为是否有《治安管理处罚法》的依据、被处罚的当事人是否存在《治安管理处罚法》规定的违法行为等。

（二）程序合法

程序合法是实体合法的保障，是依法行政的重要组成部分。如果一个行政行为在程序方面出现违法，即使实体方面没有问题，该行政行为依然是违法的。如对于责令停产停业、吊销许可证或者执照、数额较大的罚款等较重的行政处罚，根据《行政处罚法》的规定，行政机关作出行政处罚决定之前，应当告知当事人有要求听证的权利，当事人要求听证的，行政机关应当组织听证。如果行政机关没有遵守这一程序性规定，就作出处罚决定，则属于程序违法，依法应予撤销。

原则上人民法院只对行政行为是否合法进行审查，一般不对行政行为是否合理进行审查。如法律规定对一项违法行为的处罚幅度为罚款 1 万~10 万元，行政机关在此幅度内作出的罚款决定是否合适，原则上即属于合理性问题。法院原则上不会干涉行政权力的行使，但是如果行政行为属于显失公正、重大且明显不合理、滥用职权、明显不当等情形的，人民法院不仅可以对其合理性进行审查，而且可以采取相关措施予以纠正。如上例中，对于情节较轻的违法行为给予 10 万元的罚款，而对情节较重的违法行为给予 1 万元的罚款，均属于明显不当的处罚行为，这些行政行为从广义上说也属于违法的行政行为，虽然在裁量权范围内，法院也要对其进行审查。

二、行政行为不因诉讼停止执行原则

行政行为由行政主体依据法律、法规和规章的规定作出，一经作出即应推定为合法。若当事人认为行政行为违法并向法院起诉，要求确认、改变或者撤销违法行为的，在法院依法作出生效判决之前，行政行为仍然被推定为合法、有效，可以执行。行政行为不因诉讼停止执行原则有利于保障行政管理活动的正常进行。在我国，当行政相对人在规定的期限内不履行行政行为所要求的义务时，行政主体可以强制执行或申请法院依法强制执行。

然而，考虑到被诉行政行为可能造成难以弥补的损失等因素，在某些情况下，行政主体应该停止执行行政行为。《行政诉讼法》第 56 条规定，诉讼期间，不停止行政行为的执行。但有下列情形之一的，裁定停止执行：①被告认为需要停止执行的；②原告或者利害关系人申请停止执行，人民法院认为该行政行为的执行会造成难以弥补的损失，并且停止执行不损害国家利益、社会公共利益的；③人民法院认为该行政行为的执行会给国家利益、社会公共利益造成重大损害的；④法律、法规规定停止执行的。当事人对停止执行或者不停止执行的裁定不服的，可以申请复议一次。

三、司法变更权有限原则

司法变更权是指法院对被诉行政行为经过审理后，改变该行政行为的权力。司法变更权涉及司法权、行政权各自的权力属性及相互关系问题。行政权的行使需广泛运用法律赋予的裁量权，行政主体因长期处理行政事务而具有专门经验，同时基于司法权和行政权的合理分工的原则，在通常情况下，法院在审理行政案件时不应代替行政主体作出判断，只是在特定情形下，例如行政处罚明显不当，基于最大限度地保护当事人合法权益的需要及保障司法权行使的有效性，法院才可以行使司法变更权。

《行政诉讼法》第 77 条规定，行政处罚明显不当，或者其他行政行为涉及对款额的确定、认定确有错误的，人民法院可以判决变更。人民法院判决变更，不得加重原告的义务或者减损原告的权益。但利害关系人同为原告，且诉讼请求相反的除外。

思考题

1. 行政诉讼的基本原则有哪些？

2. 如何理解人民法院依法独立行使审判权原则？

3. 如何理解合法性审查原则？

实务训练

金某是某商务公司副总。2012 年 9 月，金某因自己工作疏忽导致公司损失惨重，公司股东会研究决定扣发金某全年年薪。金某心生怨恨，利用副总的身份，非法将公司严加保密的"信号转化"技术以及公司与客户往来的账户、询价单等资料拷贝到自己的电脑上。2013 年初，金某利用该信号转化技术及资料与国内外公司达成 8 笔生意，从中牟利 39 万元，导致公司损失 1000 万元。商务公司向工商行政管理机关申请查处金某侵犯商业秘密的行为，工商行政管理机关依法作出责令金某停止违法行为并处罚 40 万元、立即返还商务公司商业秘密及资料的处罚决定。金某认为处罚过重，向人民法院提起行政诉讼。

[问题]

根据《行政诉讼法》的规定，该法院在审理本案时应该遵循什么基本原则？

[分析提示]

本案涉及企业商业秘密，根据行政诉讼公开为原则，不公开为例外的规定，可以不公开审理该案。

模块二　行政诉讼的启动

第三章

行政诉讼的受案范围和管辖

学习目标

通过本章学习，能够了解《行政诉讼法》确定受案范围的原则和方式；理解行政诉讼移送管辖、指定管辖和管辖权的转移；掌握人民法院受理和不受理的案件范围以及级别管辖、地域管辖的相关内容；能够运用行政诉讼受案范围以及管辖的规定，解决行政案件的具体问题。

第一节　行政诉讼的受案范围

导入案例

2016 年元旦前后，太和县人民政府、太和县城关镇人民政府和县城乡管理行政执法局在未履行任何法定程序的情况下，将侯某某位于太和县城关镇贾小村委会侯庄自然村的房屋强拆。太和县公安局对此强拆、故意毁损公民个人财产的违法行为，不仅不予制止，反而通过限制侯某某人身自由的方式协助强拆其房屋。侯某某认为太和县政府、太和县城管局、太和县公安局、城关镇政府共同强制拆除其房屋的违法行为侵犯了其合法权益，向阜阳市中级人民法院提起诉讼，安徽省阜阳市中级人民法院一审认为城关镇政府在答辩及庭审中均自认拆除了侯某某的涉案房屋，且侯某某对此并无异议，而且侯某某提供的证据不能证明上述三被告参与拆除其房屋，所以本案应当由基层法院管辖，故驳回侯某某的起诉。[1]

———————————

〔1〕 中国裁判文书网：（2018）最高法行申 1303 号，侯某某、太和县人民政府城乡建设行政管理：房屋拆迁管理（拆迁）再审审查与审判监督行政裁定书。

[任务提出]

根据本案，思考并完成以下学习任务：哪些案件属于行政诉讼中级人民法院管辖？如果作为共同被告的行政机关层级不同，该如何处理？

行政诉讼受案范围，是指法院受理并审理行政案件的范围。法院对哪些行政案件具有审判权，其范围决定了司法权对行政权的监督制约范围和公民、法人或者其他组织在行政争议中寻求司法救济的范围。法院受理行政案件的范围越宽，公民、法人或者其他组织合法权益受到行政权力不利影响时，获得司法救济的机会就越大。由于各国的法治程度、政权体制等不同，行政诉讼的受案范围也有所差异。

一、行政诉讼受案范围的模式

我国行政诉讼的受案范围是通过概括、列举加双重兜底的方式确定的。

所谓"概括"，是指《行政诉讼法》第2条第1款规定的"公民、法人或者其他组织认为行政机关和行政机关工作人员的行政行为侵犯其合法权益，有权依照本法向人民法院提起诉讼"的概括受案范围。所谓"列举"，即《行政诉讼法》第12条肯定列举的包括行政处罚、行政强制措施、行政强制执行、行政许可等12类的受案范围和第13条否定列举的包括国家行为、抽象行政行为等4类的受案范围。所谓"双重兜底"，即《行政诉讼法》第12条第1款第12项规定的"认为行政机关侵犯其他人身权、财产权等合法权益的"兜底和第2款规定的"人民法院受理法律、法规规定可以提起诉讼的其他行政案件"的兜底。

二、人民法院受理的行政案件

（一）对行政处罚不服的

《行政诉讼法》第12条第1款第1项规定：对行政拘留、暂扣或者吊销许可证和执照、责令停产停业、没收违法所得、没收非法财物、罚款、警告等行政处罚不服的，可以提起行政诉讼。

所谓的"行政处罚"是指行政主体对违反行政管理秩序的行政相对人所实施的惩罚。《行政处罚法》第8条规定，行政处罚的种类包括：①警告；②罚款；③没收违法所得、没收非法财物；④责令停产停业；⑤暂扣或者吊销许可证、暂扣或者吊销执照；⑥行政拘留；⑦法律、行政法规规定的其他行政处罚。行政处罚是最为典型的行政行为之一，公民、法人或者其他组织对以上七种行政处罚不服的，都可以提起行政诉讼。

（二）对行政强制措施和行政强制执行不服的

《行政诉讼法》第12条第1款第2项规定：对限制人身自由或者对财产的查封、扣押、冻结等行政强制措施和行政强制执行不服的，可以提起行政诉讼。

所谓"行政强制措施"，是指行政机关在行政管理过程中，为制止违法行为、防止证据损毁、避免危害发生、控制危险扩大等情形，依法对公民的人身自由实施暂时性限制，或者对公民、法人或者其他组织的财物实施暂时性控制的行为。根据《行政强制法》第9条的规定，行政强制措施的种类包括：①限制公民人身自由；②查封场所、设施或者财物；③扣押财物；④冻结存款、汇款；⑤其他行政强制措施。所谓"行政强制执行"，是指行政机关或者行政机关申请人民法院强制执行。需要注意的是，这里的行政强制执行仅指行政机关的强制执行，不包括法院的非诉强制执行。公民、法人或者其他组织对行政强制措施和行政强制执行不服的，可以依法提起行政诉讼。

（三）对行政许可不服的

《行政诉讼法》第12条第1款第3项规定，申请行政许可，行政机关拒绝或者在法定期限内不予答复，或者对行政机关作出的有关行政许可的其他决定不服的，可以提起行政诉讼。

所谓"行政许可"，是指行政机关根据公民、法人或者其他组织的申请，经依法审查，准予其从事特定活动的行为。行政许可行为包括两类：一是行政机关对申请人作出的是否准予许可的决定；二是就行政许可的变更、延续、撤回、注销、撤销等事项作出的行政行为。公民、法人或者其他组织认为行政机关作出的行政许可侵犯其合法权益，可以依法提起行政诉讼。

（四）对行政机关确认自然资源所有权或使用权的决定不服的

《行政诉讼法》第12条第1款第4项规定：对行政机关作出的关于确认土地、矿藏、水流、森林、山岭、草原、荒地、滩涂、海域等自然资源的所有权或者使用权的决定不服的，可以提起行政诉讼。

土地、矿藏、水流、森林、山岭、草原、荒地、滩涂、海域等自然资源，是国家最重要的生产资料。根据《土地管理法》《草原法》《森林法》《渔业法》《矿产资源法》等法律的规定，县级以上各级人民政府有权对土地、矿藏等自然资源的所有权或使用权予以确认和核发相关证书。这里的"确认"既包括颁发确认所有权或者使用权证书，也包括所有权或者使用权发生争议，由行政机关作出的裁决。公民、法人或者其他组织对各级人民政府关于确认土地、矿藏、水流、森林、山岭、草原、荒地、滩涂、海域等所有权或者使用权的决定不服的，可以提起行政诉讼。

（五）对征收、征用决定及其补偿决定不服的

《行政诉讼法》第12条第1款第5项规定：对征收、征用决定及其补偿决定不服的，可以提起行政诉讼。

行政征收是指为了公共利益的需要，行政机关依法将私人所有的财产强制性地征归国有的行政行为；行政征用是指为了公共利益的需要而依法强制性地

使用公民、法人或其他组织财物或者劳务的行政行为。根据法律的规定，无论是征收还是征用，都应该依法给予权利人相应的补偿。实行征收、征用，需要遵守三个原则：一是公共利益需要原则；二是依照法定程序原则；三是依法给予补偿原则。实行征收、征用，是为了公共利益的需要；而规定给予补偿，则又是对私有财产在特殊情况下的一种保护。公民、法人或者其他组织认为征收、征用不符合公共利益原则的、未遵守法律程序的以及补偿不合法的，都可以提起行政诉讼。

（六）对不履行法定职责不服的

《行政诉讼法》第12条第1款第6项规定：申请行政机关履行保护人身权、财产权等合法权益的法定职责，行政机关拒绝履行或者不予答复的，可以提起行政诉讼。

从要件上分析，此种情形的可诉性需要满足以下几个条件：①原告所要求行政机关保护的是合法权益。这里的合法权益，不仅包括合法的权利，而且包括法律保护、认可的利益；②行政机关具有保护此合法权益的法定职责。行政机关是代表国家行使国家行政权的国家机关，行政机关具有保护公民人身权、财产权等合法权益的法律职责，但此处规定的是"法定"职责，不宜作狭义理解，行政机关的先行行为引起的义务、附随义务、合同义务等也应包括其中；③原告向该负有法定职责的行政机关提出了保护申请；④行政机关拒绝履行或者不予答复。

同时符合以上四种情形的，公民、法人或者其他组织可以提起行政诉讼。

（七）认为经营自主权、农村土地承包经营权、农村土地经营权受到侵犯而提起的

《行政诉讼法》第12条第1款第7项规定：认为侵犯其经营自主权或农村土地承包经营权、农村土地经营权的，可以提起行政诉讼。

经营自主权是企业、个体经营者等依法享有的调配使用自己的人力、物力、财力，自主组织生产经营活动的权利。我国已确定了社会主义市场经济体制，各类市场主体享有广泛的经营自主权，除法律、法规对投资领域、商品价格等事项有明确限制的外，行政机关不得干预其生产经营，如果干预，市场主体可以向法院提起诉讼。需要注意的是，对国有企业而言，其生产经营受到履行出资人职责的国有资产监督管理机构的管理，但这种管理，是国有资产监督管理机构以股东身份进行的，不属于行政管理，因此，不能提起行政诉讼。

农村土地承包经营权是农村集体经济组织或者其他承包经营人依法对其承包的土地享有的自主经营、流转、收益的权利。农村土地经营权是从农村土地承包经营权中分离出的一项权能，是指承包农户将其承包土地流转出去，由其

他组织或者个人经营，其他组织或者个人取得土地经营权。农村土地承包经营一般采取承包合同的方式约定双方的权利义务，作为发包方的农村集体经营组织与作为承包方的农户或者其他经营人之间发生的纠纷，属于民事争议，可以申请仲裁或者提起民事诉讼。如果乡镇政府或者县级以上地方农村部门等干涉农村土地承包，变更、解除承包合同，或者强迫、阻碍承包方进行土地承包经营权流转的，可以提起行政诉讼。

（八）对限制竞争不服的

《行政诉讼法》第 12 条第 1 款第 8 项规定：认为行政机关滥用行政权力排除或者限制竞争的，可以提起行政诉讼。

公平竞争权是市场主体依法享有的在公平环境中竞争，以实现其经济利益的权利。我国反垄断法对滥用行政权力排除、限制竞争的行为作出了禁止性的规定。被禁止的行为包括：①政府及其所属部门规定，销售外地商品必须搭售本地缺乏竞争力的产品。②规定在辖区内只能购买指定企业的商品。③明示或暗示要求购买者必须到与政府及其所属部门有挂靠关系的企业购买商品。④规定在本行政辖区内不得销售外地商品，或对外地商品的销售数量范围进行限定。⑤以各种行政手段对外地商品销售实行公开的管、卡、压或变相阻止外地商品进入本地市场。⑥限制阻碍本地区、本部门的信息、原材料、技术自由流向外地、外部门，以防外地、外部门增强竞争优势。⑦其他滥用行政权力限制公共竞争的行为。公民、法人、其他组织认为行政机关滥用行政权力排除或者限制竞争的，可以向人民法院提起行政诉讼。

（九）对违反要求履行义务不服的

《行政诉讼法》第 12 条第 1 款第 9 项规定，认为行政机关违法集资、摊派费用或者违法要求履行其他义务的，可以提起行政诉讼。

所谓"违法要求履行义务"，是指行政机关要求公民、法人或者其他组织负担没有法律依据的义务或者要求履行的义务虽有法律依据但实施程序违法。在实践中主要分为三种类型：①违法要求相对人履行某种行为义务，如乱集资、乱收费、乱摊派，即我们俗称的"三乱"。②违法要求相对人履行不作出某种行为的义务，如违法要求企业不进行某项投资、不销售某种产品，违法要求个人不进行某种活动的。③违反法定的条件、程序、标准、数额、时限等要求相对人履行某种义务，例如超法定标准收费等。公民、法人和其他组织认为行政机关违法要求履行义务的，可以向法院提起行政诉讼。

（十）认为社会保障权利受到侵犯而提起的

《行政诉讼法》第 12 条第 1 款第 10 项规定：认为行政机关没有依法支付抚恤金、最低生活保障待遇或者社会保险待遇的，可以提起行政诉讼。

第一，抚恤金。抚恤金是公民因公或因病致残或死亡时，由本人或其家属依法领取的生活费用。公民认为符合条件应当发放抚恤金，行政机关没发放或少发放的，可以提起行政诉讼。

第二，最低生活保障待遇。最低生活保障金是国家对共同的家庭成员人均收入低于当地最低生活保障标准，且符合当地最低生活保障家庭财产状况规定的家庭，为维持其基本生活需要而支付的社会救济金。公民认为符合条件应当发放最低生活保障金，行政机关没发放或少发放的，可以提起行政诉讼。

第三，社会保险待遇。社会保险待遇是公民在失业、年老、疾病、生育、工伤等情况发生时，向社会保险经办机构申请发放的社会保险待遇。社会保险机构不支付社会保险待遇、不办理社会保险登记转移接续手续等行为侵犯公民、法人或其他组织的社会保险权益的，公民、法人或者其他组织可以提起行政诉讼。

（十一）对行政协议不服的

《行政诉讼法》第12条第1款第11项规定：认为行政机关不依法履行、未按照约定履行或者违法变更、解除政府特许经营协议、土地房屋征收补偿协议等协议的，可以提起行政诉讼。

政府特许经营是政府通过招标等公平竞争方式，许可特定经营者经营某项公共产品或者提供某项公共服务。政府特许经营一般采取协议的方式约定双方的权利义务。土地征收补偿是指政府依法征收农村集体所有的土地所给予的补偿。房屋征收补偿是行政机关征收国有或者集体土地上的房屋所给予的补偿。行政协议订立后，一方当事人不履行行政协议约定的义务，另一方当事人可以依法提起诉讼。

需要注意的是，《行政诉讼法》第12条第1款第11项规定只解决行政机关一方不履行协议的情况，没有将行政相对人一方不履行协议的情况纳入行政诉讼。其主要原因如下：一是因为这类争议一般是由行政机关一方不履行或者未按照约定履行协议引起的；二是行政相对人一方不履行合同，行政机关一方可以通过其他途径解决；三是如果规定行政机关可以作原告，与《行政诉讼法》的性质不符合。

（十二）侵犯其他人身权、财产权等合法权益的

《行政诉讼法》第12条第1款第12项规定：认为行政机关侵犯其他人身权、财产权等合法权益的，可以提起行政诉讼。

这是兜底规定。公民、法人和其他组织的人身权、财产权的内容极其广泛，除上述列举内容外，还有一些人身权，如姓名权、隐私权等，没有列举；还有一些财产权，如股权、债权、企业产权等，也没有列举。除了人身权、财产权，

还有其他的合法权益，如受教育权、劳动权、知情权、社会保障权等，为避免遗漏，弥补列举的不足，2014 年《行政诉讼法》保留 1989 年《行政诉讼法》的兜底规定，并作了相应的扩大。

（十三）人民法院受理法律、法规规定可提起诉讼的其他行政案件

《行政诉讼法》第 12 条第 2 款规定：除本法第 1 款规定的 12 种情形外，人民法院受理法律、法规规定可以提起诉讼的其他行政案件。

除行政机关侵犯合法权益或者不履行保障合法权益的法定职责以外，法律、法规也能规定可以提起行政诉讼的其他情形。

三、人民法院不予受理的案件

人民法院不受理的案件有以下几类：

（一）国家行为

《行政诉讼法》第 13 条第 1 款规定，公民、法人或者其他组织对国防、外交等国家行为提起行政诉讼，人民法院不予受理。

国家行为，又称统治行为、政治行为，具有高度的政治性，不同于一般的行政行为，不适宜由法院来监督。国家行为是指国务院、中央军事委员会、国防部、外交部等根据宪法和法律的授权，以国家的名义实施的有关国防和外交事务的行为，以及经宪法和法律授权的国家机关宣布紧急状态、实施戒严和总动员等行为。

国家行为的特征是：①以国家的名义，即以中华人民共和国的名义，而不是以具体机关的名义；②有宪法及法律的授权；③仅限于由国务院、中央军事委员会、国防部、外交部以及经宪法和法律授权的国家机关等极少数国家机关实施；④是部分国家行为，例如，宣布紧急状态、实施戒严和总动员只能发生在非正常时期；⑤没有特定的行政相对人。

（二）抽象行政行为

《行政诉讼法》第 13 条第 2 款规定：公民、法人或者其他组织对行政法规、规章或者行政机关制定、发布的具有普遍约束力的决定、命令行为提起行政诉讼，人民法院不予受理。

制定行政法规、规章是立法行为，由全国人大及其常委会和地方同级人大及其常委会或者国务院监督。行政机关制定、发布的具有普遍约束力的决定、命令，即学理上所称的"抽象行政行为"，它具体包括：①国务院制定行政法规的行为；②国务院各部、委员会、中国人民银行、审计署和具有行政管理职能的直属机构制定部门规章的行为；③省、自治区、直辖市人民政府、省会市的人民政府、经济特区所在市的人民政府和国务院批准的较大市的人民政府制定规章的行为；④行政机关发布具有普遍约束力的决定、命令的行为，即针对不

特定对象发布能反复使用的行政规范性文件的行为。

判断一个行为是否为抽象行政行为可综合考虑以下标准：①普遍约束力。作为抽象行政行为载体的行政法规、规章以及决定、命令等规范性文件具有普遍约束力，对其效力范围涉及的所有公民、法人或其他组织均有约束力和强制适用性。②对象不特定。抽象行政行为所规范的事项、针对的相对人是不特定的、抽象的。③反复适用性。抽象行政行为在其生效时间内对调整规范对象具有反复的适用性。

（三）内部行政行为

《行政诉讼法》第 13 条第 3 款规定，公民、法人或者其他组织对行政机关对行政机关工作人员的奖惩、任免等决定不服提起行政诉讼的，人民法院不予受理。

行政机关对其工作人员的奖惩、任免，属于行政机关内部的人事管理行为，学理上称为"内部行政行为"，不同于外部行政行为，不能提起行政诉讼。行政机关对其工作人员的奖惩、任免等决定不仅指奖惩、任免这两项决定，而是指行政机关作出的涉及该行政机关公务员权利、义务的各种决定，如公务员工资的升降、福利待遇、住房分配、辞退等决定。行政机关处分其公务员的行为是内部行为，因此而引发的争议不属于行政诉讼的受案范围。

从国外情况看，很多国家并不区分内部行为和外部行为，也不以此确定法院审查的范围。行政机关对于公务员作出的奖惩和任免决定等，与行政机关的其他行政行为一样，均须接受普通法院或者行政法院审查。在法国，如果不涉及权力、政治因素，议会内部的管理行为、法院内部的行政处分行为都可由行政法院审查。

（四）法定行政终局裁决行为

《行政诉讼法》第 13 条第 4 款规定：公民、法人或者其他组织对于法律规定由行政机关最终裁决的行政行为不服提起行政诉讼，人民法院不予受理。

法定行政终局裁决行为是指法律规定的由行政机关作出最终决定的行为。由于行政终局裁决行为意味着剥夺了公民、法人或者其他组织对该行为的诉讼权和人民法院对该行为的司法审查权，因此，范围不能太宽，必须是法律规定的。此处的法律，是指全国人民代表大会及其常务委员会制定、通过的规范性文件，通过法规、规章以及其他规范性文件均不能设定行政终局裁决行为。

目前，我国有《行政复议法》《出境入境管理法》等法律规定了行政复议终局。如，《行政复议法》规定了两种终局裁决的情形：①国务院的裁决决定。《行政复议法》第 14 条规定："对国务院部门或者省、自治区、直辖市人民政府的具体行政行为不服的，向作出该具体行政行为的国务院部门或者省、自治区、直辖市人民政府申请行政复议。对行政复议决定不服的，可以向人民法院提起行政诉讼；也可以向国务院申请裁决，国务院依照本法的规定作出最终裁决。"②省级人民政府确认自然资源权属的复议决定。根据《行政复议法》第30条第2款的规定，根据国务院或者省、自治区、直辖市人民政府对行政区划的勘定、调整或者征收土地的决定，省、自治区、直辖市人民政府确认土地、矿藏、水流、森林、山岭、草原、荒地、滩涂、海域等自然资源的所有权或者使用权的行政复议决定为最终裁决。

（五）公安、国家安全等机关依照《刑事诉讼法》的明确授权实施的行为

人民法院不受理行政相对人对公安、国家安全等机关依照《刑事诉讼法》的明确授权实施的行为提起的诉讼。从性质上来讲，公安、国家安全机关依照《刑事诉讼法》规定实施的行为不属于行政行为，而是刑事司法行为。刑事司法行为是指公安、国家安全等机关依照《刑事诉讼法》的明确授权，在刑事案件的立案侦查工作中所采取的强制措施。比如，公安机关具有行政管理和刑事侦查两类职能，其在治安管理中所采取的行政强制措施具有可诉性，而在刑事侦查过程中所采取的刑事强制措施则不属于行政诉讼的受案范围。

（六）调解行为以及法律规定的仲裁行为

人民法院不受理行政相对人对行政调解行为以及行政仲裁行为提起的诉讼。行政调解不是行政机关对行政相对人的单方意志和行为，而是当事人双方一致的意思表示，这种调解行为对行政机关本身和当事人并不具有必然的拘束力。当事人事后对调解协议不满意的，仍可以以民事争议交人民法院裁判。因此，不能以行政机关为被告提起行政诉讼。行政仲裁是法律规定的机构以中立者的身份对当事人之间的民事纠纷，依照一定的程序作出具有法律约束力的裁定的法律制度。将"仲裁"限定为"法律规定"的，这里的"法律"仅指由全国人民代表大会及其常务委员会制定、通过的规范性文件。因此，只要不是"法律"所规定的行政仲裁行为，就不能排除行政相对人对该"仲裁行为"提起行政诉讼。

（七）行政指导行为

人民法院不受理行政相对人对不具有强制力的行政指导行为提起的诉讼。行政指导是行政机关在其所管辖的事务范围内，根据国家的政策规定，或者法律原则，灵活地运用非强制性的方法和手段，在行政相对方的同意或协助下，依法有效地实现一定的行政目的但又不直接产生法律效果的行为。行政指导行为的一个重要的特征是对行政相对人不具有法律的约束力，公民、法人、其他组织没有服从的义务，行政机关与行政相对人之间不产生法定的权利义务关系。

行政指导本身不会产生法律上的强制效力，但是，如果行政机关以行政指

导为名实施具有强制力的行为，则此行为性质已发生转化，可能被纳入可诉行政行为的范围。

（八）驳回当事人对行政行为提起申诉的重复处理行为

人民法院不受理行政相对人对驳回当事人对行政行为提起的申诉的重复处理行为提起的诉讼。重复处理的行为，也称为重复处置行为，是指接受申诉的行政机关经审查对申诉人给予维持原决定的答复行为。重复处理行为之所以不可诉，是因为：首先，这类行为没有给行政相对人设定新的权利义务，没有形成、变更或消灭行政法律关系，行政相对人仍然受原来行为的约束，没有提起行政诉讼的必要；其次，如果允许对这类重复处理行为提起行政诉讼，就是在事实上取消了起诉的时效，意味着行政相对人可以通过申诉的方式将一个已丧失起诉时效的行为提交人民法院进行重新审查，这样不利于行政法律关系的稳定。

（九）行政机关作出的不产生外部法律效力的行为

人民法院不受理行政相对人对行政机关作出的不产生外部法律效力的行为提起的诉讼。对外性是可诉的行政行为的重要特征之一。行政机关在行政程序内部所作的行为，例如行政机关的内部沟通、会签意见、内部报批等行为，并不对外发生法律效力，不对公民、法人或者其他组织合法权益产生影响，因此不属于可诉的行为。

（十）行政机关为作出行政行为而实施的过程性行为

人民法院不受理行政相对人对行政机关为作出行政行为而实施的准备、论证、研究、层报、咨询等过程性行为提起的诉讼。可诉的行政行为需要具备成熟性。即一个行政行为的作出，已经具备了意思表示和意思外化的完整过程，对利害关系人的权利义务产生了实际影响，意味着行政行为以及行政救济的时机已经成熟，此时才可以纳入行政诉讼的受案范围。行政机关在作出行政行为之前，一般要为作出行政行为进行准备、论证、研究、层报、咨询等，此时行政行为尚在意思表示的论证和研究阶段，尚未对利害关系人产生实际影响，这些行为尚不具备最终的法律效力，一般称为"过程性行为"，不属于可诉的行为。

（十一）协助执行行为

人民法院不受理行政相对人对行政机关根据人民法院的生效裁判、协助执行通知书作出的执行行为提起的诉讼，但行政机关扩大执行范围或者采取违法方式实施的除外。任何行政行为，首先必须是行政主体自身意思表示的外化。如果某一行政行为的主观意思表示并非出于行政主体本身，而是为了执行或者实现其他组织的意思表示而作出的行为，则该行政行为不具有可诉性。行政机关依照法院生效裁判作出的行为，本质上属于履行生效裁判的行为，并非行政机关自身依职权主动作出的行为，亦不属于可诉的行为。

（十二）内部层级监督行为

人民法院不受理行政相对人对上级行政机关基于内部层级监督关系对下级行政机关作出的听取报告、执法检查、督促履责等行为提起的诉讼。内部层级监督属于行政机关上下级之间管理的内部事务。司法实践中，有的法律规定上级行政机关对下级行政机关的监督。例如《国有土地上房屋征收与补偿条例》规定上级人民政府应当加强对下级人民政府房屋征收补偿工作的监督。有的当事人起诉要求法院判决上级人民政府履行监督下级人民政府的职责。法律法规规定的内部层级监督，并不直接设定当事人新的权利义务关系，因此，该类行为属于不可诉的行为。

（十三）信访办理行为

人民法院不受理行政相对人对行政机关针对信访事项作出的登记、受理、交办、转送、复查、复核意见等行为提起的诉讼。行政诉讼审查的对象是行政机关的管理行为，行政管理追求的最大目标是行政效率，因此并非所有的成熟的行政行为都属于行政诉讼的受案范围。信访办理行为不是行政机关行使"首次判断权"的行为。根据《信访条例》的规定，信访工作机构依据《信访条例》作出的登记、受理、交办、转送、承办、协调处理、监督检查、指导信访事项等行为，对信访人不具有强制力，对信访人的实体权利义务不产生实质影响。因此，该类行为属于不可诉的行为。

（十四）对行政相对人的权利义务不产生实际影响的行为

人民法院不受理行政相对人因对其权利义务不产生实际影响的行为提起的诉讼。这一项规定是将行政行为对行政相对人的权利义务产生实际影响作为可诉行政行为的条件。这是由行政诉讼的性质决定的。行政相对人的合法权益未受到侵害，不能提起行政诉讼。

第二节　行政诉讼管辖

导入案例

2014 年 9 月某日，李某在西安市新城区华清东路一棋牌室内赌博，被群众举报，西安市新城区公安分局作出罚款 2000 元的行政处罚决定。李某不服，向位于西安市莲湖区的西安市公安局申请行政复议，西安市公安局作出维持原处罚决定的复议决定。李某对行政复议不服，提起行政诉讼。

[任务提出]

根据本案，思考并完成以下学习任务：本案哪个或哪些法院有管辖权？

一、行政诉讼管辖的概述

（一）行政诉讼管辖的概念

行政诉讼管辖，是指各级人民法院之间以及同级不同地域的人民法院之间在审理第一审行政案件上的权限分工。

（二）行政诉讼管辖的种类

行政诉讼管辖分为级别管辖、地域管辖和裁定管辖三类。

二、行政诉讼级别管辖

我国一共设四级人民法院，即最高人民法院、高级人民法院、中级人民法院和基层人民法院。级别管辖是指不同审级的人民法院在受理行政案件上的权限分工。我国行政诉讼的级别管辖，以基层法院管辖第一审行政案件为原则，以其他较高级别的法院管辖为例外。

（一）基层人民法院管辖的案件

《行政诉讼法》第14条规定："基层人民法院管辖第一审行政案件。"这一规定表明，除法律特别规定由中级人民法院、高级人民法院、最高人民法院管辖的案件外，其余行政案件都应由基层人民法院管辖。

之所以这样规定，是因为：①基层人民法院数量多，全国共有三千多个基层法院，分布均衡，原则上由基层法院管辖第一审行政案件符合实际情况。②基层人民法院的管辖地域往往是案件的发生地，与原告、被告当事人较接近，节省费用，便于人民法院调查取证和执行。③群众到基层人民法院进行诉讼比较方便，由基层人民法院管辖第一审行政案件，便于对当事人进行思想工作，向群众进行法制宣传教育。

（二）中级人民法院管辖的案件

中级人民法院管辖下列第一审行政案件：

1. 对国务院部门或者县级以上地方人民政府所作的行政行为提起诉讼的案件。由于此类案件往往都是在中级人民法院管辖区内有重大影响，较为疑难、复杂或涉及较强的政策性和较高的专业技术的案件，由基层人民法院管辖会有困难。需要注意的是，这里的国务院部门，除国务院组成部门外，也包括国务院直属机构、直属事业单位、部管国家局等。县级以上地方各级人民政府包括省、自治区、直辖市、自治州、设区的市、县、自治县、不设区的市、市辖区的人民政府。

2. 海关处理的案件。海关处理的案件是指公民、法人或者其他组织对海关管理机关作出的行政行为不服而向人民法院起诉的行政案件。需要注意的是，虽然我国设有海事法院，但涉及海关处理的案件不属于海事法院管辖范围。而之所以规定由中级人民法院管辖，是考虑到从海关的设置上看，其多数设在大中城市，因此，把海关处理的案件规定由中级人民法院管辖，符合方便当事人进行诉讼、便利人民法院审理的原则。

3. 本辖区内重大、复杂的案件。"重大、复杂"的衡量，主要考虑案情的疑难和所涉及问题的重要程度，在本辖区的影响大小，涉及政策性与专业性的程度等。

（1）社会影响重大的共同诉讼、集团诉讼案件。对于那些直接影响到当地社会安定、影响到重大公共利益的共同诉讼案件，基层人民法院难以审理，应由中级人民法院管辖。

（2）涉外或者涉及香港特别行政区、澳门特别行政区、台湾地区的案件。涉外行政案件是指原告、第三人是外国人、无国籍人或者外国组织的行政案件。但需要注意的是，中外合资经营企业、中外合作经营企业，以及依照中国法律在境内设立的外资企业均不属于外国组织。涉港、澳、台的行政案件是指原告、第三人是香港特别行政区、澳门特别行政区、台湾地区的居民或者组织。

（3）其他重大、复杂案件。因实践情况纷繁复杂，难以一一列举出来，所以赋予各地中级人民法院一定的自由裁量权，由其根据实际情况灵活掌握。

4. 其他法律规定由中级人民法院管辖的案件。除《行政诉讼法》之外，其他法律也可以规定由中级人民法院管辖第一审行政案件。

（三）高级人民法院管辖的案件

《行政诉讼法》第 16 条规定："高级人民法院管辖本辖区内重大、复杂的第一审行政案件。"

这类行政案件专指在一个省、自治区、直辖市范围内，案情重大、涉及面广且有重大影响的案件。行政诉讼法如此规定的主要原因是：①高级人民法院的主要任务不在于直接审理第一审的行政案件，而在于监督和指导辖区内基层人民法院、中级人民法院的审理工作；审理不服中级人民法院裁判提起上诉的案件和申诉案件。②高级人民法院管辖的案件应当在本级行政区域内具有示范或者重要意义。③"重大、复杂案件"，当案件由中级人民法院作为第一审管辖，不利于审判，也不利于判决、裁定执行时，才考虑由高级人民法院管辖。

（四）最高人民法院管辖的案件

《行政诉讼法》第 17 条规定："最高人民法院管辖全国范围内重大、复杂的第一审行政案件。"

这类案件主要是指对全国有重大影响的行政案件或在国际上有重大影响的案件、在国际上有特别重大影响的涉外案件等。这类案件由最高人民法院一审终审。

最高人民法院是国家最高的审判机关，主要任务是对全国各级法院的审判工作进行监督与指导，运用司法解释权对审判工作所涉及的法律具体应用问题进行司法解释，以及审理不服各高级人民法院裁判而提起的上诉案件。因此，它所管辖的第一审案件必须是在全国范围内确属重大、复杂的行政案件。

一审和二审法院认为，"城关镇政府自认其拆除了侯某某的房屋，且其具有独立承担法律责任的能力，故城关镇政府系本案适格被告"，并无不当。在针对太和县政府的起诉不成立的情况下，一审和二审法院认定"侯某某就涉案强拆行为向中级人民法院提起行政诉讼，不符合级别管辖的规定"，亦无不妥。[1]

三、行政诉讼地域管辖

一个案件，在确定其级别管辖后，还需要确定其地域管辖，才能最终确定有管辖权的人民法院。地域管辖，是指同级人民法院之间横向划分其各自辖区第一审行政案件的权限。级别管辖和地域管辖是确定行政案件管辖法院的纵横坐标系。级别管辖在纵坐标上明确哪一级法院具有某一案件的管辖权；地域管辖在横向坐标上明确哪一个法院具有某一案件的管辖权。

地域管辖可分为一般地域管辖、特殊地域管辖和共同管辖三种类型。

（一）一般地域管辖

我国《行政诉讼法》第18条第1款规定："行政案件由最初作出行政行为的行政机关所在地人民法院管辖。经复议的案件，也可以由复议机关所在地人民法院管辖。"

作为原告的公民、法人和其他组织依法不经过行政复议直接向人民法院起诉的案件，由最初作出行政行为的行政机关所在地人民法院管辖。可见，一般地域管辖的基本原则是"原告就被告"。

如此规定的主要考虑是：①原告就被告是诉讼领域的一个通例。②在大多数情况下，原告生活、居住或者工作在作出行政行为的行政机关的辖区内，由该辖区的人民法院管辖，对于双方当事人都方便有利。③便于人民法院查明事实，正确、及时审理，以及执行生效裁判文书和调解书。④便于地方性法规及其他规范性文件的适用或参照。

经复议的案件，可以由最初作出行政行为的行政机关所在地的人民法院管辖，也可以由复议机关所在地人民法院管辖。向哪个法院提起诉讼，原告可以选择。原告作出选择主要考虑以下因素：哪个法院审理更经济，哪个法院审理

---

[1] 中国裁判文书网：（2018）最高法行申1303号，侯某某、太和县人民政府城乡建设行政管理：房屋拆迁管理（拆迁）再审审查与审判监督行政裁定书。

更便于执行等。原告作出选择后就可以向选定的人民法院提起诉讼，如果原告向两个以上有管辖权的人民法院提起诉讼的，由最先立案的人民法院管辖。

延伸阅读

《行政诉讼法》第18条第2款规定："经最高人民法院批准，高级人民法院可以根据审判工作的实际情况，确定若干人民法院跨行政区域管辖行政案件。"允许人民法院跨区域管辖案件，是基于以下几点考虑：①从世界范围看，行政审判机构实行专门化与跨区域相结合已经成为趋势。②十八届三中全会确立的司法管理体制改革方案要求，实行省以下地方人民法院人财物统一管理，建立与行政区划适当分离的司法管辖制度。③司法权属于中央事权。我国是单一制国家，地方法院是中央设在地方的法院，而不是地方的法院，因此，最终决定是否跨行政区域管辖行政案件的权力在最高人民法院。

（二）特殊地域管辖

1. 限制人身自由的案件。《行政诉讼法》第19条规定："对限制人身自由的行政强制措施不服提起的诉讼，由被告所在地或者原告所在地人民法院管辖。"

（1）原告所在地，包括原告的户籍所在地、经常居住地和被限制人身自由地。户籍地为公民的户口所在地。经常居住地是指公民离开住所地，最后连续居住满1年以上的地方，但住院治病的除外。被限制人身自由地，是指被告行政机关将原告强制治疗等场所所在地。原告作出选择后就可以向选定的人民法院提起诉讼，如果原告同时向两个以上有管辖权的人民法院提起诉讼的，由最先立案的人民法院管辖。

（2）在涉及限制人身自由的案件中，行政主体同时对人身与财产进行处罚或采取强制措施的，被限制人身自由的公民、被扣押或者没收财产的公民、法人或者其他组织对上述行为均不服的，既可以向被告所在地人民法院提起诉讼，也可以向原告所在地人民法院提起诉讼。原告作出选择后就可以向选定的人民法院提起诉讼，如果原告同时向两个以上有管辖权的人民法院提起诉讼的，由最先立案的人民法院管辖。

2. 涉及不动产纠纷的案件。《行政诉讼法》第20条规定："因不动产提起的行政诉讼，由不动产所在地人民法院管辖。"

不动产案件的管辖是专属管辖，其他法院无管辖权，当事人没有选择管辖的余地，人民法院之间也不得协议管辖。因不动产提起的行政诉讼，由不动产所在地的人民法院管辖主要是为了就近调查，便于法院执行。

不动产，是指土地以及土地上的附着物，不能移动或移动会损害其用途或价值的物,如土地、房屋等。因不动产提起的行政诉讼是指因行政行为导致不动产物权变动而提起的诉讼。不动产已登记的,以不动产登记簿记载的所在地为不动产所在地;不动产未登记的,以不动产实际所在地为不动产所在地。

(三)共同管辖

《行政诉讼法》第21条规定:"两个以上人民法院都有管辖权的案件,原告可以选择其中一个人民法院提起诉讼。原告向两个以上有管辖权的人民法院提起诉讼的,由最先立案的人民法院管辖。"

1. 共同管辖的原因。①诉讼主体方面的原因,即同一案件中被告不止一个,当这些被告不在同一个法院的管辖范围内时,这些被告所在地的各人民法院都有管辖权。②诉讼客体方面的原因,即同一案件所涉及的财产所在地或侵权行为发生地不在同一法院辖区,而是分散或跨连在几个法院辖区,这些法院都有管辖权。③基于法律的直接规定而发生。例如《行政诉讼法》第18条第1款规定:"行政案件由最初作出行政行为的行政机关所在地人民法院管辖。经复议的案件,也可以由复议机关所在地人民法院管辖。"根据这个规定,经复议的案件,复议机关所在地和最初作出行政行为的行政机关所在地人民法院都有管辖权。

本节导入案例中,李某因赌博而被西安市新城区公安分局行政处罚,其对行政处罚不服向西安市公安局提起行政复议。依据《行政诉讼法》第18条第1款的规定,李某可以向西安市新城区公安分局所在地的区人民法院提起行政诉讼,也可以向西安市公安局所在地的区人民法院提起诉讼。

2. 共同管辖情形下的处理。根据本条的规定,对两个以上人民法院都有管辖的案件,原告可以选择其中一个人民法院提起诉讼。原告向两个有管辖权的人民法院均提起诉讼的,由最先立案的人民法院管辖。这一规定是为了解决人民法院共同管辖的问题,而对原告来说也是原告选择管辖的问题。因此,共同管辖也被称之为选择管辖。

3. 在理解本条时要把握以下几点:①两个以上人民法院都有管辖权的诉讼,先立案的人民法院不得将案件移送给另一个有管辖权的人民法院。②人民法院立案前发现其他有管辖权的人民法院已先立案的,不得重复立案;立案后发现其他有管辖权的人民法院已先立案的,裁定将案件移送给先立案的人民法院。③当事人没有选择的法院,不能取得案件的管辖权。尽管依照法律规定某一法院对案件具有管辖权,但由于当事人没有选择,法院不能依职权主动要求管辖。

(四)裁定管辖

裁定管辖是指法院在某些特殊情况下,以裁定的方式确定行政案件的管辖法院。裁定管辖是法定管辖的补充。裁定管辖有移送管辖、指定管辖和管辖权的转移三种类型。

1. 移送管辖。《行政诉讼法》第 22 条规定："人民法院发现受理的案件不属于本院管辖的，应当移送有管辖权的人民法院，受移送的人民法院应当受理。受移送的人民法院认为受移送的案件按照规定不属于本院管辖的，应当报请上级人民法院指定管辖，不得再自行移送。"

所谓"移送管辖"，指的是人民法院在对行政案件立案后，发现所立案件不属于本院管辖，在查明案件的管辖法院后，将案件移送给有管辖权的人民法院审理的制度。设立移送管辖制度的目的是为了解决司法实践中关于管辖权争议的问题，避免因管辖不明、互相推诿等原因而拖延审理，影响当事人的合法权益。移送管辖具有以下特征：①人民法院对案件已经立案但尚未审结，仍在第一审程序中。尚未立案的案件不存在移送的问题，裁定不予立案即可。已经审结的案件，应通过第二审程序或者审判监督程序纠正，也不发生移送管辖的问题。②人民法院对案件是否有管辖权，应当以立案作为判断的时间点。如果移送法院在立案时有管辖权，那么即使在审理过程中发生了行政区域变更、当事人住所或居住地的变更等情况，该法院受理案件后不得据此为由将案件移送给变更后有管辖权的人民法院。③人民法院对所立案件没有管辖权。法律规定中用的是"发现"而不是"认为"，意味着人民法院在客观上发现了本院没有管辖权，而不是主观认为。④受移送的法院对案件有管辖权。受移送的人民法院应当受理被移送的案件，不能以任何理由拒绝受理，即便该案件确实不属于该法院管辖。⑤受移送的人民法院不得再移送。受移送的人民法院认为受移送的案件按照规定不属于本院管辖的，应当报请上级人民法院指定管辖，不得再自行移送。这就意味着既不能把移送的案件退回原法院，也不能移送给其他法院，只能报请上级人民法院指定管辖。换句话说，移送管辖只能发生一次。

2. 指定管辖。《行政诉讼法》第 23 条规定："有管辖权的人民法院由于特殊原因不能行使管辖权的，由上级人民法院指定管辖。人民法院对管辖权发生争议，由争议双方协商解决。协商不成的，报它们的共同上级人民法院指定管辖。"

所谓"指定管辖"，是指上级人民法院依职权指定下级人民法院对行政案件行使管辖权。被指定的人民法院因被指定而获得了案件管辖权。指定管辖是对法定管辖的补充，其目的是使人民法院早日确定管辖权，及时进行审判，使当事人的合法权益尽快得到保护。指定管辖适用的情形有：

（1）有管辖权的人民法院由于特殊原因不能行使管辖权的，由上级人民法院指定管辖。所谓"特殊原因"，是指导致有管辖权的人民法院不能公正、及时审结案件的情况，包括：①事实原因。由于自然灾害、战争、意外事故等不可抗拒的客观事实，使有管辖权的人民法院无法行使管辖权。②法律原因。某些事实的出现符合法律规定，从而使有管辖权的人民法院在法律上不能审理或者继续审理本案。如有管辖权的人民法院因当事人申请全体审判人员回避而无法组成合议庭，不能审理案件，则由上级人民法院指定管辖。

（2）人民法院之间对管辖权发生争议的，由争议双方协商解决。协商不成的，报它们的共同上级人民法院指定管辖。造成管辖争议的原因主要有：①原告同时向两个以上有管辖权的人民法院起诉，各人民法院又同时立案或者无法确定谁先立案。②行政案件发生于行政区域变动期间，形成几个人民法院都有管辖权或者管辖权不明的情况。③人民法院之间对管辖权问题有不同的理解。

3. 管辖权转移。《行政诉讼法》第 24 条规定："上级人民法院有权审理下级人民法院管辖的第一审行政案件。下级人民法院对其管辖的第一审行政案件，认为需要由上级人民法院审理或者指定管辖的，可以报请上级人民法院决定。"

所谓"管辖权转移"，指的是经上级人民法院决定或者同意，上级法院审理下级法院管辖的第一审行政案件，或者下级法院把自己管辖的第一审行政案件报请上级法院审理。管辖权转移的条件：①人民法院已经立案；②该案的管辖权不存在争议；③转移的人民法院与接收的人民法院之间，无论是一级或者几级，相互间应有上下隶属关系，否则不发生管辖权转移；④尽管管辖权转移的事由《行政诉讼法》未作明确限定，但该程序应基于正当理由才能启动，不能滥用这种权力。

根据《行政诉讼法》的规定，管辖权转移发生在两种情形中：①上级法院依职权转移管辖权。上级人民法院有权审理下级人民法院管辖的第一审行政案件。从审判实践情况来看，如果有管辖权的法院对其受理的某一第一审行政案件在法律适用上与有关部门争议很大，把握不准，或者受某些因素的影响难以保证公正审理或者产生不良影响的，上级法院可以直接审理下级法院的第一审行政案件。②下级法院依报请转移管辖权。下级人民法院对其管辖的第一审行政案件，认为需要由上级人民法院审理或者指定管辖的，可以报请上级人民法院决定。从审判实践来看，发生这种情形往往是由于案情重大、特别复杂、涉及面广，下级法院审理有困难；或者由于某种客观原因、特殊情况导致事实上不能审理（如地震等自然灾害）；或者由于法院主要负责人有牵连、干扰严重等有违司法公正原则需要回避。对于这些情形，人民法院可以报请上级人民法院管辖。

管辖权转移的效力是：①上级人民法院提审下级人民法院管辖的案件，该提审行为具有法律拘束力，下级人民法院不得拒绝。②下级法院报送上级法院审理依法应由本院管辖的案件时，应当取得上级法院的同意，上级法院认为案件仍应由下级法院审理的，下级法院应当服从上级法院的决定。

思考题

1. 什么是行政诉讼的受案范围？
2. 人民法院受理的行政争议案件有哪些？
3. 人民法院不予受理的案件有哪些？
4. 行政诉讼管辖的种类有哪些？
5. 中级人民法院受理的行政案件有哪些？
6. 移送管辖的条件有哪些？

实务训练

1997年11月，某省政府所在地的市政府决定征收含有某村集体土地在内的地块作为旅游区用地，并划定征用土地的四至界线范围。2007年，市国土局将其中一地块与甲公司签订《国有土地使用权出让合同》。2008年12月16日，甲公司获得市政府发放的第1号《国有土地使用权证》。2009年3月28日，甲公司将此地块转让给乙公司，市政府向乙公司发放第2号《国有土地使用权证》。此后，乙公司申请在此地块上动工建设。2010年9月15日，市政府张贴公告，要求在该土地范围内使用土地的单位和个人，限期自行清理农作物和附着物设施，否则将强制清理。2010年11月，某村得知市政府给乙公司颁发第2号《国有土地使用权证》后，认为此证涉及的部分土地仍属该村集体所有，向省政府申请复议要求撤销该土地使用权证。省政府维持后，某村向法院起诉。法院通知甲公司与乙公司作为第三人参加诉讼。在诉讼过程中，市政府组织有关部门强制拆除了征地范围内的附着物设施。某村为收集证据材料，向市国土局申请公开1997年征收时划定的四至界线范围等相关资料，市国土局以涉及商业秘密为由拒绝提供。

[问题]

1. 市政府实施的哪些行为属于行政诉讼受案范围？
2. 如何确定本案的级别管辖？

[分析提示]

1. 征收含有某村集体土地在内的地块的行为；向甲、乙两公司发放《国有土地使用权证》的行为；发布公告要求使用土地的单位和个人自行清理农作物和附着物设施的行为。上述行为均属于行政诉讼受案范围。

2. 根据《行政诉讼法》第15条的规定，对国务院部门或者县级以上地方人民政府所作的行政行为提起诉讼的案件，由中级人民法院管辖。本案中市政府为被告，故由中级人民法院管辖。

第四章

诉讼参加人

学习目标

通过本章学习，应掌握以下知识点：

诉讼参加人，是指享有诉讼权利、承担诉讼义务的当事人以及与他们的诉讼地位相类似的诉讼代理人。

当事人在诉讼的不同阶段有不同的称谓。在第一审程序中，当事人的称谓是原告、被告、第三人；在第二审程序中，它们被称为上诉人、被上诉人；在执行程序中，称为申请执行人和被申请执行人。当事人的称谓不同，表明他们在不同诉讼阶段，享有的诉讼权利和承担的诉讼义务不同。一般情况下，人们常用第一审程序的称谓来概括当事人的范围。当事人的特点：①以自己的名义参加诉讼活动，维护自己的合法权益；②与被诉行政行为有利害关系，直接承担诉讼结果；③受法院的裁判约束。

诉讼代理人包括法定代理人和委托代理人。诉讼代理人以当事人的名义进行诉讼活动，旨在维护当事人的合法权益，故而，从广义上讲，诉讼代理人也属于诉讼参加人。

在行政诉讼过程中，除了行政诉讼参加人外，还有证人、鉴定人、翻译人员和勘验人员等参与到诉讼中来。这些人与案件本身没有利害关系，其参加行政诉讼的目的只是为了协助人民法院查明案件的事实真相，或为当事人提供帮助。学理上统称这些人为诉讼参与人。

第一节 行政诉讼的原告

导入案例

罗某某诉吉安市物价局物价行政处理案[1]

2012 年 5 月 28 日，原告罗某某向被告吉安市物价局邮寄一份申诉举报函，对吉安电信公司向原告收取首次办理手机卡卡费 20 元进行举报，要求被告责令吉安电信公司退还非法收取原告的手机卡卡费 20 元，依法查处并没收所有电信用户首次办理手机卡被收取的卡费，依法奖励原告和书面答复原告相关处理结果。2012 年 5 月 31 日，被告收到原告的申诉举报函。2012 年 7 月 3 日，被告作出《关于对罗某某 2012 年 5 月 28 日〈申诉书〉办理情况的答复》，并向原告邮寄送达。答复内容为："2012 年 5 月 31 日我局收到您反映吉安电信公司新办手机卡用户收取 20 元手机卡卡费的申诉书后，我局非常重视，及时进行调查，经调查核实：江西省通管局和江西省发改委联合下发的《关于江西电信全业务套餐资费优化方案的批复》（赣通局〔2012〕14 号）规定：UIM 卡收费上限标准：入网 50 元/张，补卡、换卡：30 元/张。我局非常感谢您对物价工作的支持和帮助。"原告收到被告的答复后，以被告的答复违法为由诉至法院。被告辩称：原告的起诉不符合行政诉讼法的有关规定。本案争议的焦点之一是罗某某的原告资格问题。

一、一般行政诉讼原告的资格

基于"不告不理"的诉讼原则，行政诉讼的发起者是行政诉讼中具有基础性地位的当事人，在第一审行政诉讼中，这类当事人被称为行政诉讼原告。关于行政诉讼原告，《行政诉讼法》第 2 条规定："公民、法人或者其他组织认为行政机关和行政机关工作人员的行政行为侵犯其合法权益，有权依照本法向人民法院提起诉讼。"第 25 条第 1 款规定："行政行为的相对人以及其他与行政行为有利害关系的公民、法人或者其他组织，有权提起诉讼。"第 49 条第 1 项规定："原告是符合本法第 25 条规定的公民、法人或者其他组织。"据此，行政诉讼的原告，是指认为行政机关和行政机关工作人员的行政行为侵犯其合法权益，而依法向人民法院提起行政诉讼的公民、法人或者其他组织。

---

〔1〕 最高人民法院指导性案例 77 号。

（一）一般资格条件

行政诉讼原告是一种法律意义上的资格，也就是说，法律对行政诉讼原告设定了限制条件，只有具备一定条件的公民、法人或者其他组织才可以作为行政诉讼原告。之所以设定资格条件，一方面是要将有限的司法资源用来保护真正的合法权益的享有者，防止不具有诉讼利益的人滥用司法资源；另一方面，在行政诉讼中，还要考虑国家行政管理秩序的稳定性，避免让行政机关陷入无序的诉讼中。从各国行政诉讼原告资格制度发展的趋势看，对原告资格的限制是从严格到宽松，逐步放宽。

在我国，原告资格条件的确立经历了一个不断发展的过程。1989年《行政诉讼法》使用"公民、法人或者其他组织认为行政机关和行政机关工作人员的具体行政行为侵犯其合法权益"这样笼统的表述。由于这一规定过于原则，导致司法实践中各地法院的理解和做法不同，有些地方法院将上述规定理解为，只有具体行政行为直接指向的行政相对人才具有原告资格，这极大地限缩了行政诉权。为明确原告资格标准，《若干问题解释》（法释〔2000〕8号）[1]第12条规定："与具体行政行为有法律上利害关系的公民、法人或者其他组织对该行为不服的，可以依法提起行政诉讼。"这一规定细化了原告资格，其核心要素是"法律上的利害关系"。2014年修订后的《行政诉讼法》给拓宽原告资格留出必要的发展空间，第25条规定："……其他与行政行为有利害关系的公民、法人或者其他组织，有权提起诉讼……"据此，行政诉讼原告的资格条件包括：

1. 原告是与行政行为有利害关系的公民、法人或者其他组织。如何认定"利害关系"，是行政诉讼中具有基础意义的问题。这里包含着对起诉资格所涉利害的权衡：一方面，应当考虑通过诉讼保护当事人权利的需要；另一方面，也要考虑行政秩序的安定性、连续性不被过分打扰。利害关系的具体范围，随着社会发展、观念变化和司法机关对自身职能的认识，总体上在不断扩充。[2]理解"利害关系"应把握以下几点：①这是指向"特定人"的利害关系。有些行政行为产生的影响波及面很大，牵涉到社会中不同立场的人，程度不同地影响这些人的利益。那么，是否所有受到行政行为影响的人都可以提起诉讼呢？行政诉讼法的回答是否定的。只有行政相对人和其他与行政行为有利害关系的公民、法人或者其他组织才是"特定人"。②这是具有"实际影响"内涵的利害关系。所谓"实际影响"，是指行政行为处分了公民、法人或者其他组织的权利义务。有些是直接处分，表现为赋予或剥夺权利，增加或减免义务，变更权利

---

〔1〕 现已失效。
〔2〕 何海波：《行政诉讼法》，法律出版社2011年版，第192页。

与义务；有些处分是间接的，表现为其存在会给其他行为的作出提供具有法律意义的依据，或者置某一方当事人于不利的地位。[1] 上述实际影响的利害关系，包括有利的关系和不利的关系。总之，对公民、法人或者其他组织权利义务不产生实际影响的行为，不属于行政诉讼受案范围。③这是"已经或必然"形成的利害关系。实际影响的利害关系应当是指相关利益是现实的或者即将实现的，而不能是期待的或不确定的。

2. 原告是认为行政行为侵犯其合法权益的公民、法人或者其他组织。这里包括三层内容：一是行政诉讼原告资格以"可能性"为标准，[2] 只要公民、法人或者其他组织主观上"认为"自己的合法权益受到侵害就可以提起诉讼。这只是公民、法人或者其他组织的主观认识，而不一定是其权利在实体上确实受到了影响。公民、法人或者其他组织的实体权益是否受到确实的影响，不是在其起诉时就可以确定下来的，而是需要通过法院的判决予以最终确认。二是作为起诉人的"其"意味着是起诉人自身利益受到侵犯，通常情况下起诉人起诉不能为了维护他人利益，也不能是为了公共利益。三是作为起诉条件的"侵犯"是指使公民、法人或者其他组织的权利、义务发生了变化，如限制、减少权利，增加、减少、免除义务等。四是作为起诉条件的"合法权益"原则上应由当事人自己认为，法律上不设置过高的门槛。关于"合法权益"，没有法定解释，通常情况下认为，合法权益既包括制定法所确认和保护的"权利"，也包括制定法尚未确认，但法律上正当的"利益"。[3]

在郑某某诉中国银行业监督管理委员会六安监管分局不履行法定职责案[4]中，郑某某身份证被他人在舒城农商行和金寨县农商行分别办理了银行卡和个人结算账户并开通网银。郑某某向中国银行业监督管理委员会六安监管分局（以下简称六安银监分局）、中国人民银行六安市中心支行等部门反映，要求对违规办理业务的银行领导和经办人进行查处。六安银监分局将相关处理情况向郑某某进行书面告知。郑某某认为六安银监分局没有依法处理，遂向法院提起诉讼。六安市裕安区人民法院经审理认为，郑某某认为六安银监分局没有依法办事，要求按照《中华人民共和国反洗钱法》对银行及管理人员、责任人进行处理，但相关法律法规中没有赋予公民个人要求行政机关如何对第三人进行处罚的权利，六安银监分局的监管处理行为与郑某某利益没有直接的利害关系，

〔1〕　江必新主编：《中华人民共和国行政诉讼法理解适用与实务指南》，中国法制出版社 2015 年版，第 23 页。

〔2〕　梁凤云：《新行政诉讼法讲义》，人民法院出版社 2015 年版，第 144 页。

〔3〕　何海波：《实质法治：寻求行政判决的合法性》，法律出版社 2009 年版，第 211～221 页。

〔4〕　安徽省高级人民法院发布行政诉讼十大典型案例七。

故裁定驳回郑某某的起诉。郑某某不服一审裁定，提起上诉。六安市中级人民法院经审理，裁定驳回上诉，维持原裁定。本案判决公正，适用法律正确。

3. 原告是具有法律上独立人格的公民、法人或者其他组织。所谓"法律上独立人格"，是指独立的个体实施法律行为，行使权利承担法律责任的能力。原告作为行政诉讼中两造之一，具有独立的法律人格的表现是以自己的名义提起诉讼，接受法院的裁判约束，能独立承担诉讼后果。公民、法人或者其他组织不起诉或者不以自己名义起诉，虽然认为行政行为侵犯了自己的合法权益，仍然不能称为原告。

【案例评析】

根据《行政诉讼法》第 2 条、第 24 条第 1 款及《行政诉讼法解释》第 12 条的规定，举报人就举报处理行为提起行政诉讼，必须与该行为具有法律上的利害关系。本案中，罗某某虽然要求吉安市物价局"依法查处并没收所有电信用户首次办理手机卡被收取的卡费"，但仍是基于认为吉安电信公司收取卡费行为侵害其自身合法权益，向吉安市物价局进行举报，并持有收取费用的发票作为证据。因此，罗某某与举报处理行为具有法律上的利害关系，具有行政诉讼原告主体资格，依法可以提起行政诉讼。

（二）资格转移

原告资格包含着法律赋予特定人提起行政诉讼的权利内容，原则上具有专属性。为维护行政相对人的合法权益，监督行政机关依法行政，纠正违法行为，《行政诉讼法》规定，有权起诉的公民死亡、法人或者其他组织终止的，原告资格依法转移给与其有特定关系的公民、法人或者其他组织。原告资格的转移分为两种情况：

1. 自然人原告资格的转移。自然人原告资格转移的条件是：①有权提起诉讼的公民死亡。有权提起诉讼的公民，尚未提起诉讼或在诉讼过程中自然死亡或被宣告死亡的，都可以进行资格转移。如果被宣告死亡的公民重新出现，则撤销其死亡宣告并回归其原告资格。②原告资格转移给近亲属。"近亲属"包括配偶、父母、子女、兄弟姐妹、祖父母、外祖父母、孙子女、外孙子女和其他具有扶养、赡养关系的亲属。在公民死亡后，这些"近亲属"有权以自己的名义提起诉讼，其诉讼地位等同于原告。

在郑某某、胡某某诉温州乐清市民政局颁发结婚证行政争议案中，婚姻登记当事人之一的郑某某之子胡某招已死亡，郑某某向浙江省乐清市人民法院提起诉讼，要求乐清市民政局撤销颁发给胡某招、张某某的结婚证。就这一案件，浙江省高级人民法院以婚姻关系当事人以外的其他人可否对婚姻登记行为提起行政诉讼为主题向最高人民法院请示，《最高人民法院行政审判庭关于婚姻登记行政案件原告资格及判决方式有关问题的答复》（2005 年 10 月 8 日法［2005］行他字第 13 号）指出，依据《中华人民共和国行政诉讼法》第 24 条第 2 款规定，有权起诉婚姻登记行为的婚姻关系当事人死亡的，其近亲属可以提起行政诉讼。

2. 组织原告资格的转移。组织原告资格转移的条件是：①有权提起诉讼的法人或其他组织终止。法人或者其他组织的终止有两种情况，一是消灭，即法人或者其他组织的资格在法律上最终归于结束，如撤销、破产等；二是变更，主要有分立和合并两种形式。②原告资格转移给承受其权利的法人或其他组织。承受权利的法人或其他组织以自己的名义提起诉讼，其诉讼地位等同于原告。

3. 原告资格转移的程序。在诉讼过程中有权起诉的原告死亡的，需要等待其近亲属表明是否参加诉讼，或者作为原告的法人、组织终止，尚未确定权利义务承受人的，诉讼中止。中止诉讼期限满 90 日以后，如仍无人要求或继续诉讼的，依法终结诉讼。

二、一般行政诉讼原告的确定

行政诉讼原告是与行政行为有利害关系的公民、法人或者其他组织，具体到不同的行政领域，原告有哪些情形，需要依据一定的标准进行认定。《行政诉讼法》第 25 条关于原告的规定，为行政诉讼原告的确定提供了原则性的标准和范围。在此基础上，结合审判实践，最高人民法院通过司法解释对一些特殊性的行政诉讼原告予以明确和补充。

（一）行政相对人

行政相对人，是指在行政法律关系中与行政主体相对应的另一方当事人，即行政行为直接影响其权益的公民、法人或者其他组织。[1] 一般情况下，是指行政决定文书中载明的人。行政相对人认为行政行为侵犯其合法权益而依法提起诉讼的，是行政诉讼原告。可以作为行政相对人的主体包括：

1. 自然人。作为行政相对人的自然人是指公民，包括中国公民和外国人、无国籍人。具有中华人民共和国国籍的自然人是中国公民。在行政管理领域，中国公民是最为常见的行政相对人。公民认为行政行为侵犯其合法权益的，有权提起诉讼。有权提起诉讼的公民没有诉讼行为能力的，由其法定代理人代为诉讼，其原告资格并不丧失。公民因被限制人身自由而不能提起诉讼的，其近亲属可以依其口头或者书面委托以该公民的名义提起诉讼。

在中国境内的外国人、无国籍人，必须遵守中国的法律，因接受行政管理而成为行政相对人。外国人、无国籍人在中华人民共和国进行行政诉讼，同中

---

〔1〕　姜明安主编：《行政法与行政诉讼法》，北京大学出版社 2011 年版，第 137 页。

华人民共和国公民有着同等的诉讼权利和义务。外国法院对中华人民共和国公民的行政诉讼权利加以限制的，中国法院对该国公民的行政诉讼权利，实行对等原则。

2. 组织。作为行政相对人的组织可以分几类：

一类是法人。法人，是指社会组织在法律上的人格化，具有民事权利能力和民事行为能力，依法独立享有民事权利和承担民事义务。法理上通常将法人分为机关法人、企业法人、事业单位法人、社会团体法人，以及民办非企业单位法人。无论哪一类法人都要接受行政管理，在行政法律关系中处于行政相对人的地位。尤其要指出的是，具有法人地位的国家机关，在实施非职权行为或处于非行使职权的场合，也是处于行政相对人的地位。

在湖南省益阳市南县三仙湖镇政府诉南县国土资源局、南县政府土地权属案[1]中，镇政府对县国土资源局和县政府颁发给三仙湖镇渔场的土地使用权证存有异议，向南县人民法院提起诉讼。法院认为，三仙湖镇政府是行政诉讼的适格原告。

另一类是其他组织。其他组织是指合法成立、有一定的组织机构和财产，但又不具有法人资格的组织。其他组织的类型，法律没有专门规定。随着社会发展变化，其他组织的类型花样翻新、数量不断攀升，对于其他组织是否具有原告资格，需要根据该组织代表的利益和承担责任的能力，并结合法律规定来认定。

在中海雅园物业管理委员会诉北京市海淀区国土资源和房屋管理局不履行备案法定职责案中，被告海淀国土房管答辩认为，物业管理委员会不是能够独立承担法律责任的组织，不具有诉讼行为能力，不具有原告主体资格。海淀区法院认为，根据案件发生时实施的建设部 1994 年第 33 号令《城市新建住宅小区管理办法》、北京市人民政府《北京市居住小区物业管理办法》以及其他有关文件的规定，居住小区物业管理委员会是由居住小区内全体业主通过业主大会选举产生，代表本物业区域内全体业主的合法权益，负责对区域内物业实施管理的组织。物业管理委员会的产生与改选均须经行政主管机关登记；有自己的组织章程和组织机构；有独立使用的办公场所；办公经费亦有相应保障；也具有一定的民事行为能力。因物业管理委员会不具备法人资格，在当前将其视同其他组织、认可其具有相应的诉讼主体资格较为适宜。

还有一类是外国组织。在中国境内的外国组织，要遵守中国的法律，作为

---

〔1〕 "湖南益阳镇政府告县政府一审胜诉"，载凤凰网资讯，http：//news. ifeng. com/a/20140906/41886254_ 0. shtml，2015 年 6 月 25 日访问。

行政相对人的外国组织,在中华人民共和国进行行政诉讼,同中华人民共和国的组织有着同等的诉讼权利和义务。外国法院对中华人民共和国组织的行政诉讼权利加以限制的,中国法院对该国组织的行政诉讼权利,实行对等原则。

法人和其他组织提起诉讼的,法人的诉讼行为由其法定代表人代表行使。其他组织提起诉讼的,由该组织的主要负责人作诉讼代表人;没有主要负责人的,可以由推选的负责人作诉讼代表人。合伙企业向人民法院提起诉讼的,由执行合伙企业事务的合伙人作诉讼代表人。

(二) 其他与行政行为有利害关系的公民、法人或者其他组织

在行政实践中,有很多行政行为属于复效行政行为,又称有第三人效力的行政行为,表现为行为效力不仅直接影响行政相对人,而且间接影响其他人的利益。比较典型的是行政许可行为。《行政许可法》要求,行政机关对行政许可申请进行审查时,发现行政许可事项直接关系他人重大利益的,应当告知该利害关系人。这其中,申请人是行政相对人,"直接关系他人重大利益"中的"他人"即其他与行政行为有利害关系的公民、法人或者其他组织,简称为利害关系人。利害关系人的类型纷繁复杂,很难穷尽全部情形。《行政诉讼法解释》规定,有下列情形之一的,公民、法人或者其他组织可以依法提起行政诉讼:

1. 被诉行政行为涉及其相邻权的人。行政行为涉及相邻权的情形,主要是发生在不动产的所有人或者使用人在行使物权时需要得到行政机关批准或许可的领域。行政机关批准或许可不动产的所有人或者使用人行使物权的行为,也同时影响着该不动产的相邻方的利益,如,通行、排水、日照利益等。被诉的行政行为涉及其相邻权的,公民、法人或者其他组织可以作为原告提起诉讼。

在祝某与沅陵县城乡规划管理局规划管理行政许可纠纷案[1]中,被告湖南省沅陵县城乡规划管理局向第三人沅陵县菩恩矿业有限责任公司颁发《建设工程规划许可证》,许可其建设钒厂。提起诉讼的祝某系蒙湖茶厂的实际经营者,该茶厂与第三人的钒厂之间最近距离不足 200 米,二者之间互为相邻。二审法院纠正一审法院的裁判,认定祝某是本案的适格原告。

2. 被诉行政行为涉及其公平竞争权的人。行政机关对市场主体公平竞争的影响,一般是通过依法赋予公平竞争权利或者纠正不正当竞争行为来实现的。行政机关在审批、许可等过程中不能平等对待具有竞争关系的各方市场主体,或者滥用行政权力排除或者限制市场主体的竞争,或者不作为地放纵市场上的不正当竞争行为等,都构成行政行为对市场主体的公平竞争权的影响。针对上述行为,赋予公平竞争权人以原告资格。

---

[1] 湖南省怀化市中级人民法院行政裁定书(2014)怀中行终字第94号。

在吉某仁等诉盐城市人民政府行政决定案[1]中，盐城市人民政府作出《专题会议纪要》（以下简称为《会议纪要》）要求，城市公交在规划区内开通的老干线路，要保证正常运营，继续免交有关交通规费。提起诉讼的吉某仁等认为，盐城市公共交通总公司（以下简称公交总公司）的5路和15路客运线路未经批准，擅自延伸出盐城市市区，与他们经批准经营的客运线路重叠，属于不正当竞争，损害他们的经营利益。为此他们多次向盐城市城区交通局反映，要求依法对公交总公司及5路和15路参加客运的车辆进行处罚并追缴非法所得。盐城市人民政府的《会议纪要》干预了城区交通局的查处，违反有关法律的规定，直接损害了他们的经济利益。江苏省高级人民法院裁判吉某仁等人作为与公交总公司所属公交车辆营运范围有重叠的经营者，有权以《会议纪要》的规定侵犯其公平竞争权为由提起行政诉讼。

3. 要求行政机关依法追究加害人法律责任的。因加害人的行为而使自身的权益受到损害的受害人，为维护自己的合法权益寻求行政机关的救济，通常会要求行政机关处罚加害人。因此，行政机关处理或者不予处理加害人的行为，会对受害人的权益产生影响。受害人对行政机关追究加害人法律责任的处理不服的，有权提起诉讼。

在秦某某诉南陵县市场监督管理局工商行政登记案[2]中，汪某某利用秦某某等三人身份证复印件并在该三人不在场的情况下通过代理人注册了公司。注册公司时申请材料上股东签名不是秦某某本人签名也不是其授权签名。在该公司的经营活动中秦某某没有实际进行出资，没有参与实际经营活动，也没有参与分红，该公司的一切行为与秦某某无关。在后期公司股东变更登记时，汪某某又冒用秦某某的签名办理了变更登记。秦某某发现自己被冒用身份登记为某公司股东后，向南陵县市场监督管理局申请撤销工商登记行为，该登记机关拒不撤销。秦某某依法向人民法院提起诉讼。一、二审法院经审理查明秦某某确系身份被冒用后，遂判决支持秦某某的诉讼请求。

4. 与撤销或变更行政行为有利害关系的人。在行政实践中，有些行政行为虽然不直接处分某公民、法人或其他组织的权利义务，但其存在会给其他行为的作出提供具有法律意义的依据，在这种情况下，某公民、法人或其他组织有权提起诉讼。

在井某真诉宁津县卫生局卫生行政许可纠纷案[3]中，宁津县卫生局向赵某

---

〔1〕　载《最高人民法院公报》2003年第4期。
〔2〕　安徽省高级人民法院发布2018年行政诉讼十大典型案例。
〔3〕　山东省宁津县人民法院（2005）宁行初第13号。

恒颁发医疗机构执业许可证，为赵某恒行医创造了条件。井某真之夫在赵某恒为其诊疗过程中死亡，经德州医学会鉴定，赵某恒负主要责任。井某真提起民事诉讼，根据《医疗事故处理条例》第2条、第61条的规定，宁津县卫生局向赵某恒颁发医疗机构执业许可证的行政行为是否合法，将对井某真请求民事赔偿在适用法律上产生实际影响，故井某真与宁津县卫生局的颁证行为具有法律上的利害关系，井某真作为原告的诉讼主体资格得以确认。

5. 为维护自身合法权益向行政机关投诉，具有处理投诉职责的行政机关作出或者未作出处理的。投诉、举报是公民、法人或者其他组织参与社会管理的重要途径，对于维护自身合法权益和监督行政机关依法行政都具有重大意义。近年来，当事人因投诉、举报不服行政机关作出的行政行为而提起诉讼的情形越来越多。此类案件能否进入行政诉讼救济渠道，人民法院应当审查当事人与其投诉、举报的事项之间是否具有利害关系，对于确有利害关系的，应当依法予以立案。

在孟某某诉蚌埠市蚌山区市场监督管理局不履行法定职责案[1]中，2017年1月6日，孟某某在蚌埠市粤港茶餐厅购买了"花旗参炖乌鸡、虫草花石斛炖老鸡"两道菜。事后，孟某某认为粤港茶餐厅出售的该两道菜品涉嫌违反《中华人民共和国食品安全法》，向蚌埠市食品药品投诉举报中心举报，要求进行处理。同年1月16日，蚌埠市食品药品投诉举报中心将孟某某的投诉举报材料转交蚌埠市蚌山区市场监督管理局（以下简称蚌山区市场监管局）处理。蚌山区市场监管局接到转交材料后，对此事进行了调查。2017年3月16日，蚌山区市场监管局向孟某某送达了行政处理结果告知书，告知的主要内容为：粤港茶餐厅经营的花旗参乌鸡汤未进入药用渠道，也未宣传功能主治、用法用量等相关内容，未构成违法行为。孟某某认为该答复未完全履行法定职责，遂向蚌埠市蚌山区人民法院提起诉讼，要求确认蚌山区市场监管局未履行法定职责的行为违法并判令其在法定期限内履行职责。法院受理了此案。

6. 其他与行政行为有利害关系的。与被诉的行政复议决定有法律上利害关系或在复议程序中被追加为第三人的，有权提起诉讼。公民、法人或者其他组织认为自己是土地、专利或商标的合法所有权人，认为行政机关作出的行政裁决、许可等行为侵犯了自己的合法权益，有权提起起诉。

在重庆市丰都县高家镇罗边槽村一社诉重庆市人民政府林权争议行政复议案[2]中，高家镇罗边槽村一社、四社为山林权属发生纠纷，丰都县人民政府以

〔1〕 安徽省高级人民法院发布行政诉讼十大典型案例八。
〔2〕 最高人民法院行政判决书（1999）行终字第21号。

丰都府发（1998）157号作出《关于高家镇罗边槽村一、四社林权争议的处理决定》，高家镇罗边槽村四社不服，向重庆市人民政府申请复议，高家镇罗边槽村一社作为第三人参加到行政复议中。重庆市人民政府经审查作出渝府复（1999）2号行政复议决定，撤销丰都府发（1998）157号文件，高家镇罗边槽村一社不服该行政复议决定，向重庆市高级人民法院提起行政诉讼。

（三）行政诉讼原告的特殊情形

组织在原告资格上具有自然人不具有的一些特殊问题，例如应当以公司的名义起诉，还是以法定代表人的名义起诉？公司的股东是否有权以自己的名义起诉？《行政诉讼法解释》对其中部分内容予以回应。

第一，组织的原告确定。

1. 合伙组织。合伙组织分为个人合伙和合伙企业两种形式。合伙企业向法院提起诉讼的，应当以核准登记的字号为原告，由执行合伙企业事务的合伙人作诉讼代表人。未依法登记领取营业执照的个人合伙，其全体合伙人为共同原告；全体合伙人可以推选代表人，被推选的代表人，应当由全体合伙人出具推选书。

2. 个体工商户。个体工商户向人民法院提起诉讼的，以营业执照上登记的经营者为原告。有字号的，以营业执照上登记的字号为原告，并应当注明该字号经营者的基本信息。

3. 股份制企业。股份制企业认为行政行为侵犯企业经营自主权的，其法定代表人可以企业名义提起诉讼。当股份制企业的法定代表人不提起诉讼时，股东大会、股东会、董事会等认为行政行为侵犯企业经营自主权的，可以企业名义提起诉讼。

4. 联营企业、中外合资或者合作企业。联营企业、中外合资或者合作企业的联营、合资、合作各方，认为联营、合资、合作企业的权益或者自己一方合法权益受到行政行为侵犯的，既可以企业名义提起诉讼，也可以自己的名义提起诉讼。

5. 非营利法人。事业单位、社会团体、基金会、社会服务机构等非营利法人的出资人、设立人认为行政行为损害法人合法权益的，既可以企业名义提起诉讼，也可以自己的名义提起诉讼。

6. 非国有企业法人资格消灭后。非国有企业被行政机关注销、撤销、合并、强令兼并、出售、分立或者改变企业隶属关系的，具备原告资格的主体有两个：一是企业可以自己的名义起诉。虽然企业法人资格已然消灭，企业依然可以享受最后一次诉讼机会。二是企业的法定代表人可以自己的名义提起诉讼。如果法定代表人以企业的名义起诉，往往需要提供企业登记文件或者加盖企业公章的起诉书，而在法人资格被终止后，法定代表人很可能无法提供这些文件，所以直接赋予了法定代表人诉权。

第二，房屋登记行政案件中的原告确定。一般情况下，普通债权人因与行政行为利害关系不密切而没有原告资格。但是，《最高人民法院关于审理房屋登记案件若干问题的规定》第4条规定："房屋登记机构为债务人办理房屋转移登记，债权人不服提起诉讼，符合下列情形之一的，人民法院应当依法受理：①以房屋为标的物的债权已办理预告登记的；②债权人为抵押权人且房屋转让未经其同意的；③人民法院依债权人申请对房屋采取强制执行措施并已通知房屋登记机构的；④房屋登记机构工作人员与债务人恶意串通的。"

第三，农村集体土地行政案件的原告确定。

1. 关于农村土地使用权人或实际使用人的原告资格。对行政机关处分农村集体所有的土地的决定，作为所有权人的农村集体组织有权起诉。但我们应该看到，这种处分行为同时也影响甚至侵犯了农村土地使用权人的承包经营权。为切实保护农民对土地的实际利益，农村土地承包人等土地使用权人，对行政机关处分其使用的农村集体所有土地的行为不服，可以自己的名义提起诉讼。在现实生活中，农村还有很多土地实际使用人，由于各方面的原因，他们没有权属证书，但在实际地使用土地。只要农村土地实际使用人合法地使用土地，他们应当享有原告资格。

2. 《最高人民法院关于审理涉及农村集体土地行政案件若干问题的规定》确定的原告。这一司法解释针对的问题：一是农村集体经济组织或村民委员会等对涉及农村集体土地的行政行为不起诉的情况，由此造成农民权益受到损害而无法得到救济，常常会引起群体性事件。为了依法保护农民的合法权益，有必要赋予具有代表性的农民以集体名义提起诉讼，这一规定确定，村民委员会或者农村集体经济组织对涉及农村集体土地的行政行为不起诉的，过半数的村民可以以集体经济组织名义提起诉讼。二是农村集体经济组织成建制撤销，如果涉及原集体土地权益受到侵犯，应由谁起诉的问题。这一规定确定，农村集体经济组织成员全部转为城镇居民后，对涉及农村集体土地的行政行为不服的，过半数的原集体经济组织成员可以提起诉讼。

第四，业主委员的原告确定。业主委员会对于行政机关作出的涉及业主共有利益的行政行为，可以自己的名义提起诉讼。业主委员会不起诉的，专有部分占建筑物总面积过半数或者占总户数过半数的业主可以提起诉讼。

第五，债权人的原告确定。债权人以行政机关对债务人所作的行政行为损害债权实现为由提起行政诉讼的，人民法院应当告知其就民事争议提起民事诉讼，但行政机关作出行政行为时依法应予保护或者应予考虑的除外。

三、行政公益诉讼的原告

2017 年修改的《行政诉讼法》增加了公益诉讼制度：人民检察院在履行职责中发现生态环境和资源保护、食品药品安全、国有财产保护、国有土地使用权出让等领域负有监督管理职责的行政机关违法行使职权或者不作为，致使国家利益或者社会公共利益受到侵害的，应当向行政机关提出检察建议，督促其依法履行职责。行政机关不依法履行职责的，人民检察院依法向法院提起诉讼。需要明确的是，普通公民、法人或者其他组织不具有公益诉讼的原告资格，只有人民检察院具有公益诉讼的原告资格。

在涡阳县人民检察院诉涡阳县国土资源局不履行法定职责案[1]中，正大公司的违法占地行为始于 2013 年 10 月，涡阳县国土资源局在 2013 年 11 月对其违法行为作出行政处罚，处罚决定作出后，涡阳县国土资源局进行了催告，并向有关部门进行了报告、告知、函告，却未进一步采取其他积极有效的监管措施，致使违法行为仍然持续。2015 年 9 月 18 日，涡阳县检察院向涡阳县国土资源局发出检察建议。该局函复称，已向涡阳县政府书面报告和向高公镇政府发出告知函，并已约谈违法用地单位负责人。2016 年 5 月 12 日，涡阳县检察院再次向涡阳县国资局发出检察建议。涡阳县国土资源局复函称，拟局部调整土地利用总体规划，将案涉基本农田调整为允许建设区，补办用地手续。2017 年 9 月 25 日，涡阳县检察院提起行政公益诉讼，要求确认涡阳县国土资源局未依法履行职责违法，并判令其依法继续履行监管职责，消除正大公司违法用地状态。法院判决确认涡阳县国土资源局对涡阳县正大公司作出行政处罚决定后，未依法履行后续监督、管理法定职责的行为违法；责令涡阳县国资局依法继续履行监督、管理的法定职责。宣判后，双方均未上诉。

第二节　行政诉讼的被告

导入案例

王某某律师诉河北省产权交易中心国有资产管理行政信息公开案[2]

王某某律师受中国工商银行股份有限公司石家庄石正支行委托，对案件中

---

[1]　安徽省高级人民法院发布的行政诉讼十大典型案例之案例十。

[2]　中华人民共和国最高人民法院行政审判庭编：《中国行政审判案例》（第 3 卷）第 87 号案例，中国法制出版社 2013 年版，第 27 页。

涉及的《河北上海汽车联营销售公司资产转让鉴证意见书》，向河北省产权交易中心提出申请，要求查询河北省产权交易中心作出《河北上海汽车联营销售公司资产转让鉴证意见书》的相关信息，遭到河北省产权交易中心拒绝。王某某认为其权益受到侵害，向河北省石家庄市新华区人民法院提起诉讼。

本案的争议焦点是，河北省产权交易中心是否具有行政诉讼被告的主体资格。

一、行政诉讼被告的资格

传统上，我国是一个行政主导型的国家，因而，在制定《行政诉讼法》之初，围绕着行政机关作为被告的种种争议，从称谓到资格条件等就始终存在着。根据《行政诉讼法》及相关司法解释的规定，概括而言，行政诉讼的被告，是指被公民、法人或者其他组织指控作出侵犯其合法权益的行政行为，而被人民法院通知应诉的机关或组织。这里包含两层含义，一是行政诉讼被告的组织资格条件；二是行政诉讼被告的法律资格条件。

关于行政诉讼被告的组织资格条件，行政诉讼法学关注不多，主要是由行政管理学、宪法学和组织法学等学科研究。可以确定的是，在我国，行政诉讼被告应当是机关或组织，而非国家或个人。行政组织法理论认为，国家的行政职权由专门设立的行政机关以自己的名义实施，并代表国家承担具体法律责任，如作为行政诉讼被告、行政赔偿义务机关等。行政机关的公务员以行政机关的名义行使职权、履行职责，产生的法律责任由行政机关承担。故而，我国法律不允许以国家或公务员为行政诉讼被告提起诉讼。

具有组织资格条件的机关或组织，还要具有法律资格条件才可以成为行政诉讼被告。行政诉讼被告的法律资格条件包括：

1. 行政诉讼被告是具有行政主体资格的机关或组织。行政主体是行政法学上的学术概念，是指依法享有国家行政职权，并以自己的名义行使行政职权并独立承担由此产生的法律责任的组织。这一概念的内涵和外延与行政诉讼被告的资格具有契合性，因此，虽然行政诉讼法律规范中没有明确的规定，但"行政主体与被告的对应原则"[1]在司法解释和司法实践中得到落实。对照行政主体的资格要件，要求行政诉讼被告：一是必须享有并行使行政职权；二是必须是以自己的名义作出行政行为；三是必须能够独立承担行政行为的法律后果。据此分析，一般情况下，符合上述三项要求的组织包括行政机关和法律、法规、规章授权组织。

2. 行政诉讼被告是作出行政行为的机关或组织。行政诉讼是以行政行为为

---

〔1〕　江必新主编：《新行政诉讼法专题讲座》，中国法制出版社 2015 年版，第 124 页。

诉讼标的，根据"谁行为，谁被告"的原理，作出行政行为的主体是被告。鉴于行政机关或法律、法规、规章授权组织在社会中的身份不具有唯一性，因而其行为并不都是行政行为，只有其以自己的名义行使行政职权并独立承担行政责任的，才具有行政诉讼被告的资格。需要明确的是，这里的"作出"，包括作为和不作为两种形式。判断某一行政行为是何机关或组织所为，从形式上判断，应当以在对外发生法律效力的文书上署名为准；从实质上判断，应当以是否以自己的名义行使行政职权并独立承担行政责任为准。

3. 行政诉讼被告是起诉人认为其作出的行政行为侵犯合法权益的机关或组织。这是包含两层意思：一是行政诉讼被告的行为与起诉人认为被侵犯的合法权益之间有因果关系，即行政诉讼被告的行政行为被起诉人认为导致其合法权益减损、灭失或产生其他不利影响。二是行政诉讼被告是被指控的一方当事人。行政诉讼遵循"不告不理"的规则，没有公民、法人或其他组织的起诉，人民法院不会主动联系行政机关或法律、法规、规章授权组织；只有在依法受理公民、法人或其他组织起诉后，法院才能确定行政诉讼被告。

4. 行政诉讼被告是由人民法院通知其应诉的机关或组织。这是行政诉讼被告的程序性条件之一。行政诉讼被告地位的确定始于人民法院通知应诉。原告所起诉的被告不适格，人民法院应当告知原告变更被告；原告不同意变更的，裁定驳回起诉。在复议机关维持原行政行为的行政案件中，原告只起诉作出原行政行为的行政机关或者复议机关的，人民法院应当告知原告追加被告。原告不同意追加的，人民法院应当将另一机关列为共同被告。

二、行政诉讼被告的确定

行政管理覆盖领域广泛，所涉社会事务繁杂，导致行政管理主体复杂多样。虽然《行政诉讼法》通篇用"行政机关"来表述行政诉讼被告，但实际上，在我国，行政诉讼被告的类型具有多样性，行政诉讼被告并不局限于行政机关，还包括符合行政诉讼被告资格条件的行政机构、社会组织等。对大多数案件而言，确定行政诉讼被告的基本条件是很明确的，在特殊情况下，行政诉讼被告的确定较为复杂。确定行政诉讼被告，需要区分不同情形，情形不同，行政诉讼被告不同。

（一）直接提起行政诉讼的被告资格确认

根据行政法律规范的规定，公民、法人或者其他组织认为行政行为侵犯其合法权益的，既可以申请行政复议，也可以提起行政诉讼。经过行政复议的，对复议决定不服，可以向人民法院提起行政诉讼。根据《行政诉讼法》第 26 条的规定，公民、法人或者其他组织直接向人民法院提起诉讼的，作出行政行为的行政机关是被告。多数情况下，作出行政行为的行政机关从行政决定文书上能辨识出来。

1. 对外行使行政职权的政府及其工作部门。在我国，行政机关包括中央人民政府和地方各级人民政府，以及各级政府的具有独立行政管理职能的机构。根据《国务院组织法》和《国务院行政机构设置和编制管理条例》的规定，国务院行政机构根据职能分为国务院办公厅、国务院组成部门、国务院直属机构、国务院办事机构、国务院组成部门管理的国家局和国务院议事协调机构。在国务院的机构中，对外行使职权的主要有国务院组成部门、国务院直属机构、国务院组成部门管理的国家局。国务院办公厅一般不对外行使职权，国务院办事机构、国务院议事协调机构不具有独立的行政管理职能。根据《地方各级人民代表大会和地方各级人民政府组织法》和《地方各级人民政府机构设置和编制管理条例》的规定，地方政府的机构设置主要包括政府各工作部门和议事协调机构。县级以上政府工作部门承担大量的行政管理工作，政府的议事协调机构一般不对外行使职权。乡镇政府独立对外行使职权，但乡镇政府的工作部门不对外行使职权。上述独立对外行使行政职权的政府及其工作部门实施行政行为的，公民、法人或者其他组织不服提起诉讼的，实施该行为的政府或政府工作部门为被告。如针对政府信息公开案件，最高人民法院司法解释规定："公民、法人或者其他组织对国务院部门、地方各级人民政府及县级以上地方人民政府部门依申请公开政府信息行政行为不服提起诉讼的，以作出答复的机关为被告。逾期未作出答复的，则以受理申请的机关为被告。公民、法人或者其他组织对主动公开政府信息行政行为不服提起诉讼的，以公开该政府信息的机关为被告。"[1]

2. 法律、法规或者规章授权的行政机关内设机构或派出机构。各级政府的工作部门根据行政管理的需要依法设立内设机构，大体上，其名称在中央部委多为"司（局）"，省厅为"处"，县局为"科"。通常情况下，这些内设机构没有独立人格，不能对外行使职权。但是，在法律、法规或者规章有特别规定的情况下，这些机构也可以独立行使行政职权。如《道路交通安全法》授权县级以上地方各级人民政府公安机关交通管理部门负责本行政区域内的道路交通安全管理工作。行政机关内设机构，在法律、法规或者规章授权行使行政职权时，实施的行政行为无论是否超出法定授权范围，当事人不服提起诉讼的，应当以实施该行为的机构为被告。在审判实践中，在没有法律、法规或者规章授权的情况下，以自己的名义作出行政行为，当事人不服提起诉讼的，应当以该

---

〔1〕《最高人民法院关于审理政府信息公开行政案件若干问题的规定》（法释〔2011〕17号）第4条。

行政机关为被告。行政机关组建并赋予行政管理职能但不具有独立承担法律责任能力的机构，以自己的名义作出具体行政行为，当事人不服提起诉讼的，应当以组建该机构的行政机关为被告。

在恒光电器有限公司诉佛山市顺德区国家税务局稽查局税务行政处罚案中，佛山市顺德区国家税务局稽查局认定恒光电器有限公司的行为构成偷税行为，作出顺国税稽罚字〔2005〕0010 号《税务行政处罚决定书》。恒光电器有限公司不服，提起诉讼。一审法院根据《中华人民共和国税收征收管理法》第 5 条、第 14 条和《中华人民共和国税收征收管理法实施细则》第 9 条第 1 款的规定，认定被告佛山市顺德区国家税务局稽查局有权实施税收的征收管理和查处偷税、逃避追缴欠税、骗税、抗税的案件，是本案的适格被告。[1]

行政机关还根据工作需要设立派出机构，既有中央政府工作部门设立的，如环保部派驻各大区的环境保护督察中心，也有地方政府工作部门设立的，如公安派出所。对政府工作部门派出机构，则视该机构设立和行使职权的依据确定其能否成为行政诉讼被告。法律、法规或者规章授予派出机构行政职权的，[2] 该派出机构就在授权范围内具有行政主体资格，能够作为行政诉讼被告。根据《行政诉讼法解释》第 20 条规定，派出机构超出法定授权范围实施行政行为，当事人不服提起诉讼的，仍然以实施该行为的派出机构为被告。

需要说明的是，取得授权只是意味着内设机构或派出机构有充当行政诉讼被告的可能，并不意味着在所有的情况下均可以作为行政诉讼的被告，依然要分情况处理。内设机构或派出机构以自己的名义超越了法定授权的种类，应由其所属机关为行政诉讼被告。行政机关在没有法律、法规或者规章规定的情况下，授权其内设机构、派出机构或者其他组织行使行政职权的，应当视为委托。当事人不服提起诉讼的，应当以该行政机关为被告。

3. 派出机关。派出机关是指根据宪法和地方组织法规定由人民政府设立的机关，包括省、自治区政府经国务院批准设立的行政公署、县、自治县政府经省、自治区、直辖市政府批准设立的区公所和市辖区政府、不设区的市政府经上一级政府批准设立的街道办事处。这些派出机关都能够独立承担责任，具有行政诉讼被告资格。

在陈某诉徐州市泉山区城市管理局行政强制案[3]中，徐州市泉山区城市管理局执法人员以陈某擅自占用道路经营冷饮并影响市容为由，以城市环境综合

---

〔1〕 广东省佛山市中级人民法院（2005）佛中法行终字第 251 号。

〔2〕《中华人民共和国治安管理处罚法》第 91 条规定："治安管理处罚由县级以上人民政府公安机关决定；其中警告、500 元以下的罚款可以由公安派出所决定。"

〔3〕 载《最高人民法院公报》2003 年第 1 期。

整治指挥部的名义，扣押了陈某经营用的冰柜等物品。陈某不服，认为城市管理局和徐州市泉山区人民政府扣押财产的行政强制措施违法，向江苏省徐州市中级人民法院提起行政诉讼。徐州市中级人民法院审理后认为，综合整治指挥部是城市管理局的内设协调机构，不具行政诉讼的被告资格。暂扣原告陈某物品行为是城市管理局工作人员实施的，行为的法律后果应由城市管理局承担，该局是依法成立具有行政主体资格的行政组织，故本案中城市管理局应作为适格的被告。

（二）经过复议后再起诉的被告资格确认

公民、法人或者其他组织认为行政行为侵犯其合法权益，首先选择申请行政复议的，复议机关在受理后会分别情况作出复议决定：或者是驳回复议申请，或者是维持原行政行为，或者是改变原行政行为。另外，在行政实践中，也存在着复议机关在法定期限内不作出复议决定的情况。针对上述情形，《行政诉讼法》和相关及其司法解释分别不同情况确定行政诉讼被告。

1. 经过行政复议的，复议机关决定维持原行政行为的，作出原行政行为的行政机关和复议机关是共同被告。作出这样规定的理论基础是：原行政行为机关作出行政行为后，行政复议机关作出维持原行政行为的复议决定，意味着上级机关与下级机关对同一行政事项表达的是同样的意思表示，可以视为原行政行为机关与行政复议机关作出同一行政行为。[1] 这样规定的实践意义是，针对行政实践中普遍出现的复议机关为了不当被告而只维持原行政行为的现象，促使行政复议制度能够更好地发挥作用。"复议机关决定维持原行政行为"包括复议机关驳回复议申请或者复议请求的情形，但以复议申请不符合受理条件为由驳回的除外。

复议维持后原机关和复议机关应当作为共同被告，但如果原告只起诉原机关或者复议机关，法院应当告知原告追加被告；原告不同意追加的，法院应当将另一机关列为共同被告。

2. 经过行政复议的，复议机关改变原具体行政行为的，复议机关是被告。复议机关改变原行政行为，意味着复议机关作出了一个新的有实质内容的行政行为，这种情况下确认复议机关为被告，体现了复议机关对自己行为的负责。"复议机关改变原具体行政行为"是指复议机关改变原行政行为的处理结果。需要指出，复议机关确认原行政行为无效、确认原行政行为违法等这两种情形，都是对原行政行为的根本性否定，属于改变了行为的处理结果，但复议机关以违反法定程序为由确认原行政行为违法的除外。

---

[1] 梁凤云：《新行政诉讼法讲义》，人民法院出版社 2015 年版，第 163 页。

3. 经过行政复议的，复议机关以复议申请不符合受理条件为由不予受理的，申请人不服的，复议机关为被告。[1] 这样规定的理由是，复议机关认为申请人不符合行政复议的受理条件，只是从程序上驳回复议申请，并未进行实体的审查。因而，不能将这种情况视为复议决定维持原行政行为。

在董某华等诉重庆市人民政府拆迁行政复议案[2]中，北苑小区董某华等108户被拆迁户认为，重庆市垫江县人民政府作出的《关于认真做好北苑小区旧城改造房屋拆迁补偿安置工作的通知》所规定的补偿安置标准过低，向重庆市人民政府申请复议，重庆市人民政府认为垫江县政府发布文件的行为是一种抽象行政行为，行政复议裁定不予受理。董某华等108户被拆迁户不服复议决定，以重庆市人民政府为被告提起诉讼。重庆市高级人民法院受理了此案。该案后经最高人民法院二审判决，撤销重庆市人民政府复议决定，由重庆市人民政府重新作出具体行政行为，案件得到了公正解决。

4. 经过行政复议的，复议机关在法定期限内未作出复议决定，公民、法人或者其他组织起诉原行政行为的，作出原行政行为的行政机关是被告；起诉复议机关不作为的，复议机关是被告。

（三）共同行政行为的被告资格确认

一般情况下，一个行政行为是由一个行政机关作出的，但在联合行政执法、共同署名发文、共同组成临时机构执法等特殊情况下，两个以上的行政机关会作出同一个行政行为。

1. 两个以上行政机关作出同一行政行为的，共同作出行政行为的行政机关是共同被告。原理上，这一条似应适用于负有同样职责的几个行政机关共同的不作为行为。[3] 如果公民、法人或者其他组织只起诉其中一个行政机关的，法院可以建议其追加被告。应当追加被告而原告不同意追加的，人民法院应当将另一机关列为第三人。

2. 不适用《行政诉讼法》关于共同被告规定的情形。

一是行政审批过程中，下级机构初步审查或者多个行政机关联合办理的行政行为。根据《最高人民法院关于审理行政许可案件若干问题的规定》第 4 条、第 5 条的规定，行政许可依法须经下级行政机关或者管理公共事务的组织初步

---

〔1〕《最高人民法院关于审理涉及农村集体土地行政案件若干问题的规定》第 6 条第 2 款规定，法律、法规规定应当先申请行政复议的土地行政案件，复议机关作出不受理复议申请的决定或者以不符合受理条件为由驳回复议申请，复议申请人不服的，应当以复议机关为被告向人民法院提起诉讼。

〔2〕最高人民法院行政庭编：《中国行政审判指导案例》（第 1 卷）第 4 号案例，中国法制出版社 2010 年版。

〔3〕何海波：《行政诉讼法》，法律出版社 2011 年版，第 210 页。

审查并上报，当事人对不予初步审查或者不予上报不服提起诉讼的，仅以下级行政机关或者管理公共事务的组织为被告。行政许可依法由地方人民政府两个以上部门分别实施的，本级人民政府可以确定一个部门受理行政许可申请并转告有关部门分别提出意见后统一办理，或者组织有关部门联合办理、集中办理，当事人对行政许可行为不服提起诉讼，仅以对当事人作出具有实质影响的不利行为的机关为被告。

二是行政机关与非行政机关的组织共同作出的行政行为。在行政实践中，有的行政机关与地方党委或者非行政机关的组织共同署名作出行政行为，公民、法人或者其他组织不服，向人民法院提起行政诉讼的，应当以作出决定的行政机关为被告，地方党委或者非行政机关的组织不能作为被告。

（四）行政行为事先经上级机关批准的被告资格确认

基于行政隶属关系的上下级行政机关之间，依据法律的明确规定或行政惯例，下级行政机关所作的行政决定要请示上级行政机关，在得到上级机关的批准或者指示后方能生效。当事人不服经上级行政机关批准的行政行为，向人民法院提起诉讼的，应当以在对外发生法律效力的文书上署名的机关为被告。这一规定所明确的文书具名原则也落实在《最高人民法院关于审理政府信息公开行政案件若干问题的规定》中，该规定第 4 条明确规定："有下列情形之一的，应当以在对外发生法律效力的文书上署名的机关为被告：①政府信息公开与否的答复依法报经有权机关批准的；②政府信息是否可以公开系由国家保密行政管理部门或者省、自治区、直辖市保密行政管理部门确定的；③行政机关在公开政府信息前与有关行政机关进行沟通、确认的。"不过，针对行政许可的诉讼，最高人民法院司法解释另行规定："行政许可依法须经上级行政机关批准，当事人对批准或者不批准行为不服一并提起诉讼的，以上级行政机关为共同被告。"[1]

（五）开发区的被告资格确认

公民、法人或者其他组织对由国务院、省级人民政府批准设立的开发区管理机构作出的行政行为不服提起诉讼的，以该开发区管理机构为被告；对由国务院、省级人民政府批准设立的开发区管理机构所属职能部门作出的行政行为不服提起诉讼的，以其职能部门为被告；对其他开发区管理机构所属职能部门作出的行政行为不服提起诉讼的，以开发区管理机构为被告；开发区管理机构没有行政主体资格的，以设立该机构的地方人民政府为被告。

（六）其他组织实施行政行为的被告资格确认

随着行政管理主体的多元化，在行政实践中，除行政机关外，公用企事业

---

[1] 《最高人民法院关于审理行政许可案件若干问题的规定》（法释〔2009〕20 号）第 4 条。

单位、社会团体、行业协会、群众性自治组织等其他社会组织也可以行使公共管理权力，实施行政行为。具体又分为两种情况：一种情况是法律、法规、规章授权组织所作的行政行为，如《中华人民共和国政府信息公开条例》第 54 条规定，法律、法规授权的具有管理公共事务职能的组织公开政府信息的活动，适用本条例。另一种情况是，在实践中，行政机关经常会将自己职权的部分或者全部委托给其他行政机关、社会组织或者个人去行使，即形成行政委托关系。行政机关在没有法律、法规、规章规定的情况下，授权其他组织行使行政职权的，视为委托。

公民、法人或其他组织对法律、法规、规章授权组织所作出的行政行为不服，该组织是被告。如《最高人民法院关于审理政府信息公开行政案件若干问题的规定》第 4 条第 3 款规定："公民、法人或者其他组织对法律、法规授权的具有管理公共事务职能的组织公开政府信息的行为不服提起诉讼的，以该组织为被告。"公民、法人或其他组织对行政机关委托的组织所作出的行政行为不服，委托的行政机关是被告。如《最高人民法院关于审理涉及农村集体土地行政案件若干问题的规定》第 5 条规定："土地权利人认为土地储备机构[1]作出的行为侵犯其依法享有的农村集体土地所有权或使用权的，向人民法院提起诉讼的，应当以土地储备机构所隶属的土地管理部门为被告。"

在何某强诉华中科技大学拒绝授予学位案[2]中，第三人武昌分校是未取得学士学位授予资格的民办高校，该院校与华中科技大学签订合作办学协议约定，武昌分校对该校达到学士学术水平的本科毕业生，向华中科技大学推荐，由华中科技大学审核是否授予学士学位。依据《中华人民共和国学位条例暂行实施办法》的规定和华中科技大学与武昌分校之间的合作办学协议，华中科技大学具有对武昌分校推荐的应届本科毕业生进行审查和决定是否颁发学士学位的法定职责。武昌分校的本科毕业生何某强以华中科技大学在收到申请之日起六十日内未授予其工学学士学位，向人民法院提起行政诉讼，符合《最高人民法院关于执行〈中华人民共和国行政诉讼法〉若干问题的解释》第 39 条第 1 款的规定。因此，华中科技大学是本案适格的被告，何某强对华中科技大学不授予其学士学位不服提起诉讼的，人民法院应当依法受理。

（七）房屋征收的被告资格确认

市、县级人民政府确定的房屋征收部门组织实施房屋征收与补偿工作过程

---

[1]《土地储备管理办法》（国土资规〔2017〕17 号）规定，土地储备机构应为县级（含）以上人民政府批准成立、具有独立的法人资格、隶属于所在行政区划的国土资源主管部门、承担本行政辖区内土地储备工作的事业单位。

[2] 最高人民法院指导案例 39 号。

中作出行政行为，被征收人不服提起诉讼的，以房屋征收部门为被告。征收实施单位受房屋征收部门委托，在委托范围内从事的行为，被征收人不服提起诉讼的，应当以房屋征收部门为被告。

三、行政诉讼被告的资格承继

顺应改革发展的需要，各级人民政府的机构改革和职能转变一直在持续着，在这一过程中，会出现行政机关被撤销或者行政机关职权发生变更的现象。为保护公民、法人或者其他组织的合法权益，维护和监督行政机关依法行政，《行政诉讼法》规定了被告资格承继制度。《行政诉讼法》第 26 条第 6 款规定："行政机关被撤销或者职权变更的，继续行使其职权的行政机关是被告。"行政诉讼被告资格之所以可以承继，是因为行政机关是国家设立的公权力机关，基于行政管理的连续性，不应因行政机关的组织变化或职权变更而影响行政相对人的救济。[1]

（一）行政机关被撤销的，继续行使其职权的行政机关为被告

行政机关被撤销，形式上表现为行政机关的合并和行政机关的分立两种情形，无论哪种情形，都会出现原来的行政机关和新的行政机关的权力归属问题；实质上会带来行政职权的法律责任到底由谁来承担的问题。

当两个以上的行政机关合并为一个新行政机关，或者保留其中一个行政机关而把其他的行政机关合并其中，将导致原行政机关的行政职权发生转移，一是转移给新的行政机关；二是没有继续行使该行政职权的机关。根据《行政诉讼法》第 26 条第 6 款的规定，如果新的行政机关继续行使该行政职权，因原行政机关的行政行为而提起的诉讼中，新的行政机关是被告。如果没有行政机关行使原行政机关的职权，如何确定被告，《行政诉讼法》和相关司法解释都没有明确的规定。目前学界有两种观点，一种观点认为，应当以原行政机关所属的人民政府或者上一级行政机关为被告；[2]另一种观点认为，应当借鉴《中华人民共和国国家赔偿法》第 7 条第 5 款规定的精神，以撤销原行政机关的机关为被告。[3]

当一个行政机关被分立为数个行政机关，原行政机关的行政职权被分解。在由原行政机关的行政行为所引发的行政诉讼中，继续行使行政职权的行政机关为被告。

（二）行政机关的行政职权变更的，继续行使其职权的行政机关为被告

在政府职能转变的过程中，行政机关的职权经常会发生变化。对于这种行

---

〔1〕　梁凤云：《新行政诉讼法讲义》，人民法院出版社 2015 年版，第 168 页。

〔2〕　梁凤云：《新行政诉讼法讲义》，人民法院出版社 2015 年版，第 169 页。

〔3〕　何海波：《行政诉讼法》，法律出版社 2011 年版，第 214 页。

政职权发生变更时被告资格的确定,《行政诉讼法》明确继续行使行政职权的行政机关是被告。在司法实践中已经采取这样的做法,如最高人民法院行政审判庭作出的《最高人民法院行政审判庭关于地方国有资产监督管理委员会是否可以作为行政诉讼被告问题的答复》(〔2009〕行他字第14号)指出,地方国有资产管理局的确认企业资产性质的职能为地方国有资产监督管理委员会所承受。当事人对原地方国有资产管理局作出的确认企业资产性质的行为不服提起行政诉讼的,应当以地方国有资产监督管理委员会为被告。

导入案例中,河北省产权交易中心具有行政诉讼被告资格。理由是:①河北省产权交易中心是具有国家行政管理职能的组织。根据《河北省企业国有资产产权交易管理暂行规定》第8、9条的规定,河北省产权交易中心是省人民政府依法设立的事业法人,不仅为产权交易提供中介服务,而且在国有资产出售、转让中具有行政管理职责。②河北省产权交易中心属于规章授权组织。河北省产权交易中心的行政职权是由《河北省企业国有资产产权交易管理暂行规定》授予的,该规定属于省政府规章。③河北省产权交易中心拒绝王某奇查询信息的行为属于不履行法定职责的行政行为。根据《河北省企业国有资产产权交易管理暂行规定》第11条规定,河北省产权交易中心在履行职责过程中制作和获取的信息属于公共信息,有义务向相关利害关系人和社会依法公开。根据《行政诉讼法》第2、26条规定,作出被诉行政行为的规章授权组织是被告。

第三节　行政诉讼的共同诉讼人

一、共同诉讼人的概念

共同诉讼,是指当事人的一方或双方为二人以上的诉讼。原告为二人以上的,称为共同原告;被告为二人以上的,称为共同被告。共同原告或者共同被告,又统称为共同诉讼人。

共同诉讼属于诉讼主体的合并,具备以下几个特点:①当事人一方或双方为二人以上;②诉讼标的是同一行政行为,或者是同类行政行为;③共同诉讼人的诉讼主张之间没有根本冲突或者实质性的差异;④案件属于同一个人民法院管辖。

依成立的条件不同,共同诉讼分为必要共同诉讼和普通共同诉讼。

二、必要共同诉讼人

当事人一方或双方为两人以上,诉讼标的是同一行政行为的诉讼,为必要共同诉讼。在这种共同诉讼中的当事人称为必要共同诉讼人。

必要共同诉讼的特点是:①诉讼标的同一。必要共同诉讼因同一行政行为发生，是围绕着同一行政行为的合法性而进行的诉讼。②诉讼利益共同。共同诉讼的一方当事人对诉讼标的享有共同的权利或承担共同的义务。必要共同诉讼人是一个利益共同体，其中一人的诉讼行为经其他共同诉讼人同意，对其他共同诉讼人发生效力。③审判不可分。必要共同诉讼是一种不可分之诉，共同诉讼人必须一同起诉或者一同应诉。必须共同进行诉讼的当事人没有参加诉讼的，人民法院应当通知其参加；当事人也可以向人民法院申请参加。行政机关的同一具体行政行为涉及两个以上利害关系人，其中一部分利害关系人对具体行政行为不服提起诉讼，人民法院应当通知没有起诉的其他利害关系人作为第三人参加诉讼。对于原告起诉中遗漏的必要共同被告，人民法院在征求原告同意的基础上追加被告，并通知其应诉。④裁判合一。人民法院审理必要共同诉讼，必须合并审理，判决内容不能差别对待必要共同诉讼人。

必要共同诉讼人又分为必要共同诉讼原告和必要共同诉讼被告。两个以上的行政相对人或者其他利害关系人对同一个行政行为提起诉讼的，共同相对人或利害关系人是必要共同诉讼原告。

在35户居民诉合肥市规划局行政许可案中，[1] 原告蒙城路180号35户居民认为住房南面拟建设的一幢30层的徽商大厦公寓楼严重地影响自己的通风、采光，要求法院依法撤销被告为徽商大厦公寓楼颁布的《建设工程规划许可证》。本案件的诉讼标的是一个规划许可行为，与该行为相关的通风、采光等相邻权涉及180号整幢楼居民的利益，因而，同一幢楼的35户居民是必要共同诉讼原告。

两个以上行政机关作出同一行政行为的，共同作出行政行为的行政机关是共同被告。经复议的案件，复议机关决定维持原行政行为的，作出原行政行为的行政机关和复议机关是共同被告。

三、普通共同诉讼人

普通的共同诉讼，是指当事人一方或双方为两人以上，诉讼标的是同类行政行为，人民法院认为可以合并审理，并经当事人同意的诉讼。普通共同诉讼中的共同原告和共同被告统称为普通共同诉讼人。

构成普通的共同诉讼要符合下列条件：①诉讼标的为同一种类的行政行为。所谓同类的行政行为，是指二个或二个以上的行政行为的性质相同或者作出行政行为的事实和理由相同。[2] ②由同一法院管辖。各自案件在级别管辖、地域管辖上是一致的，如果有的属于基层法院管辖，有的属于中级人民法院管辖，

---

〔1〕　资料来源：“合肥市规划局成被告35户居民赢得‘阳光权’”，载搜狐新闻网，http：//news. sohu. com/20050101/n223750881. shtml，最后访问时间：2015年7月18日。

〔2〕　江必新主编：《新行政诉讼法专题讲座》，中国法制出版社2015年版，第141页。

不能作为共同诉讼审理。③人民法院认为可以合并审理。人民法院如果认为合并审理能提高办案效率、方便当事人诉讼、节约诉讼成本等，可以决定将各自独立的案件合并审理。人民法院合并审理的，适用于两个案件属于同一诉讼程序的情形。④须经当事人同意。当事人通过诉讼实现自己的利益，如果认为将其案件与他人案件合并审理会妨碍行使诉讼权利，不同意合并审理的，人民法院不能作为共同诉讼审理。

普通的共同诉讼是可分之诉，法院既可以合并审理，也可以分开审理。普通共同诉讼人仅是程序上被统一的当事人，既可以一同起诉或者应诉，也可以分别起诉或应诉。追加第三人只存在于各自诉讼中，不能追加同类行政当事人进入自己的诉讼。每个共同诉讼人都处于独立的地位，只能处分自己的权利，相互之间没有共同的权利义务，其中一人的诉讼行为，无需得到其他人的承认，对其他人也不发生效力。法院在合并审理后，分别作出判决，分别确认每个共同诉讼人的权利义务。

四、诉讼代表人

诉讼代表人属于共同诉讼人，产生于代表人诉讼中。所谓"代表人诉讼"，是指当事人一方或双方人数众多，由其中一人或数人作为代表进行诉讼，其他当事人不参加诉讼程序，人民法院的判决及于全体当事人。代表人诉讼有利于简化诉讼程序，提高诉讼效率，方便当事人诉讼。在行政诉讼中也有必要设立这一制度，这是因为，在土地征收征用、城市规划、环境资源保护、公共卫生管理等行政领域，由于行政机关的同一或同类行政行为往往会涉及众多人的利益，因此类行为引发的行政诉讼必然有一方当事人人数众多。如果让这些人都直接参与诉讼，将会给法院的审判工作造成一定困难，也势必导致诉讼时间冗长。解决这一问题的方法是适用代表人诉讼。

在方某梅等诉响水县规划和城市管理局等规划行政许可案[1]中，江苏省响水县开发区响港居委会4组63名村民认为，响水县规划和城市管理局作出的《关于核准东方佳苑二期工程建设项目的批复》立项文件，没有尽到审查的注意义务，且违反法定程序，损害了原告的合法权益，故提起诉讼。本案的63名原告共同推选方某梅、宋某松、宋某祥、谢某兵4人为诉讼代表人。在诉讼过程中，征得全体原告同意，方某梅等诉讼代表人提出了撤诉申请。

诉讼代表人是在代表诉讼中，代表人数众多的当事人进行诉讼的当事人。诉讼代表人的特点是：①只有在当事人一方人数众多的共同诉讼中才存在诉讼代表人。《行政诉讼法解释》（法释〔2018〕1号）第29条规定，"人数众多"，

---

〔1〕　江苏省响水县人民法院（2015）响行初字第00003号。

一般指 10 人以上。当事人一方人数众多的，由当事人推选代表人 2 至 5 人。②诉讼代表人的产生，一方面，可以来自当事人的推选。当事人一方人数众多在起诉时确定的，可以由全体当事人推选共同的代表人，也可以由部分当事人推选自己的代表人；当事人只能推选他们之中的人作为代表人进行诉讼，不能推选当事人之外的人。推选不出代表人的当事人，在必要共同诉讼中可以自己参加诉讼，在普通共同诉讼中可以另行起诉。[1] 另一方面，由人民法院依职权指定。当事人一方人数众多在起诉时不确定的，由当事人推选代表人。当事人推选不出的，可以由人民法院提出人选与当事人协商；协商不成的，也可以由人民法院在起诉的当事人中指定代表人。[2] ③代表人的诉讼行为对其所代表的当事人发生效力。诉讼代表人在诉讼中的作用等同于诉讼代理，基于代理的原理，代表人的诉讼行为效力及于被代表人。但是，代表人变更、放弃诉讼请求或者承认对方当事人的诉讼请求，应当经被代表人同意。对于代表人可以调解的事项，因为关乎当事人的实体权利，代表人也应当经被代表人同意。

第四节　行政诉讼第三人

一、行政诉讼第三人的涵义

行政诉讼第三人，是指同被诉行政行为有利害关系但没有提起诉讼的，或同案件处理结果有利害关系的，申请参加或由人民法院通知参加到业已开始的诉讼进程中来的公民、法人或其他组织。行政诉讼法设立第三人制度的目的是为了简化诉讼程序、方便当事人诉讼，从而化解行政纠纷。行政诉讼第三人的主体资格条件包括：

第一，第三人是原告、被告以外的诉讼当事人。第三人属于当事人范畴，以自己的名义参加诉讼，并受人民法院裁判拘束的诉讼主体。在诉讼中，第三人具有独立的诉讼地位，享有行政诉讼当事人的诉讼权利义务，如依法享有委托诉讼代理人、申请回避、提供证据、查阅诉讼材料、进行辩论、撤诉、上诉[3]等诉讼权利，并履行依法行使诉讼权利、遵守诉讼程序等义务。这是第三人在诉讼中适用程序与原、被告的相同点。但同时，第三人有独立的诉讼利益，参加诉讼的目的是维护自己的合法权益，避免诉讼结果对其产生不利影响。因

---

〔1〕《最高人民法院关于适用〈中华人民共和国民事诉讼法〉的解释》（法释〔2015〕5 号）第 76 条。

〔2〕《最高人民法院关于适用〈中华人民共和国民事诉讼法〉的解释》（法释〔2015〕5 号）第 77 条。

〔3〕 人民法院判决第三人承担义务或减损第三人权益的，第三人有权依法提起上诉。

而，第三人与原、被告之间存在着诉讼权利义务上的差异，在诉讼程序适用上有较大的不同。

第二，第三人与被诉行政行为有利害关系或者同案件处理结果有利害关系。"有利害关系"这一资格条件使得第三人区别于参加到诉讼中来的证人、鉴定人员和翻译人员。这里分为两个层面：① "同被诉行政行为有利害关系"。这一要求与原告是相同的，也就是说，只要被诉行政行为实际影响了公民、法人或者其他组织的合法权益，无论这种影响是直接的还是间接的，都应认定为有利害关系。直接的实际影响表现为，行政行为直接处分行政相对人的权利义务；间接的实际影响表现为，行政行为虽然未直接处分行政相对人的权利义务，但其存在会给其他行为的作出提供具有法律意义的依据，或者置某一方当事人于不利的地位。[1] ② "同案件处理结果有利害关系"。这一要求借鉴民事诉讼中关于无独立请求权第三人的规定精神，明确在特定情况下，公民、法人或者其他组织虽然与被诉行政行为没有利害关系，但是与案件的处理结果有利害关系的，也允许作为第三人参加诉讼。其主要有两种表现，一是法院对被诉行政行为的效力的认定将关系到公民、法人或者其他组织所有的权利义务是否发生变化。二是法院对被诉行政行为认定的事实的支持将引起公民、法人或者其他组织不利的法律后果。

第三，第三人是参加到他人之间业已开始尚未终结的诉讼中的。这是关于第三人的程序性条件，也是第三人与原告的区别点。第三人参加诉讼的时间是原告与被告之间的本诉已经开始，但人民法院的裁判尚未作出。第三人参加诉讼的方式有两种：①申请参加诉讼。即第三人向人民法院提出申请，经人民法院准许而参加诉讼。人民法院对当事人提出的申请，应当进行审查，申请不符合条件的，裁定驳回；申请符合条件的，书面通知被追加的当事人参加诉讼。申请人不服裁定可在 10 日以内上诉。②由人民法院依职权通知参加诉讼。针对必须参加诉讼的第三人，人民法院有权利也有义务通知其参加诉讼，否则在二审中将会以遗漏诉讼主体违反法定程序论，裁定撤销原判决，发回重审。[2]

二、行政诉讼第三人的种类

根据《行政诉讼法》及相关司法解释的规定，结合司法实践，行政诉讼第三人主要有以下几种类型：

（一）与被诉行政行为有利害关系的行政相对人

行政行为涉及两个以上利害关系人，其中一部分利害关系人对行政行为不

---

〔1〕　江必新主编：《新行政诉讼法专题讲座》，中国法制出版社 2015 年版，第 136 页。

〔2〕　《行政诉讼法》第 89 条第 1 款第 4 项。

服提起诉讼，其法律身份是原告；另一部分利害关系人不起诉也不同意法院追加为原告，但肯放弃实体权利，可不参加诉讼；如果其中的利害关系人不起诉也不同意追加为原告，但又不肯放弃实体权利，法院应追加为第三人，其不参加诉讼，不能阻碍法院对案件的审理和裁判。

根据审判实践，下列情况的当事人可以作为第三人参加诉讼：

1. 行政处罚案件中的加害人或受害人。行政机关依法对侵犯他人人身权或财产权的违法行为进行处罚，加害人不服该行政处罚提起诉讼的，加害人是原告，受害人可作为第三人参加诉讼；反之，受害人不服行政处罚提起诉讼的，受害人是原告，加害人则可作为第三人参加诉讼。

2. 具有共同原告资格的人。具有共同原告资格的公民、法人或其他组织，在法定期限内，一部分提起诉讼成为原告，其他享有诉权而不起诉的，可以作为第三人参加诉讼。如在行政处罚案件中，行政机关处罚两个以上违法行为人，其中一部分被处罚人提起诉讼，则另一部分被处罚人可以作为第三人参加诉讼。

3. 公平竞争权人、相邻权人。在行政机关就竞争事项或者涉及竞争权的事项作出行政行为的案件中，作为直接行政相对人的公平竞争权人提起诉讼，则其他相关的公平竞争权人就作为第三人参加诉讼。同样的道理，在涉及相邻权的行政案件中，相邻权人针对行政行为提起诉讼，则其他利害关系人可以作为第三人参加诉讼。

4. 权属争议人。行政确权案件中，一部分权属争议人不服行政确权决定而向法院起诉的，没有被确定为权利主体的权属争议人都属于权利关系第三人。《最高人民法院关于审理房屋登记案件若干问题的规定》第6条规定："人民法院受理房屋登记行政案件后，应当通知没有起诉的下列利害关系人作为第三人参加行政诉讼：①房屋登记簿上载明的权利人；②被诉异议登记、更正登记、预告登记的权利人；③人民法院能够确认的其他利害关系人。"

5. 行政裁决案件中的当事人。行政裁决是行政机关依法解决特定民事纠纷的行政行为，被裁决的双方当事人与行政机关之间均存在着行政法律关系，任何一方不服均可以向法院起诉，另一方均可以利害关系人的身份作为第三人参加诉讼。

在钱某平诉启东市住房和城乡建设局拆迁行政裁决案[1]中，钱某平与建设单位启东市华康房地产置业有限公司等就有关的拆迁补偿事宜未能达成一致，经启东市住房和城乡建设局裁决后，钱某平对行政裁决不服，提起行政诉讼，启东市华康房地产置业有限公司等应作为第三人参加诉讼，因为案件的处理结

---

〔1〕 江苏省海门市人法院行政判决决书（2014）门行初字第0087号。

果和建设单位有法律上的利害关系。

6. 因行政合同解除或变更受到不利影响的利益波及人。行政合同被行政机关单方解除或变更，如果相对一方向法院起诉的，因行政合同解除或变更受到不利影响的利益波及人可以作为第三人参加诉讼。

在某建安公司诉县公路局行政合同纠纷案[1]中，建安公司在与县公路局签订了修筑一座公路桥的行政合同之后，与某水泥厂签订了供应 1000 吨 425 号水泥的民事合同，明确规定该水泥将用于前行政合同指称的公路桥。后县公路局与建安公司因工程中使用水泥问题发生意见分歧，在建安公司拒绝更换工程使用水泥的情况下，县公路局单方面解除行政合同，导致某建安公司与某水泥厂的民事合同亦不能履行。建安公司提起行政诉讼，某水泥厂申请作为第三人参加诉讼。法院准许了某水泥厂的请求。

7. 对征收、征用行为主张权利的人。在行政征收、行政征用案件中，被征收或征用的公民、法人或者其他组织不服而向法院起诉的，对征收、征用行为主张权利的其他人可以作为第三人参加诉讼。

（二）与被诉行政行为有利害关系的行政机关

被诉行政行为是由两个或两个以上行政机关共同作出，行政相对人只起诉其中一个行政机关的，人民法院应当告知追加被告，应当追加被告而原告不同意追加的，人民法院应当通知其以第三人的身份参加诉讼。《最高人民法院关于审理反倾销行政案件应用法律若干问题的规定》第 4 条规定："与被诉反倾销行政行为具有法律上利害关系的其他国务院主管部门，可以作为第三人参加诉讼。"

根据审判实践，下列行政机关也可以作为第三人：①就同一事项作出与被诉行政行为内容相冲突的行政行为的行政机关。这种情形下出现的两个行政机关，往往职能不同且相互无隶属关系。两个行政机关针对公民、法人或其他组织的同一行为作出相互矛盾的行政行为，当其中一个行政行为被起诉，则法院对该行政行为的合法性裁判将直接影响另一行政行为是否能继续生效。在这种情况下，作出另一行政行为的行政机关可以作为第三人参加诉讼。②被越权的行政机关。行政机关越权作出的行政行为引起诉讼，越权行政机关为被告，人民法院应通知被越权的另一行政机关作为第三人参加诉讼。③"指示"或者"批准"作出行政行为的行政机关。

（三）共同作出行政行为的非行政机关

在行政管理过程中，出于管理的需要，有些行政行为是行政机关和非行政

---

[1]　马怀德、解志勇："行政诉讼第三人研究"，载《法律科学》2000 年第 3 期。

机关共同署名作出的。在没有法律、法规、规章授权的情况下，非行政机关不能独立承担行政责任，因而不能成为行政诉讼被告，人民法院只能将与其共同作出行政行为的行政机关列为被告。但是由于法院对被诉行政行为是否合法的裁判与非行政机关之间存在着利害关系，即如果法院确认了行政行为违法，并且需要进行赔偿的，非行政机关就应当作为赔偿诉讼的第三人参加诉讼，承担起应负的法律责任。

三、第三人参加诉讼的方式、诉讼权利

（一）第三人参加诉讼的方式

第三人参加诉讼的方式，一是自己申请，经人民法院同意。二是由人民法院通知参加诉讼。主要的情形有：①与行政案件处理结果有利害关系的第三人，可以由人民法院通知其参加诉讼。②应当追加被告而原告不同意追加的，人民法院应当通知其以第三人的身份参加诉讼，但行政复议机关作为共同被告的除外。③人民法院追加共同诉讼的当事人时，应当通知其他当事人。应当追加的原告，已明确表示放弃实体权利的，可不予追加；既不愿意参加诉讼，又不放弃实体权利的，应追加为第三人，其不参加诉讼，不能阻碍人民法院对案件的审理和裁判。④行政机关的同一行政行为涉及两个以上利害关系人，其中一部分利害关系人对行政行为不服提起诉讼，人民法院应当通知没有起诉的其他利害关系人作为第三人参加诉讼。

（二）第三人的诉讼权利

第三人属于当事人范畴，在诉讼中，享有诉讼当事人的权利义务。人民法院判决第三人承担义务或者减损第三人权益的，第三人有权依法提起上诉或者申请再审。

因不能归责于本人的事由未参加诉讼的第三人，有证据证明发生法律效力的判决、裁定、调解书损害其合法权益的，可以依照行政诉讼法的规定，自知道或者应当知道其合法权益受到损害之日起6个月内，向上一级人民法院申请再审。

第五节　行政诉讼代理人

一、行政诉讼代理人的涵义

行政诉讼代理人，是指根据行政诉讼法规定，或者由人民法院指定，或者接受当事人的委托，以当事人的名义，在一定权限范围内，代理当事人进行诉讼活动的人。行政诉讼代理人具有以下特征：

1. 行政诉讼代理人以当事人名义进行诉讼活动。诉讼代理人为维护被代理

人的合法权益而参加诉讼，在诉讼中没有利害关系，因而不是诉讼当事人。诉讼代理人只是代为被代理人参加诉讼活动，所有的活动都必须以被代理人的名义进行。由于诉讼代理人以维护被代理人的利益为目的，在同一案件中，诉讼代理人只能代理一方当事人，不能同时代理双方当事人。

2. 行政诉讼代理人在代理权限范围内进行诉讼活动。由于诉讼代理人的行为是以被代理人的名义进行且行为的后果由被代理人承担，因此，诉讼代理人必须获得被代理人的授权，即具有代理权。代理权是诉讼代理人在诉讼过程中从事诉讼活动的主要依据。代理权的来源不同，有的来源于法律规定，称为法定代理权；有的来源于被代理人的授权，称为委托代理权。诉讼代理人只能在代理权限范围内活动，否则会造成越权代理，导致行为效力待定。

3. 行政诉讼代理人代理行为的后果由被代理人承担。诉讼代理人在代理权限范围内，为维护被代理人的合法权益，以被代理人的名义进行诉讼活动，产生的法律后果由被代理人承担。诉讼代理人不承担诉讼产生的后果。但是，诉讼代理人怠于行使代理权，或者超越代理权限实施代理行为，或者违背委托人的意愿或者法律的规定滥用代理权的，诉讼代理人要承担相应的法律责任。

4. 行政诉讼代理人必须具有诉讼行为能力。设立诉讼代理制度的目的之一是帮助无诉讼行为能力的当事人参加诉讼，使他们能够有效地行使权利，提出利益主张，获得法律帮助。因而，诉讼代理人必须具有诉讼行为能力。无民事行为能力人、限制民事行为能力人以及其他依法不能作为诉讼代理人的，当事人不得委托其作为诉讼代理人。

二、行政诉讼代理人的类型

根据行政诉讼法的规定，依照诉讼代理权发生根据的不同，可以将行政诉讼代理人分为法定诉讼代理人和委托诉讼代理人。

（一）法定诉讼代理人

法定诉讼代理人，是指根据法律的规定，代替没有诉讼行为能力的公民进行诉讼活动的人。法定诉讼代理是为无诉讼行为能力的公民设立的一种代理制度，主要内容是：一是代理权基于法律的直接规定而产生。《行政诉讼法》第30条规定："没有诉讼行为能力的公民，由其法定代理人代为诉讼。……"也就是说，没有诉讼行为能力的人的监护人可以为法定诉讼代理人。二是被代理人是无诉讼行为能力的公民，包括未成年人和精神病人。法定诉讼代理不适用于法人、其他组织或行政机关。三是法定诉讼代理人是被代理人的监护人。《民事诉讼法》第57条规定："无诉讼行为能力人由他的监护人作为法定代理人代为诉讼。……"《民法总则》第27条规定："父母是未成年子女的监护人。未成年人的父母已经死亡或者没有监护能力的，由下列有监护能力的人按顺序担任监护人：①祖父母、外祖父母；②兄、姐；③其他愿意担任监护人的个人或者组织，但是须经未成年人住所地的居民委员会、村民委员会或者民政部门同意。"《民法总则》第 28 条规定："无民事行为能力或者限制民事行为能力的成年人，由下列有监护能力的人按顺序担任监护人：①配偶；②父母、子女；③其他近亲属；④其他愿意担任监护人的个人或者组织，但是须经被监护人住所地的居民委员会、村民委员会或者民政部门同意。"四是在诉讼中，法定诉讼代理人与当事人处于同等地位，代理当事人为包括处分实体权利在内的一切诉讼行为。法定代理人的诉讼行为视为被代理人的诉讼行为，具有同等的法律效力。

因为法定诉讼代理人与被代理人之间存在监护关系，所以法定诉讼代理人应当维护被代理人的合法权益，主动代为进行诉讼活动，代为行使诉讼权利，承担诉讼义务。为全面保护无民事行为能力或者限制民事行为能力人的合法权益，法律设定指定诉讼代理制度，指定诉讼代理是法定诉讼代理的特殊情形。在以下两种情况下发生指定代理：其一，当无民事行为能力人或限制民事行为能力人的监护人有两个或两个以上时，他们因各种理由互相推诿诉讼代理责任的，为了维护无诉讼行为能力人的合法权益，保障诉讼活动的正常进行，《行政诉讼法》第 30 条规定："……法定代理人互相推诿代理责任的，由人民法院指定其中一人代为诉讼。"其二，在诉讼中，无民事行为能力人或限制民事行为能力人的监护人是他的法定代理人。事先没有确定监护人的，可以由有监护资格的人协商确定，协商不成的，由人民法院在他们之间指定诉讼中的法定代理人。当事人没有《民法总则》第 27 条或者第 28 条规定的监护人的，可以指定该法第 32 条规定的有关组织担任诉讼中的法定代理人。

（二）委托诉讼代理人

行政诉讼委托代理人，是指受当事人、法定代理人的委托而进行诉讼活动的人。设立委托代理制度的目的是为当事人、法定代理人提供法律上的帮助，维护其合法权益。委托代理是诉讼中较为普遍采取的代理制度，主要特点是：①代理权来自于当事人、法定代理人或法定代表人的授权；②被代理人可以是公民，也可以是法人、其他组织或者是行政机关；③委托诉讼代理人的范围是法律规定的；④委托诉讼代理人在授权范围内的诉讼行为产生的法律后果由委托人承担。

委托诉讼有以下三种方式：其一，书面委托。当事人委托诉讼代理人，应当向人民法院提交由委托人签名或者盖章的授权委托书。侨居在国外的中华人民共和国公民从国外寄交或者托交的授权委托书，必须经中华人民共和国驻该国的使领馆证明；没有使领馆的，由与中华人民共和国有外交关系的第三国驻该国的使领馆证明，再转由中华人民共和国驻该第三国使领馆证明，或者由当地的爱国华侨团体证明。委托书应当载明委托事项和具体权限。诉讼代理人代为承认、放弃、变更诉讼请求，进行和解，提起上诉，必须有委托人的特别授权。当事人向人民法院提交的授权委托书，应当在开庭审理前送交人民法院。授权委托书仅写"全权代理"而无具体授权的，诉讼代理人无权代为承认、放弃、变更诉讼请求，进行和解，提起上诉。其二，口头委托。公民在特殊情况下无法书面委托的，也可以口头委托。口头委托的，人民法院应当核实并记录在卷。其三，推定委托。被诉机关或者其他有义务协助的机关拒绝人民法院向被限制人身自由的公民核实的，视为委托成立。不过，当事人解除或者变更委托的，应当书面报告人民法院，由人民法院通知其他当事人。

根据《行政诉讼法》第31条的规定，当事人、法定代理人可以委托1~2人作为诉讼代理人，可以委托的诉讼代理人包括：①律师。律师是指依法取得律师执业证书，接受委托或者指定，为当事人提供法律服务的执业人员。律师的主要业务之一是接受各类性质案件当事人的委托，担任代理人，参加诉讼。作为诉讼代理人的律师，除了提交授权委托书外，还应当提交律师执业证、律师事务所证明材料。②基层法律服务工作者。基层法律服务工作者是符合规定的执业条件，经核准执业登记，领取《法律服务工作者执业证》，在基层法律服务所中执业，为社会提供法律服务的人员。基层法律服务工作者的主要职责是依据司法部规定的业务范围和执业要求，开展法律服务，维护当事人的合法权益，其中包括行政诉讼代理业务。作为诉讼代理人的基层法律服务工作者，除了提交授权委托书外，还应当提交法律服务工作者执业证、基层法律服务所出具的介绍信以及当事人一方位于本辖区内的证明材料。③当事人的近亲属。《行政诉讼法解释》第14条规定："行政诉讼法第25条第2款规定的'近亲属'，包括配偶、父母、子女、兄弟姐妹、祖父母、外祖父母、孙子女、外孙子女和其他具有扶养、赡养关系的亲属。"近亲属与当事人关系密切，相互之间信任，较为了解案情，有维护当事人利益的强烈愿望，因而行政诉讼法赋予其诉讼代理人的资格，在审判实践中公民委托其近亲属代为诉讼的情况很常见。作为诉讼代理人的近亲属，除了提交授权委托书外，还应当提交身份证件和与委托人有近亲属关系的证明材料。④当事人的工作人员。法人或者其他组织为原告的，与原告有合法劳动人事关系的职工，可以当事人工作人员的名义作为诉讼代理人。作为被告的行政机关，在行政机关负责人不能出庭时，应当委托"工作人员"出庭应诉。以当事人的工作人员身份参加诉讼活动，应当提交以下证据之一加以证明：缴纳社会保险记录凭证；领取工资凭证；其他能够证明其为当事人工作人员身份的证据。⑤当事人所在社区、单位推荐的公民。社区包括居委会和村委会，是当事人生活的主要场所；单位是指当事人工作的场所。一般来说，社区、单位对当事人的情况比较了解，当事人在诉讼上发生困难时，社区、单位有责任提供一定的帮助，可以推荐本社区、本单位的公民代理诉讼。当事人所在社区、单位推荐的公民应当提交身份证件、推荐材料和当事人属于该社区、单位的证明材料。⑥有关社会团体推荐的公民。社会团体是指中国公民自愿组成，为实现会员共同意愿，按照其章程开展活动的非营利性社会组织。有关社会团体推荐公民担任诉讼代理人的，应当符合下列条件：一是社会团体属于依法登记设立或者依法免予登记设立的非营利性法人组织；二是被代理人属于该社会团体的成员，或者当事人一方住所地位于该社会团体的活动地域；三是代理事务属于该社会团体章程载明的业务范围；四是被推荐的公民是该社会团体的负责人或者与该社会团体有合法劳动人事关系的工作人员。专利代理人经中华全国专利代理人协会推荐，可以在专利行政案件中担任诉讼代理人。有关社会团体推荐的公民应当提交身份证件和符合上述条件的证明材料。

外国人、无国籍人、外国组织在中华人民共和国进行行政诉讼，委托律师代理诉讼的，应当委托中华人民共和国律师机构的律师。关于港澳台居民能否以个人名义担任诉讼代理人的问题，最高人民法院有专门的答复。《最高人民法院关于行政诉讼中台湾地区居民能否以个人名义担任诉讼代理人等有关问题的答复》（〔2004〕行他字第4号）指出，参照《中华人民共和国民事诉讼法》及有关司法解释的规定，台湾地区诉讼当事人可以委托台湾地区居民以公民个人名义代理诉讼，但不得以律师身份代理。

诉讼代理人在诉讼过程中享有的权利和承担的义务，一般在授权委托书中进行约定。除此之外，《行政诉讼法》也对诉讼代理人的权利作出规定。根据《行政诉讼法》的规定，代理诉讼的律师享有以下权利：①有权按照规定查阅、复印代理案件的有关材料。有关材料的具体范围以及查阅办法，可以参考2002年实施的《最高人民法院关于诉讼代理人查阅民事案件材料的规定》，在这个司法解释中明确，诉讼代理人在诉讼中查阅案件材料限于案件审判卷和执行卷的正卷，包括起诉书、答辩书、庭审笔录及各种证据材料等。案件审理终结后，可以查阅案件审判卷的正卷。诉讼代理人为了申请再审的需要，可以查阅已经审理终结的所代理案件有关材料。诉讼代理人查阅案件材料可以摘抄或者复印。涉及国家秘密、商业秘密和个人隐私的案件材料，应当依照法律规定保密。诉讼代理人查阅案件材料不得影响案件的审理。②有权向有关组织和公民调查、收集与代理案件有关的证据。根据《律师法》第35条规定，受委托的律师根据案情的需要，可以申请人民检察院、人民法院收集、调取证据或者申请人民法院通知证人出庭作证。律师自行调查取证的，凭律师执业证书和律师事务所证明，可以向有关单位或者个人调查与承办法律事务有关的情况。对涉及国家秘密、商业秘密和个人隐私的证据，应当依照法律规定保密。需要指出的是，律师作为被告行政机关的诉讼代理人时，调查收集证据的权利受到一定的限制，即在诉讼中，不得自行向原告、第三人和证人调查取证。

与律师的诉讼代理权限不同，当事人和其他诉讼代理人只能有权查阅、复制与案件有关的材料，这些材料仅限于：①不涉及国家秘密、商业秘密和个人隐私；②本案的庭审材料，相较于本案有关材料，范围要窄，主要是指在庭审过程中的庭审记录以及出示的证据。

思考题

1. 如何理解"与被诉行政行为有利害关系"的内涵？
2. 确定行政诉讼被告的标准是什么？
3. 必要共同诉讼与普通共同诉讼有何区别？
4. 简述律师作为诉讼代理人的权利义务。

实务训练

案例一：1999 年 12 月 12 日，村民陈女与程男结婚，某县民政局为其颁发了德陵字第 04351 号结婚证。2004 年，程男到宏图建筑工程有限公司干浇筑混凝土工作，这年 5 月 30 日傍晚 8 时左右，程男从工地骑自行车回家，途中发生交通事故死亡，肇事车逃逸。2005 年 8 月 8 日，经妻子陈女申请，德州市劳动和社会保障局根据《工伤保险条例》第 14 条第 6 款规定认定程国良属于因工死亡。2005 年 8 月 31 日，宏图建筑工程有限公司向某县人民法院提起诉讼，认为陈女与程男结婚登记使用了虚假的身份证明，某县民政局违反《婚姻法》为其登记，属于违法作出的行政行为，请求法院撤销其为陈女和程男颁发的德陵字第 04351 号结婚证。试分析：宏图建筑工程有限公司是否具备行政诉讼原告主体资格？并阐述理由。

案例二：65 岁的陈 A 和 58 岁的陈 B 曾住在市区一个自然村。为了推进城市建设，他们村的土地已经被政府征收。被征收的土地上现有自然村改建工程，建设单位为某房地产开发有限公司。经该公司申请，市规划局已于 2014 年 12 月 9 日核发了该工程的建设工程规划许可证。2015 年 1 月 10 日，二人向省住建厅递交了行政复议申请书，他们认为，该建设工程规划许可证所涉及的土地仍属二人所有，市规划局将其所有的土地核发建设工程规划许可证给房开公司的行政行为违法，要求省住建厅依法撤销这个行政许可。4 月 21 日，省住建厅作出行政复议决定，认为市规划局核发的建设工程规划许可证符合法律规定，维持该行政许可。二人对复议决定不服，将市规划局告到了法院。试分析：法院如何确定本案的被告?

　　案例三: 李某经乡人民政批准本屯的河道旁建房,县水利局发现后认为李某占用河道建房,影响泄洪,乡政府超权审批,决定予以拆除房屋。李某不服拆除处理决定,向行政复议机关提出复议申请,行政复议机关维持该决定。李某不服,向法院提起行政诉讼。试分析:本案是否有第三人?如何确定?

第五章

行政案件的起诉和受理

　　通过本章学习，了解起诉和受理的概念；掌握起诉的类型、起诉的条件、起诉的期限、对起诉的审查；能够运用所学的起诉和受理知识分析实际案例，解决实际问题。

导入案例

陈某蓉等与醴陵市规划局及史某伟规划行政管理案

　　陈某蓉、陈某魁、陈某菊系父女、父子关系。1992年陈某蓉与其妻曾某云在河西村麻园组建有私房二层楼一栋，以其妻曾某云的名字进行了集体土地登记发证，2007年2月曾某云因病死亡，该房屋仍由陈某蓉、陈某魁、陈某菊居住使用。史某伟系河西村麻园组村民，在麻园组临渌江河边有老屋一栋，因年代久远濒临倒塌。醴陵市人民政府启动渌江防洪堤工程后，西山街道办事处、河西村委会将史某伟列入征地拆迁异地安置户，上户做思想工作，史某伟与醴陵市国土资源局签订了房屋拆迁安置补偿协议书，醴陵市国土资源局决定采取宅基地联建的形式对史某伟给予补偿。2013年10月14日，醴陵市人民政府出具醴陵市城乡个人建设用地批准通知单，批准史某伟在河西村麻园组的安置区内占地100.1平方米新建私房。被告醴陵市规划局依据史某伟私人住宅建设（用地工程）规划申请表、建筑定点图、委托建筑设计单位所做的建筑设计图进行审核，经查史某伟的建筑定点图于2012年12月19日至同年12月26日已进行了现场公示，告知并征求邻里意见，其相邻关系人左某元及陈某蓉均在私宅建设工程定点红线图上签字同意。陈某蓉签字的内容是"在不影响我屋通风采光和今后改造前提下同意在此建房，陈某蓉，2013年1月2日"。醴陵市规划局审查认为陈某蓉同意史文伟按建筑定点红线图进行建房，不申请听证，即于 2013 年 1 月 29 日向史某伟依法核发了建规（地）字第 2013003 号建设用地规划许可证，2013 年 10 月 18 日又向史某伟核发了建规（建）字第醴规工字 2013114 号建设工程规划许可证。醴陵市规划局在审查颁证确定建设位置时是依据对等退让原则，两户住宅距围墙均为 1 米，私宅通风采光一般采用前后方向，侧向不允许开门窗，陈某蓉住宅左侧向对第三人史某伟正面，陈某蓉住宅侧向私自开窗，不符合私房建设规定，故不能按技术管理规定计算间距。史某伟取得建设用地规划许可证、建设工程规划许可证后即组织人员施工，陈某蓉、陈某魁阻止施工，双方发生斗殴而报警，河西村委会、西山办事处召集双方调解不能达成协议。2015 年 1 月 8 日，陈某蓉、陈某魁、陈某菊向湖南省醴陵市人民法院起诉请求确认醴陵市规划局行政行为违反法定程序并请求予以撤销。[1]

[任务提出]

1. 陈某蓉等提起诉讼应符合哪些条件？
2. 醴陵市人民法院应如何审查陈某蓉等的起诉？

第一节　行政案件的起诉

一、起诉的概念和类型

（一）起诉的概念

起诉是指公民、法人或者其他组织认为行政主体和行政主体的工作人员的行政行为侵犯其合法权益，而向法院提出诉讼请求，要求法院通过行使审判权，依法保护自己合法权益的诉讼行为。起诉是原告行使起诉权的单方诉讼行为。

公民、法人或者其他组织认为行政行为所依据的国务院部门和地方人民政府及其工作部门制定的规范性文件不合法，在对行政行为提起诉讼时，可以一并请求对该规范性文件进行审查。这里的"规范性文件"不含规章。

（二）起诉的类型

起诉有两种类型：①直接向法院起诉。只要法律、法规没有明确规定必须经过复议的，公民、法人或者其他组织对行政行为不服时，都可以直接向法院起诉。②经复议后向法院起诉。这种类型又分为两种情况：一是法律、法规明确规定必须经过复议程序才能向法院起诉的；二是虽然法律、法规没有规定必须经过复议，但公民、法人或者其他组织自愿选择先申请复议，对复议决定不

---

〔1〕　参考湖南省醴陵市人民法院行政判决书（2015）醴法行初字第 4 号，载中国裁判文书网，为教学需要案件内容作了必要的改动。

服，再向法院起诉的。

延伸阅读

　　原则上，行政争议的救济途径可以由当事人自由选择，但是解决行政争议，在特殊情形下先申请复议则效果更佳。《行政诉讼法》将特殊情形的规定权限授予法律和法规，其中"法律"是指全国人大及其常委会制定的法律，"法规"包括国务院制定的行政法规以及地方人大及其常委会制定的地方性法规，如《专利法》第41条、《税收征收管理法》第88条、《军品出口管理条例》第27条等。复议前置的行政行为均属于专业性较强的问题，但行政诉讼面对的是所有行政服务和管理领域，相对于某一专业行政机关，其专业性难以达到相同或者更高层级，难以驾驭相应领域里的专业难题。因此，设定复议前置程序，既可以发挥行政复议的优势，又可以为后续的行政诉讼提供专业借鉴。[1]

　　二、起诉的条件

　　为防止公民、法人或者其他组织滥用起诉权，同时也为便于监督法院的受理工作，《行政诉讼法》对起诉设定了以下条件：

　　（一）有可以提起诉讼的原告

　　1. 行政行为的相对人、利害关系人。可以提起行政诉讼的主体是行政行为的相对人以及其他与行政行为有利害关系的公民、法人或者其他组织。公民包括中国公民、外国人及无国籍人；法人包括企业法人、机关法人、事业单位法人和社会团体法人；其他组织是指不具有法人资格的社会组织（非法人团体）和一定条件下的国家组织。外国组织（包括外国法人和外国非法人组织）也可以在中国作为原告提起行政诉讼。提起起诉的公民死亡，其近亲属可以提起诉讼。有权提起诉讼的公民、法人或者其他组织终止，承受其权利的法人或者其他组织可以提起诉讼。

　　与行政行为有利害关系，是指行政主体的行政行为对公民、法人或者其他组织的权利义务已经或将产生实际影响。所谓的"实际影响"指的是行政主体的行政行为实际上处分了行政相对人的权利义务。处分行政相对人的权利义务分为直接处分和间接处分。直接处分是指行政行为直接处分相对人的权利义务，或者是增加相对人的义务、剥夺相对人权利或变更相对人的权利义务。间接处分是指行政行为虽然没有直接增加相对人的义务、剥夺相对人的权利或变更相对人的权利义务，但其存在给其他行为的作出提供具有法律意义的依据，或者

――――――――――

　　[1] 江必新主编：《中华人民共和国行政诉讼法理解适用与实务指南》，中国法制出版社2015年版，第200页。

使得一方当事人处于不利地位等。

2. 人民检察院。2017 年修正的《行政诉讼法》第 25 条第 4 款规定，人民检察院在履行职责中发现生态环境和资源保护、食品药品安全、国有财产保护、国有土地使用权出让等领域负有监督管理职责的行政机关违法行使职权或者不作为，致使国家利益或者社会公共利益受到侵害的，应当向行政机关提出检察建议，督促其依法履行职责。行政机关不依法履行职责的，人民检察院依法向人民法院提起诉讼。

延伸阅读

从世界范围看，近几十年，行政诉讼原告资格发展的趋势是逐步放宽原告限制，尽可能给予相对人最大的保护。在保护权益方面，经历了从"个人权利"到"个人利益"再到"公共利益"的发展过程，权益范围不断扩大，许多国家甚至建立了公益诉讼制度。中国共产党第十八届中央委员会全体会议通过的《中共中央关于全面推进依法治国若干重大问题的决定》指出，探索建立检察机关提起公益诉讼制度。2015 年 7 月 1 日第十二届全国人民代表大会常务委员会第十五次会议通过《全国人民代表大会常务委员会关于授权最高人民检察院在部分地区开展公益诉讼试点工作的决定》，授权最高人民检察院在生态环境和资源保护、国有资产保护、国有土地使用权出让、食品药品安全等领域开展提起公益诉讼试点。试点地区确定为北京、内蒙古、吉林、江苏、安徽、福建、山东、湖北、广东、贵州、云南、陕西、甘肃 13 个省、自治区、直辖市。决定的实施办法由最高人民法院、最高人民检察院制定，报全国人民代表大会常务委员会备案。试点期限为 2 年，自决定公布之日起算。

最高人民检察院于 2015 年 7 月 2 日发布《检察机关提起公益诉讼改革试点方案》，该方案关于行政公益诉讼的规定包括以下内容：①试点案件范围。检察机关在履行职责中发现生态环境和资源保护、国有资产保护、国有土地使用权出让等领域负有监督管理职责的行政机关违法行使职权或者不作为，造成国家和社会公共利益受到侵害，公民、法人和其他社会组织由于没有直接利害关系，没有权利也无法提起诉讼的，可以向人民法院提起行政公益诉讼。试点期间，重点是对生态环境和资源保护领域的案件提起行政公益诉讼。②诉讼参加人。检察机关以公益诉讼人身份提起行政公益诉讼。行政公益诉讼的被告是生态环境和资源保护、国有资产保护、国有土地使用权出让等领域违法行使职权或者不作为的行政机关，以及法律、法规、规章授权的组织。③诉前程序。在提起行政公益诉讼之前，检察机关应当先行向相关行政机关提出检察建议，督促其纠正违法行政行为或者依法履行职责。行政机关应当在收到检察建议书后 1 个月内依法办理，并将办理情况及时书面回复检察机关。④提起诉讼。经过诉前程序，行政机关拒不纠正违法行为或者不履行法定职责，国家和社会公共利益仍处于受侵害状态的，检察机关可以提起行政公益诉讼。检察机关提起行政公益诉讼，应当有明确的被告、具体的诉讼请求、国家和社会公共利益受到侵害的初步证据，并应当制作公益诉讼起诉书。⑤诉讼请求。检察机关可以向人民法院提出撤销或者部分撤销违法行政行为、在一定期限内履行法定职责、确认行政行为违法或者无效等诉讼请求。

2017年修正的《行政诉讼法》将行政公益诉讼法律化、制度化，规定检察院可以依法提起行政公益诉讼。

2018年制定的《最高人民法院、最高人民检察院关于检察公益诉讼案件适用法律若干问题的解释》第21条规定，人民检察院在履行职责中发现生态环境和资源保护、食品药品安全、国有财产保护、国有土地使用权出让等领域负有监督管理职责的行政机关违法行使职权或者不作为，致使国家利益或者社会公共利益受到侵害的，应当向行政机关提出检察建议，督促其依法履行职责。行政机关应当在收到检察建议书之日起两个月内依法履行职责，并书面回复人民检察院。出现国家利益或者社会公共利益损害继续扩大等紧急情形的，行政机关应当在15日内书面回复。行政机关不依法履行职责的，人民检察院依法向人民法院提起诉讼。

（二）有明确的被告

明确的被告是指作为原告的公民、法人或者其他组织提起行政诉讼时应明确哪一个或哪些行政主体的行政行为侵犯了其合法权益。如果没有明确具体的被告，诉讼法律关系就不能形成和无从开始，诉讼的后果将无人承担。行政诉讼的被告必须是作出行政行为的行政机关或法律、法规和规章授权的组织，原告起诉时必须指明作出该行政行为主体的名称。

原告提供被告的名称等信息足以使被告与其他行政机关相区别的，可以认定为"有明确的被告"。

起诉状列写被告信息不足以认定明确的被告的，人民法院可以告知原告补正；原告补正后仍不能确定明确的被告的，人民法院裁定不予立案。

（三）有具体的诉讼请求和事实根据

诉讼请求和事实根据是诉的基本内容。具体的诉讼请求是指原告对被告提出具体的权利主张和人民法院作出何种判决的要求。因此诉讼请求既包括原告对人民法院的判决请求，又包括原告对被告的具体权利主张，原告可以请求人民法院通过审判程序来达到保护自己合法权益的目的。公民、法人或者其他组织在起诉时，必须向法院提出具体的权利主张及其初步的理由和根据。诉讼请求可以是确认行政行为违法或撤销、变更行政行为，或是要求行政主体履行法定职责等。根据最高人民法院《关于适用〈中华人民共和国行政诉讼法〉的解释》（2017 年 11 月 13 日由最高人民法院审判委员会第 1726 次会议通过，自 2018 年 2 月 8 日起施行）第 68 条的规定，"有具体的诉讼请求"是指请求判决撤销或者变更行政行为；请求判决行政机关履行特定法定职责或者给付义务；请求判决确认行政行为违法；请求判决确认行政行为无效；请求判决行政机关予以赔偿或者补偿；请求解决行政协议争议；请求一并审查规章以下规范性文件；请求一并解决相关民事争议；其他诉讼请求。当事人单独或者一并提起行政赔偿、补偿诉讼的，应当有具体的赔偿、补偿事项以及数额；请求一并审查规章以下规范性文件的，应当提供明确的文件名称或者审查对象；请求一并解决相关民事争议的，应当有具体的民事诉讼请求。当事人未能正确表达诉讼请求的，人民法院应当要求其明确诉讼请求。

起诉除须有具体的诉讼请求外，同时还要有相应的事实根据，包括其权益受到侵害的事实情况与证据等。事实根据是指原告向法院起诉时明确提出诉讼请求所依据的事实和根据，即不仅包括案件事实，还包括诉讼请求的法律、法规依据。案件事实是指行政法律关系发生、变更和消灭的事实，原告合法权益受到侵害的事实。要求原告提供相应的事实根据，旨在防止滥诉的发生，要求原告在起诉时应有一定的事实根据，并非要求原告承担举证责任。这些事实根据只是起诉成立的法定条件，但其是否确凿充分需要在法院进行审理后才能作出判断。

（四）属于人民法院受案范围和受诉人民法院管辖

原告起诉的案件应属于人民法院受案范围的行政案件。《行政诉讼法》第 12 条规定了人民法院受理行政案件的范围。属于人民法院受理的案件，在人民法院内部存在一个受理案件的职权分工。因此，原告起诉还必须符合《行政诉讼法》关于级别管辖、一般地域管辖、特殊地域管辖等作的有关规定。

导入案例中，陈某蓉等提起诉讼应符合四个条件：有可以提起行政诉讼的原告、有明确的被告、有具体诉讼请求和事实依据、属于人民法院受案范围和受诉人民法院管辖。

三、起诉期限

（一）两类起诉的起诉期限

1. 直接向法院提起诉讼。

（1）公民、法人或者其他组织直接向法院起诉的，应当自知道或者应当知道作出行政行为之日起 6 个月内提出（法律对期限另有规定的除外）。公民、法人或者其他组织对行政机关不履行法定职责提起诉讼的，应当在行政机关履行法定职责期限届满之日起 6 个月内提出。行政机关作出行政行为时，未告知公民、法人或者其他组织起诉期限的，起诉期限从公民、法人或者其他组织知道或者应当知道起诉期限之日起计算，但从知道或者应当知道行政行为内容之日起最长不得超过 1 年。

因不动产提起诉讼的案件自行政行为作出之日起超过 20 年，其他案件自行政行为作出之日起超过 5 年提起诉讼的，人民法院不予受理。

（2）公民、法人或者其他组织申请行政主体履行保护其人身权、财产权等合法权益的法定职责，行政主体在接到申请之日起两个月内不履行的，公民、法人或者其他组织可以向人民法院提起诉讼。法律法规对行政主体履行职责的期限另有规定的，从其规定。

公民、法人或者其他组织在紧急情况下请求行政机关履行保护其人身权、财产权等合法权益的法定职责，行政机关不履行的，不受上述期限的限制，可以即时提起诉讼。

2. 经行政复议向法院提起诉讼。公民、法人或者其他组织不服行政复议决定的，可以在收到复议决定书之日起 15 日内向法院提起诉讼。复议机关逾期不作决定的，申请人可以在复议期满之日起 15 日内向法院提起诉讼。法律另有规定的除外。

（二）起诉期限扣除与延长

公民、法人或者其他组织因不可抗力或者其他不属于自身的原因耽误起诉期限的，被耽误的时间不计算在起诉期限内。

公民、法人或者其他组织因上述原因之外的原因耽误起诉期限的，在障碍消除后 10 日内，可以申请延长期限，是否准许由人民法院决定。

参考案例

案例一： **孙某与淄博市公安局周村区公安分局
政府信息公开案**

原告孙某是淄博国信发展有限责任公司的法定代表人，因淄博市周村区北郊镇东涯村旧村改造拆迁，将原告的企业厂房划在了拆迁范围之内。2014 年 11 月至今，东涯村村委会破坏原告企业厂房院墙，原告已经 6 次报警。作为被拆迁人，原告依据《中华人民共和国政府信息公开条例》第 20 条之规定，于 2015 年 1 月 27 日向被告周村区公安分局邮寄《淄博市政府信息公开申请表》，要求其按照申请内容公开原告 2014 年 11 月 28 日、2014 年 11 月 29 日、2014 年 12 月 28 日、2015 年 1 月 4 日、2015 年 1 月 20 日、2015 年 1 月 25 日的 6 次报警及出警记录，被告周村区公安分局于 2015 年 1 月 29 日签收该特快专递。被告周村区公安局收到原告孙某的政府信息公开申请后，未对原告的公开申请予以答复。原告孙某对此不服，于 2015 年 4 月 29 日向法院提起行政诉讼，诉请法院依法确认被告周村区公安分局未履行政府信息公开法定职责的行为违法，责令其对原告申请的政府信息给予公开。被告周村区公安分局辩称，①原告申请公开的 6 次报警及出警记录的信息不属于政府信息公开的范围。原告诉称其 6 次报警，经查曾经 4 次接到原告报警，均予以出警并填写了出警记录，已经履行了出警的法定职责，且出警记录并非具有结论性，不对原告的权利义务产生影响，而是公安机关在履行出警的法定职责中形成的过程性信息，不属于政府信息公开的范围。②原告不符合申请政府信息公开的条件。根据《政府信息公开条例》的规定，公民申请获取政府信息，需根据自身生产、生活、科研等特殊需要，原告对其申请公开的信息的特殊需要未予以说明，也未提供相关证据，不应对其进行公开。③被告对原告报警所反映的情况作出不予立案决定以及维持不予立案的复议决定，并向原告进行了送达。④原告的起诉已经超过法定起诉期限。原告孙某 2015 年 1 月 27 日申请政府信息公开，其起诉时已经超出了行政案件诉讼时效，法院应裁定驳回原告的起诉。

　　根据《中华人民共和国政府信息公开条例》的规定，申请人申请行政机关公开政府信息，应提出政府信息公开的书面申请，行政机关收到申请后，对申请内容进行审查，根据申请人申请公开的政府信息是否属于公开范围，是否属于本行政机关职责范围以及申请内容是否系申请人自身生产、生活、科研等特殊需要，对申请人的申请情况进行相应的答复。行政机关能够当场答复的，应当当场予以答复；不能当场答复的，应当自收到申请之日起 15 个工作日予以答复，如需延长答复期限的，延长答复的期限最长不能超过 15 个工作日[1]。该案中，被告周村区公安局在收到原告孙某政府信息公开申请后，应当对其申请进行审查后在法定期限内予以答复，依照《中华人民共和国行政诉讼法》及《若干问题解释》[2]（法释［2015］9 号）（2015 年 4 月 20 日由最高人民法院审判委员会第 1648 次会议通过，2015 年 5 月 1 日起施行），公民、法人或者其他组织对行政机关不履行法定职责提起诉讼的，应当在行政机关履行法定职责期限届满之日起 6 个月内提出，原告于 2015 年 1 月 27 日向被告申请政府信息公开，2015 年 4 月 29 日向法院提出行政诉讼没有超出诉讼时效。[3]

---

　　〔1〕　2019 年修订后将答复期限与延长的期限改为不超过 20 日。

　　〔2〕　现已失效。

　　〔3〕　参考山东省淄博市周村区人民法院行政判决书（2014）周行初字第 22 号，载中国裁判文书网，为教学需要案件内容作了必要的改动。

第二节　行政案件的受理

一、受理的概念和基本环节

受理是指原告起诉后,受诉法院经审查,认为符合起诉条件,决定立案审理的行为。受理是法院对原告的起诉行为予以审查,判断是否符合法定的起诉的条件,进而确定是立案受理还是裁定不予受理。

(一)书面或口头起诉

原告提起诉讼应向法院递交起诉状,并按照被告人数提出副本。

书写起诉状确有困难的,可以口头起诉,由人民法院记入笔录,出具注明日期的书面凭证,并告知对方当事人。《行政诉讼法》确定行政诉讼的提起以书面起诉状为原则,口头起诉为例外。口头起诉是起诉的例外,只有在书写起诉状确有困难时才能适用,主要针对不识字、身体残疾不能写字等情形。

行政起诉状的应当记明以下事项:①原告的姓名、性别、年龄、民族、职业、工作单位、住所、联系方式,法人或者其他组织的名称、住所和法定代表人或者主要负责人的姓名、职务、联系方式。②被告的名称、住所和法定代表人或者主要负责人的姓名、职务、联系方式。③诉讼请求和所根据的事实与理由。④证据和证据来源。⑤有证人的,载明证人姓名和住所。

依照《行政诉讼法》第 49 条的规定,公民、法人或者其他组织提起诉讼时应当提交以下起诉材料:原告的身份证明材料以及有效联系方式;被诉行政行为或者不作为存在的材料;原告与被诉行政行为具有利害关系的材料;人民法院认为需要提交的其他材料。由法定代理人或者委托代理人代为起诉的,还应当在起诉状中写明或者在口头起诉时向人民法院说明法定代理人或者委托代理人的基本情况,并提交法定代理人或者委托代理人的身份证明和代理权限证明等材料。

延伸阅读

2018 年制定的《最高人民法院、最高人民检察院关于检察公益诉讼案件适用法律若干问题的解释》第 22 条规定,人民检察院提起行政公益诉讼应当提交下列材料:行政公益诉讼起诉书,并按照被告人数提出副本;被告违法行使职权或者不作为,致使国家利益或者社会公共利益受到侵害的证明材料;检察机关已经履行诉前程序,行政机关仍不依法履行职责或者纠正违法行为的证明材料。

(二)审查及处理

对当事人依法提起的诉讼,法院一律接收起诉状。能够判断符合起诉条件的，应当当场登记立案。

当场不能判断是否符合起诉条件的，应当接收起诉状，出具注明收到日期的书面凭证，并在 7 日内决定是否立案。不符合起诉条件的，作出不予立案的裁定。裁定书应当载明不予立案的理由。原告对裁定不服的，可以提起上诉。7日内仍不能作出判断的，应当先予立案。

起诉状内容欠缺或者有其他错误的，法院应当给予指导和阐明，并一次性告知当事人需要补正的内容。不得未经指导和阐明即以起诉不符合条件为由不接收起诉状。当事人在指定期限内补正的，人民法院决定是否立案的期间，自收到补正材料之日起计算。在指定期限内补正并符合起诉条件的，应当登记立案。当事人拒绝补正或者经补正仍不符合起诉条件的，裁定不予立案，并载明不予立案的理由。

不予立案的裁定书应当载明不予立案的理由，原告对裁定不服的，可以提起上诉。

导入案例中，法院对陈某蓉等的起诉的审查，应从行政诉讼起诉条件方面进行审查，能够判断符合起诉条件的，应当当场登记立案。当场不能判断是否符合起诉条件的，应当接收起诉状，出具注明收到日期的书面凭证，并在 7 日内决定是否立案。不符合起诉条件的，作出不予立案的裁定。裁定书应当载明不予立案的理由。7 日内仍不能作出判断的，应当先予立案。如果陈某蓉等的起诉状内容欠缺或者有其他错误的，法院应当给予指导和阐明，并一次性告知陈某蓉等需要补正的内容。

（三）不当行为的救济

对于不接收起诉状、接收起诉状后不出具书面凭证，以及不一次性告知当事人需要补正的起诉状内容的，当事人可以向上级法院投诉，上级法院应当责令改正，并对直接负责的主管人员和其他直接责任人员依法给予处分。

法院既不立案，又不作出不予立案裁定的，当事人可以向上一级法院提起诉讼。上一级法院认为符合起诉条件的，应当立案、审理，也可以指定其他下级法院立案、审理。

二、裁定驳回起诉

有下列情形之一，已经立案的，应当裁定驳回起诉：①不符合《行政诉讼法》第 49 条规定的，即有可以提起诉讼的原告、有明确的被告、有具体的诉讼请求和事实根据、属于法院受案范围和受诉法院管辖；②超过法定起诉期限且无正当理由的；③错列被告且拒绝变更的；④未按照法律规定由法定代理人、指定代理人、代表人为诉讼行为的；⑤未按照法律、法规规定先向行政机关申请复议的；⑥重复起诉的；⑦撤回起诉后无正当理由再行起诉的；⑧行政行为对其合法权益明显不产生实际影响的；⑨诉讼标的已为生效裁判或者调解书所羁束的；⑩不符合其他法定起诉条件的。人民法院经过阅卷、调查或者询问当事人，认为不需要开庭审理的，可以迳行裁定驳回起诉。原告对裁定不服的可以提起上诉。

参考案例

案例二：　　　　　　　　　**卢某诉北京市交通委员会违法案**

原告卢某的房屋位于北京市丰台区西局村 3 号，在西局村城乡一体化旧村改造项目范围内。2014 年 4 月 22 日，原告向被告北京市交通委员会邮寄了政府信息公开申请材料，要求公开丰台区城乡一体化西局村旧村改造回迁安置房项目的交通影响评价报告。2014 年 5 月 16 日，被告就原告的政府信息公开申请作出答复，并将京交函（2011）101 号《北京市交通委员会关于丰台区卢沟桥乡西局村农民回迁安置房 D、E 地块项目交通影响评价报告评议意见的函》（以下简称《交通影响评价报告评议意见的函》）送达原告。原告认为被告作出的被诉《交通影响评价报告评议意见的函》从程序到法律依据均有违法之处，故请求人民法院确认被告作出的被诉《交通影响评价报告评议意见的函》违法，并依法予以撤销。

公民、法人或其他组织向人民法院提起行政诉讼，应当属于人民法院行政诉讼受案范围。请求事项不属于行政审判权限范围的，人民法院应当裁定不予受理；已经受理的，裁定驳回起诉。本案中，被告北京市交通委员会作出的被诉《交通影响评价报告评议意见的函》，其主送单位为北京市规划委员会，并抄送路政局、运输管理局、市公安局公安交通管理局、市规划院。因此，该函仅作为内部征求意见程序，其他行政机关是否参考该函作出行政决定由行政机关自行决定。故被诉《交通影响评价报告评议意见的函》未对原告卢某的权利义务产生实际影响。法院依法驳回原告卢某的起诉。[1]

三、起诉和受理的法律意义

起诉人的起诉行为和法院的受理行为，标志着行政诉讼程序的开始，由此产生如下相应的诉讼法上的意义。

（一）行政诉讼案件的成立

起诉和受理意味着法院具有了对行政案件的审判权，也表明法院应履行解

---

〔1〕 参考北京市丰台区人民法院行政裁定书（2014）丰行初字第 314 号，载中国裁判文书网，为教学需要案件内容作了必要的改动。

决行政争议的职责。原告的起诉被法院受理后，在法院与当事人之间形成了行政诉讼法律关系。

起诉受理后，非依法定条件和程序，不得随意中止或终结诉讼，原告也不得擅自撤回起诉。

（二）当事人及其他诉讼参与人的诉讼地位

从法院决定立案开始，起诉人即取得了原告的诉讼地位，作出被诉行政行为的行政机关或法律、法规、规章授权的组织成为行政诉讼的被告。其他与案件相关的证人、勘验人、鉴定人等也取得或可能取得相应的诉讼参与人的诉讼地位。

思考题

1. 简述起诉的概念和类型。
2. 直接向法院提起诉讼的期限是多少天？
3. 裁定驳回的情形有哪些？
4. 起诉和受理的法律意义是什么？

实务训练

案例一：　彭某等与武隆县水务局水务行政许可争议案

原告彭某、王某在武隆县平桥镇民心街 49 号修建有住宅用房，2013 年 4 月 15 日，经彭水县兴业房地产评估有限责任公司鉴定，该幢住宅用房系 D 级危房，必须整体拆除重建。因二原告重建的房屋位于河道管理范围内，住宅工程涉河建设方案及防洪评价报告需经过被告的审批同意，于是二原告向被告提出建房申请。被告于 2014 年 8 月 13 日作出的武隆水决字（2014）第 1 号不准予水行政许可决定，二原告不服，于 2014 年 8 月 28 日向武隆县人民政府提出行政复议，武隆县人民政府维持了该决定。二原告认为，被告所作的武隆水决字（2014）第 1 号不准予水行政许可决定，认定事实不清，主要证据不足且违反法定审批程序，理由如下：①原告拟建的房屋不会影响乌杨溪平桥河段的河势稳定和行洪通畅；②被告认为原告拟建房屋影响河势稳定和行洪通畅没有专家的评审报告，被告的主要证据不足；③被告为对现场进行实地勘察也没有专家进行评审，被告的行政行为程序违法。二原告向法院提交如下证据，证据一：《房地产权证》2 份、《房屋所有权证》2 份，证明原告旧房是合法的；证据二：《危房鉴定报告》，证明旧房为 D 级危房，必须整体拆除重建；证据三：《建房申请》，证明原告向被告提交了建房申请；证据四：《涉河建设方案及防洪评价报告》，证明原告拟建房屋有资质的机构鉴定，不会影响行洪；证据五：武隆水决字（2014）第 1 号《不准予水行政许可决定书》，证明被告不同意原告的建房申请；证据六：原告旧房和拟建房屋对比照片两张，证明原告拟建房屋不影响河道行洪。[1]

[问题]

请你根据案件内容，为原告彭某、王某撰写行政起诉状。

案例二： 原告代某原系庆城县高楼乡人，1974 年与妻子范某结婚，在温泉乡黄官寨村东队修建住宅居住，1980 年其转为非农户口，1990 年 10 月 27 日，西峰区土地管理局对范某的宅基地进行了集体土地建设用地使用权登记，1997 年范某去世。2006 年代某之子小代与黄官寨村东队村民冯某结婚，居住在该住宅内，后小代在该住宅外修建平顶房 24 间。2012 年 12 月 29 日，庆阳市土地收购储备中心作出庆市土地收储告字（2012）33 号征地登记公告，拟对黄官寨东队部分土地进行征收，用于西峰区东郊放心食品城建设项目用地。2013 年 4 月 28 日，庆阳市土地收购储备中心与温泉乡黄官寨村东队签订了温泉乡放心食品城项目附属物补偿拆迁费用包干协议，委托温泉乡黄官寨村对拟征收地块内附属物进行拆迁，采取限定时限，费用包干，由被征地村组依据相关补偿标准自主补偿、自主拆迁的办法进行。2013 年 7 月 24 日，甘肃省人民政府下发甘政国土发（2013）655 号土地征拨文件，同意将西峰区温泉乡黄官寨集体农用地征收为国有，用于放心食品城建设。2013 年 8 月 6 日，庆阳市国土资源局西峰分局发布庆市国土资西分 2013 征补字第 26 号征地补偿安置方案，对征收土地的用途、范围及面积、征收土地补偿标准、征收地上附着物补偿标准、青苗补偿标准、征收土地涉及的农业人员安置及权利救济途径予以公告。2013 年 9 月 2 日，庆阳市西峰区人民政府发布区政府告字（2013）22 号土地征收公告，对征收范围、补偿标准、农业人员安置、被征收土地所有权人、使用权人的权利与义务进行公示。在随后的征地登记程序中，庆阳市土地收购储备中心将争议的房屋及附属物登记在冯某的名下，并予以补偿。2013 年 12 月 26 日，黄官寨村东队组织人员对争议房屋予以强制拆迁。2014 年原告代某到相关部门上访，要求返还房屋征用补偿款，2014 年 1 月 24 日庆阳市西峰区温泉乡人民政府作出温政发（2014）25 号关于代某反映问题的调查报告，2014 年 2 月 28 日庆阳市西峰区人民政府作出区政府发（2014）关于西街办居民代某反映房屋权属纠纷问题查处结果的报告，两份文件均认为代某反映的关于集体土地及地面附属物赔偿款，

---

[1] 参考重庆市武隆县人民法院行政判决书（2014）武法行初第 00054 号，载中国裁判文书网，为教学需要案件内容作了必要的改动。

已全部兑现到位，由户主冯某全额领取。他和儿子儿媳之间的附属物赔偿款分配的问题属家庭内部事务。原告不服，遂诉至法院，要求确认被告庆阳市西峰区温泉乡人民政府行政强制执行措施行为违法。[1]

[问题]

原告代某以庆阳市西峰区温泉乡人民政府为被告，要求法院确认庆阳市西峰区温泉乡人民政府行政强制执行措施行为违法的主张是否会得到法院支持？法院应如何裁判？

---

〔1〕　参考甘肃省庆阳林区基层法院行政裁定书（2015）庆林行初字第4号，载中国裁判文书网，为教学需要案件内容作了必要的改动。

模块三　诉讼之王：行政诉讼证据

第六章

行政诉讼证据

学习目标

通过本章学习，了解行政诉讼证据的概念、特点和种类，熟悉行政诉讼的举证责任、举证期限，掌握行政诉讼证据的质证、审核和认定，能够运用所学知识解决行政诉讼中的证据问题。

导入案例

徐某与苏州市太仓工商行政管理局行政争议案

2010 年 11 月，太仓市朝阳企业咨询代理事务所工作人员持相关材料到太仓市工商行政管理局申请设立"苏州博协贸易有限公司（以下简称博协公司）"。太仓市工商行政管理局审查后，于 2010 年 11 月 18 日作出（2010）第 11160009 号《公司准予设立登记通知书》，准予博协公司设立登记。11 月 19 日，太仓市工商行政管理局核发了博协公司的营业执照（执照号 320585000133288），由太仓市朝阳企业咨询代理事务所投资人吴某领取。徐某于 2010 年曾遗失居民身份证，并于 2010 年 6 月 20 日补办新身份证。2014 年 8 月因工作需要在办理工商登记时发现自己有不良记录。原告徐某诉称有人盗用自己丢失的身份证，在太仓市工商行政管理局注册了博协公司。因该档案中涉及徐某的签名都是伪造的，太仓市工商行政管理局作出准予设立登记的主要证据不足，违反法定程序。请求法院依法撤销被告对博协公司的注册登记。原告向法院提交了以下证据：①杭州市公安局南山派出所出具的徐某身份证明；②杭州市住房公积金管理中心出具的徐某的业务凭证；③徐某社保费缴费证明；④徐某个人所得税完税证明；⑤徐某出具的情况说明；⑥徐某的临时身份证；⑦劳动合同（徐某与用友医疗卫生信息系统有限公司签订的）。

被告苏州市太仓工商行政管理局辩称：博协公司申请设立登记时提交的全部材料符合公司设立的要求，被告许可博协公司设立登记的程序也符合法律规定。对登记材料、文件的真实性应由博协公司负责。故请求法院依法驳回原告的诉讼请求。被告在规定的举证期限内向法院提交了以下证据和依据：证据为被告准予博协公司设立登记的工商登记资料。主要内容有：①公司准予设立登记通知书；②公司设立登记申请书；③指定代表或者共同委托代理人的证明；④公司章程；⑤验资报告；⑥股东会决议；⑦房屋租赁合同；⑧名称预先核准通知书；⑨企业名称预先核准申请书。被告提交的行政行为的依据有：①《中华人民共和国行政许可法》；②《中华人民共和国公司登记管理条例》；③《中华人民共和国公司法》；④《国家工商行政管理局关于登记主管机关对申请人提交的材料真实性是否承担相应责任问题的答复》公司企字（2001）第67号。

在案件庭审中，经原告徐某的申请，法院依法对《公司设立登记申请书》《指定代表或者共同委托代理人的证明》《房屋租赁合同》中"徐某"签名的真伪进行鉴定。2015年1月9日，苏州同济司法鉴定所出具司法鉴定意见书，鉴定结论为上述三份材料上的"徐某"签名字迹与比对材料中"徐某"签名字迹不是同一人书写。另查明，原告徐某于2010年6月补办过居民身份证。

法院认为：根据《中华人民共和国公司登记管理条例》第8条的规定，被告具有负责本辖区内公司登记的法定职责。《中华人民共和国公司登记管理条例》第20条规定，申请设立有限责任公司应当提交公司法定代表人签署的设立登记申请书，全体股东指定代表或者共同委托代理人的证明，公司章程，股东主体资格证明或自然人身份证明，载明公司董事、监事、经理的姓名、住所的文件以及有关委派、选举或者聘用的证明，公司法定代表人任职文件和身份证明，公司住所证明，企业名称预先核准通知书等材料。从被告提供的证据看，博协公司在设立时是委托太仓市朝阳企业咨询代理事务所办理的。该事务所向被告提供的申请设立博协公司的资料，基本符合设立有限责任公司的形式要求。因此被告在登记时尽到了形式审查的义务，不存在程序违法。但根据庭审查明的事实，原告有丢失居民身份证的记录。经鉴定，公司设立登记申请书、指定代表或者共同委托代理人的证明、房屋租赁合同上"徐某"的签名都不是原告本人所签。根据法院查明的事实，不能证明是原告申请设立博协公司，也不能证明是原告委托太仓市朝阳企业咨询代理事务所办理申请事项。因此被告准予博协公司设立登记的行政行为，缺乏相应的事实依据，法院依法撤销被告对博协公司的注册登记。[1]

[任务提出]

1. 原告徐某提交的证据是本案的直接证据还是间接证据?

2. 试述被告苏州市太仓工商行政管理局的证明责任。

3. 本案的司法鉴定意见书是何种法定证据? 试述其证据来源。

第一节 行政诉讼证据概述

一、行政诉讼证据的概念和特征

证据是证明案件事实是否客观存在的材料。证据是法院认定案件事实的根据和正确审理案件的基础。诉讼的过程是运用证据查明案件事实的过程,没有证据就没有裁判的公正。

行政诉讼证据是指能够用来证明被诉行政行为是否合法以及案件的其他真实情况的材料。行政诉讼证据既具有证据的基本特征,也有其特殊性。这种特殊性主要体现以下三个方面:

(一)行政诉讼证据存在的时空范围是行政诉讼

时空范围决定着行政诉讼证据与其他证据存在不同。只有进入行政诉讼过程中的事实材料才有可能是行政诉讼证据。当事人没有提交或者人民法院没有调查收集的事实材料,即使可以证明行政案件的真实情况,也不是行政诉讼证据。

(二)行政诉讼证据证明的关键事实是被诉行政行为是否合法

根据《行政诉讼法》的规定,法院对被诉行政行为的审查是以合法性审查为原则,合理性审查为例外。在行政诉讼中,法院审理的重心在于被诉行政行为是否合法,主要审查两方面的内容:一是被诉行政行为合法性的事实依据,二是被诉行政行为合法性的法律依据。相应的,行政诉讼被告应当提供作出该行政行为的证据和所依据的规范性文件。

(三)行政诉讼证据主要来源于行政案卷中,且主要由作为被告的行政主体提供

按照"先举证,后裁决"的行政程序规则,被告行政主体在作出被诉行政行为之前应当调查收集到足够的证据,在此之后,不能调查收集。这些证据由行政主体归入行政案卷中。当公民、法人或者其他组织依法提起行政诉讼且被

---

[1] 参考江苏省太仓市人民法院行政判决决书(2014)太行初字第00031号,载中国裁判文书网。为教学需要对案件内容作了必要的改动。

法院受理后，行政主体应将行政案卷提交法院，法院审查行政行为是否合法的主要证据应来源于行政案卷。

二、行政诉讼证据的种类

（一）学理上对证据的分类

1. 本证与反证。依据证据与举证责任的关系，可以将证据划分为本证与反证。本证是指由负有举证义务的当事人提出的用以证明其所主张的事实的证据。反证则是指能否定负举证义务一方当事人所主张的事实的证据。确立本证和反证的标准，与举证人在诉讼中处于原告还是被告的诉讼地位无关。原告与被告在诉讼中都可能提出本证。例如，原告在起诉被告不履行法定职责的案件中，原告向法院提供其向被告提出申请的证据和被告为证明其作出的行政行为的合法性所提出的证据都属于本证。

2. 直接证据与间接证据。依据证据与待证事实之间的关系，可以将证据划分为直接证据和间接证据。直接证据是指能单独、直接地证明案件事实的证据。例如，原告为证明其与被诉的行政行为的关系向法院提交的不予行政许可决定书。间接证据是指与待证事实之间只有间接关系，不能单独、直接地证明待证事实的证据。在通常情况下，直接证据对待证事实的证明具有直接、简明的特征，因而其证明力要强于间接证据。而在没有直接证据时，运用多个间接证据形成的证据链条而得出的唯一结论也能证明待证事实。一般而言，通过间接证据可发现直接证据；而在有直接证据时，间接证据也可以印证直接证据。

导入案例中，原告徐某提交的证据是本案的间接证据。

3. 原始证据和传来证据。依据证据的来源不同，可以将证据划分为原始证据和传来证据。原始证据是指来源于案件事实或者在案件事实的直接作用下形成的证据。如当事人的陈述、证人对目击情况的证言等。传来证据，又称派生证据，是指由原始证据衍生出来的，或者在信息传递的中间环节形成的，如书证的副本、物证的复制品等。原始证据是直接来源于案件事实或者在案件事实的直接作用下形成的，而传来证据与案件事实之间存在着中间环节，在转述、复制过程中有可能失真，因此，原始证据的证明力优于传来证据。传来证据在诉讼中的作用主要表现在两个方面：①作为获得原始证据的线索；②在获得原始证据确有困难的情况下，用传来证据来证明和认定案件事实。但传来证据须与原始证据核对无误后方能使用。

4. 言词证据和实物证据。根据证据的表现形式不同，可以将证据分为言词证据和实物证据。言词证据是指以言词形式反映出来的证明案件情况的证据。证人证言、当事人的陈述、鉴定意见等属于言词证据。言词证据不但受到陈述人和鉴定人的主观因素影响，而且还受到陈述人的感受、记忆力、判断力、表述力的影响，在审查定案时应当充分注意。实物证据是指以物品的外部特征或记载的内容作为某种客观事实的表现形式的证据。书证、物证、视听资料、勘验笔录和现场笔录是实物证据。

（二）法律上对证据的分类

根据《行政诉讼法》的规定，行政诉讼证据分为以下八类：

1. 书证。书证是指以文字、符号、图标等表达一定意思，其内容能证明案件事实情况的证据。书证的特征表现为：具有一定的思想内容，并以此证明案件事实；一般是当事人的主观意思对客观事实的反映，是当事人意志的体现。证明案件事实的书证，如营业执照、商标注册证、档案、报表、图纸、会计账册、专业技术资料、罚款单据、财产没收单据等。

2. 物证。物证是指以外形、规格、质量等外部特征来证明待证事实的一部分或全部的物品及痕迹。物证不具有任何主观内容，是以其客观存在来证明案件事实。物证是独立于人们主观意志以外的客观事物，具有客观性、特定性和不可替代性。书证与物证的区别在于，书证以其内容来证明案件事实，物证则以其物质属性和外观特征来证明案件事实。

3. 视听资料。视听资料是指运用录音、录像等手段所反映出的音响及数据等信息来证明案件真实情况的资料。视听资料是利用现代科技手段记载事件和行为的证据，例如用录音设备录制的当事人谈话、用摄像机拍摄的当事人形象及其活动等。法院对视听资料，应当辨别真伪，并结合案件的其他证据，审查确定视听资料能否作为认定案件事实的证据。

4. 电子数据。电子数据是指以数字化形式存储、处理、传输的数据。电子数据在本质上属于一种电子信息。电子数据是指以电子、电磁、光学等形式存储在计算机的信息作为证明案件事实的证据资料，既包括计算机程序及其所处理的信息，也包括其他应用专门技术设备检测得到的信息资料。电子数据可以实现精确复制，可以在虚拟空间里无限快速传播，在传播方式上与传统证据只在物理传递上存在明显的差异。电子数据是以电子计算机及其他电子设备为基础的证据，电子数据在感知方式上必须借助电子设备，而且必须依赖特定的系统软件环境。电子数据与传统证据形式相比更具有稳定性和安全性的特点。对于电子数据的修改、复制或者删除能够通过技术手段分析认定和识别。与传统证据形式相比，电子数据的审查判断在两个方面具有较强的特殊性：一是对电子数据原件的识别；二是对电子数据完整性的认定。

5. 证人证言。证人证言是指了解案件有关情况的非本案诉讼参加人关于案件事实的陈述。此处的证人是指狭义上的证人，即通过其亲身感受而知悉案件事实的诉讼外的第三方，不包括广义上的证人。广义上的证人盛行于英美法系国家，是指所有在法庭作证的人，如鉴定人、专家证人、当事人等都是证人，其陈述都是证人证言。证人陈述的内容是证言，证人本身不是证据，证人提供的证言才是证据。证人证言一般是口头陈述，以证人证言笔录加以固定。凡了解案件情况的人，都可以作为证人，但是不能正确表达意思的人不能作为证人。证人证言是证人对案件有关情况感知的陈述，可能存在因受到证人主观因素的影响和客观条件的限制而导致证言内容不全面或不真实的情形。[1]

6. 当事人的陈述。当事人的陈述是指当事人就自己所经历的案件事实，向法院所作的叙述、承认和陈词。由于当事人陈述是对其经历的案件事实的表达，因而是一种应用广泛并且有较强证明力的证据形式。但是由于当事人与案件有直接的利害关系，其陈述往往限于对自己有利的部分，对案件事实可能有所隐瞒、删减甚至歪曲，因此，法院对当事人的陈述的审查，必须结合案件的其他证据审查确定能否作为认定案件事实的根据。

7. 鉴定意见。鉴定意见是指接受法院的指派、聘请或者当事人聘请的鉴定人运用自己的专业知识和技能，根据案件真实材料对需要鉴定的专门性问题进行分析、鉴别和判断之后得出的专业意见。鉴定意见只解决与案件事实中有关的专门性问题，不解决法律问题。由于行政案件涉及许多专业技术领域，所以鉴定意见是行政诉讼中运用极为广泛的一种证据类型。在行政诉讼中常见的有文书鉴定、医疗鉴定、产品质量鉴定、药品鉴定、会计鉴定等。鉴定意见作为鉴定人个人的识别和判断，表达的只是鉴定人个人的意见，审判人员应当结合案件的其他证据，加以综合审查判断，从而正确认识案件事实。

8. 勘验笔录、现场笔录。勘验笔录是指行政主体或者法院对有关案件事实的现场或物品进行就地检验、测量、勘验和分析所作的书面记录。勘验笔录是对客观事实的反映，能够证明案件的真实情况，是行政诉讼中的一种独立的证据。勘验笔录应用于交通管理、城市建设管理和环境管理行政领域。例如，在环境管理执法中，行政主体制作的勘验笔录用于对污染事故或对环境造成重大影响的非正常排放等现场事后进行勘验时所作的笔录，勘测范围应包括污染源勘验、污染物传播途径勘验及污染受害现场勘验等。

现场笔录是指行政主体的工作人员在执行职务过程中对有关管理活动现场情况所作的书面记录。例如，司机不系安全带驾驶机动车，交通警察对于违章情况进行现场执法所作的笔录。现场笔录应当遵循法定程序，应当在现场制作，不能事后补作；现场笔录应当由当事人和行政执法人员签名或签章，在可能的

---

[1] 江必新主编：《中华人民共和国行政诉讼法理解适用与实务指南》，中国法制出版社 2015 年版，第 154 页。

情况下还应当由在场证人签名盖章，没有当事人或者在场证人签名盖章的现场笔录不能起到证据的作用。

勘验笔录和现场笔录的区别在于：一是制作主体不同。勘验笔录是由行政主体或法院制作；现场笔录是由行政主体制作。二是内容不同。勘验笔录是对有关案件事实的现场或物品进行勘测后所作的记录，不包括当事人和证人的询问的情况；现场笔录是对案件现场的情况所作的记录，反映的多是制作笔录当时的情况，包括对相关人员的询问记录。现场笔录着重于对执法过程和处理结果的记录，而勘验笔录则是对案件现场或物品静态的全面的勘查、检验记录，往往具有滞后性。

三、行政诉讼的定案证据

（一）可定案证据的概念

根据证据在认定案件事实中所起的作用，证据可以区分为一般诉讼证据和可定案诉讼证据。

一般诉讼证据，即通常所称的证据材料，是指符合行政诉讼规定与案件事实有一定联系的各种材料。可定案证据，即通常所称的定案证据，是指所有证据都必须在审理过程中经当事人口头或书面质辩，经法院审查属实的，才可以作为认定案件事实的证据。

（二）可定案证据的基本特征

可定案证据有三个基本特征：一是客观性。客观性是指证据能客观反映案件事实真相的属性。证据的客观性是证据的本质要求，推测、假设、想象的情况不能作为认定案件事实的根据。二是关联性。关联性是指证据必须与待证事实有内在的联系。证据应当直接或者间接地证明案件事实形成的条件、发生的原因和相应的后果。三是合法性。合法性是指证据主体、证据形式、证据取得方法、运用证据的程序等是否符合法律的规定。

第二节　行政诉讼的举证责任

一、行政诉讼举证责任的概念

举证责任，又称"证明责任"，是指由法律预先规定，在案件事实难以确定的情况下，由一方当事人提供证据予以证明，如果其提供的证据无法证明相应的事实情况，则承担败诉风险及不利法律后果的责任分配机制。对举证责任的理解包括以下三个方面：

1. 举证责任是由诉讼当事人承担的责任。从诉讼制度设立的最初动机来看，就是要通过一种第三方的判断来解决纠纷，因此法院在受理案件、解决纠纷过程中自始至终地主要承担着裁决的义务，而当事人则要在诉讼中向法院提供证据、围绕证据进行质辩等活动来维护其自身的合法权益。

2. 举证责任包括说服责任和推进责任。从举证的内容及举证不能的后果来看，举证责任可以分为说服责任和推进责任。所谓说服责任，是指由实体法规则确定的，被确定有说服责任的一方当事人对自己的主张必须提供证据加以充分证明，使法官确信其主张成立。承担说明责任的当事人在诉讼期间内提出的证据不足以证明其诉讼主张成立，法官则得出其主张不能成立的结论。所谓推进责任，是指当事人提供证据证明其主张构成法律争端从而值得或者应当由法院进行审理的举证责任。推进责任表现为当事人向法院提供初步证据从而启动诉讼程序。承担说服责任的当事人在不能证明自己的主张时，只能推定其主张不成立，所承担的是败诉的法律后果。承担推进举证责任的当事人在不能证明自己的主张时，只需承担不能证明对方主张不成立的不利后果而不是败诉的法律后果。

3. 举证责任与裁判结果密切相关。举证责任不同于举证，它是法律预先设定的，是确定不移的负担，贯穿于诉讼的始终。法院的裁判应当以证据支持的事实为根据，依据实体法规范确定法律责任的承担。当案件事实不明时，实体法规范难以适用，法院只能根据举证责任规则进行裁判，由承担举证责任的当事人负担不利诉讼后果。

二、行政诉讼举证责任的分配

（一）行政诉讼举证责任的分配原则

《行政诉讼法》规定，被告对作出的行政行为负有举证责任，应当提供作出该行政行为的证据和所依据的规范性文件。《行政诉讼法》确定了行政诉讼举证责任的分配原则，即被告对被诉行政行为的合法性承担说服责任。

确定被告对作出的行政行为负有举证责任，其基本根据是：

1. 行政行为具有单方性属性。法院审理行政案件是对行政行为的合法性进行审查，而被诉行政行为是由行政主体作出的，在大多数情况下，行政主体无须征得行政相对人的同意，可以根据自己的意志收集证据、认定事实、适用法律，从而作出行政行为。因此由行政主体举证证明其所作出的行政行为合法，对作出被诉行政行为的原因、理由等事项进行说明，符合情理事理，也有助于降低诉讼成本。

2. 法治原则。依据法治原则，行政主体必须依法行政。行政主体行使职权必须符合两项基本要求：一是行政主体作出行政行为应符合正当法律程序。行政主体只有在有处分事实根据的基础上，才能对当事人作出行政行为，即"先取证，后决定"。二是行政主体必须依据法律规定，才能对当事人作出行政行为。因此，当行政行为引起行政争议且被诉至法院后，行政主体应承担向法院提供作出被诉行政行为的证据的责任。

3. 被告行政主体的举证能力强。行政诉讼被告是行使行政权的组织，拥有原告所不拥有的诸多行政权能或行政手段，其举证能力要强于原告，因此，本着公平原则，应由被告承担其作出行政行为的举证责任。

（二）行政诉讼举证责任的分配规则

行政诉讼的举证责任分配规则，是对各方当事人举证责任的承担范围及程度的法定划分。

1. 被告的举证责任。被告对被诉行政行为负举证责任，应当就其所作的行政行为提供证据材料，包括：①有关被告职权依据的证据材料；②有关被诉行政行为程序方面的证据材料；③有关被诉行政行为所认定事实的证据材料。以上三个方面的内容，主要是要求被告提供与被诉行政行为合法性有关事实方面的证据。原告可以提供证据证明被诉行政行为违法的证据。原告提供的证据不成立的，不免除被告的举证责任。[1]

复议机关决定维持原行政行为的，法院应当在审查原行政行为合法性的同时，一并审查复议程序的合法性。作出原行政行为的行政机关和复议机关对原行政行为合法性共同承担举证责任，可以由其中一个机关实施举证行为。复议机关对复议程序的合法性承担举证责任。

关于被诉行政行为适用法律方面的依据问题，不属于证据范畴，但仍属于被告向法院举证时一并提交的内容。

导入案例中，被告苏州市太仓工商行政管理局的证明责任是证明其对博协公司的注册登记的合法性。

2. 原告的举证责任。《行政诉讼法》规定，在特殊情况下原告也承担一定的举证责任。

（1）在起诉被告不履行法定职责的案件中，原告应当提供其向被告提出申请的证据。在不履行法定职责的案件中，原告起诉的主要原因是被告对原告的申请不予答复或者拖延答复。被告受理的前提是原告申请，被告只能证明原告提出过申请，但无法证明原告没有提出申请。因此，原告主张被告不作为，就必须证明其向被告提出过要求履行法定职责的申请，但是有下列情形的除外：一是被告应当依职权主动履行法定职责的。行政主体应当依职权主动履行职责而没有履行，行政相对人是否申请，并非行政主体履行职责的前提。因此，如果原告认为被告不履行法定职责提起诉讼，则无须提供其提出申请的证据。二

---

[1]　原告享有可以提供证据证明被诉行政行为违法的权利，该权利原告可以行使，也可以放弃。

是原告因正当事由不能提供证据的。例如，原告因被告受理申请的登记制度不完备而不能提供相关证据材料并能够合理说明的。在此情形下，由于被告本身的原因致使原告无法提供证据来证明其提出申请的事实存在，只要原告能够向法院作出合理说明，法院就推定原告提出申请的事实存在，被告反驳原告必须证明其登记制度是完备的。

（2）在行政赔偿、补偿案中，原告应当对行政行为造成的损害提供证据。在行政赔偿、补偿案件中，主要待证事实是合法权益受损情况和行政行为与权益受损之间的因果关系，行政赔偿、补偿案与民事侵权案的举证责任原则相同，遵循"谁主张，谁举证"的原则，原告对行政行为造成的损害承担举证责任。

如果出现由于被告的原因导致原告客观上无法提供证明其主张的证据的情况，则原告的举证责任就转移给被告，由被告承担。例如，行政主体采取行政拘留或者限制人身自由的强制措施期间，被限制人身自由的人死亡或者丧失行为能力的，行政主体的行为与被限制人身自由的人的死亡或者丧失行为能力之间是否存在因果关系，行政主体应当提供证据。再如，行政主体违法拆迁，在没有对被征收和被拆迁财产依法清点和公证的情况下，强行将当事人驱离现场，导致当事人事后无法提供证明其实际损失的证据，在此情况下，只要原告能够提供其主张的受损财产存在的初步证据，被告就应承担原告受损事实不存在的举证责任，如果其不能提供充分证据反驳原告的主张，应当承担败诉责任。

三、行政诉讼举证规则

所谓行政诉讼举证规则，是指法律法规规定的行政诉讼当事人向法院提供证据应当遵循的行为规则或要求。《行政诉讼法》《最高人民法院关于行政诉讼证据若干问题的规定》等对行政诉讼当事人的举证期限等作出了规定。

（一）举证期限

所谓举证期限，是指诉讼当事人为了支持自己的主张而向法院出具有关证据的期限。对于逾期提供的证据，法院将不予受理，亦即被视为无效。限时举证的目的是为防止行政主体违法补充证据，同时也是实现诉讼效率的需要。

1. 被告的举证期限。被告应当在收到起诉状副本之日起 15 日内提交答辩状，并提供作出被诉行政行为的全部证据和所依据的规范性文件。被告不提供或者无正当理由逾期提供证据的，视为被诉行政行为没有证据和依据。被告因不可抗力或者客观上不能控制的其他正当事由，不能在规定的期限内提供证据的，应当在收到起诉状副本之日起 15 日内向法院提出延期提供证据的书面申请。法院准许延期提供的，被告应当在正当事由消除后 15 日内提供证据，逾期提供的，视为被诉行政行为没有相应的证据。

被告不提供或者无正当理由逾期提供证据，视为没有相应证据。但是，被诉行政行为涉及第三人合法权益，第三人提供证据的除外。

2. 其他当事人的举证期限。原告或者第三人应当在开庭审理前或者法院指定的交换证据之日提供证据。因正当事由申请延期提供证据的，经法院准许，可以在法庭调查中提供。逾期提供证据的视为放弃举证权利。原告或者第三人在第一审程序中无正当理由未提供而在第二审程序中提供的证据，法院不予接纳。

（二）各类证据的提供规则

1. 书证的提供规则。当事人向法院提供的书证，除依照法律法规和规章对书证的制作形式的规定外，一般应当符合下列要求：①原则上应当提供书证的原件，原本、正本和副本均属于书证的原件。提供原件确有困难的，可以提供与原件核对无误的复印件、照片、节录本；②提供由有关部门保管的书证原件的复印件、影印件或者抄录件的，应当注明出处，经该部门核对无异后加盖其印章；③提供报表、图纸、会计账册、专业技术资料、科技文献等书证的，应当附有说明材料；④被告所提供的被诉行政行为所依据的询问、陈述、谈话类笔录，应当有行政执法人员、被询问人、陈述人、谈话人签名或者盖章。此外，当事人所提供的外文书证，还应当附有由具有翻译资质的机构翻译的或者其他翻译准确的中文译本，译本上须由翻译机构盖章或者翻译人员签名。

2. 物证的提供规则。当事人向法院提供物证的，应当符合下列要求：①原则上应当提供原物，提供原物确有困难的，可以提供与原物核对无误的复制件或者证明该物证的照片、录像等其他证据；②原物为数量较多的种类物的，当事人应当提供其中一部分。

3. 视听资料、电子数据的提供规则。当事人向法院提供视听资料、电子数据的，应当符合下列要求：①提供有关资料的原始载体。提供原始载体确有困难的，可以提供复制件；②注明制作方法、制作时间、制作人和证明对象等；③声音资料应当附有该声音内容的文字记录。此外，当事人所提供的外国语视听资料，还应当附有由具有翻译资质的机构翻译的或者其他翻译准确的中文译本，译本上须由翻译机构盖章或者翻译人员签名。

4. 证人证言的提供规则。证人应当出庭作证，但有下列情形之一的，经法院准许，当事人可以提交书面证言：①当事人在行政程序或者庭前证据交换中对证人证言无异议的；②证人因年迈体弱或者行动不便无法出庭的；③证人因路途遥远、交通不便无法出庭的；④证人因自然灾害等不可抗力或者其他意外事件无法出庭的；⑤证人因其他特殊原因确实无法出庭的。

当事人向法院提供的证人证言，应当符合下列条件：①载明证人的姓名、年龄、性别、职业、住址等基本情况；②有证人的签名，如果证人不能签名的，应当以盖章等方式证明；③注明证人出具证言的日期；④附有居民身份证复印件等证明证人身份的文件。

5. 鉴定意见的提供规则。行政诉讼中的鉴定意见主要包括两类：一是法院依当事人申请或在必要情况下依职权提交鉴定人员进行的鉴定。二是被告行政主体向法院提供的在行政程序中采用的鉴定意见。被告向法院提供的在行政程序中采用的鉴定意见，应当符合下列条件：①载明委托人和委托鉴定的事项、向鉴定部门提交的相关材料、鉴定的依据和使用的科学技术手段、鉴定部门和鉴定人员鉴定资格的说明；②应有鉴定人员的签名和鉴定部门的盖章。对于通过分析获得的鉴定意见，还应当说明分析过程。

6. 现场笔录的提供规则。被告向法院提供的现场笔录，应当载明制作时间、地点和事件的内容，并由执法人员和当事人签名。当事人拒绝签名或者不能签名的，应当注明原因。有其他人在现场的，可以由他人签名。法律法规和规章对现场笔录的制作形式另有规定的，从其规定。

（三）当事人对所举证据材料的整理及说明

1. 当事人提供的证据涉及国家秘密、商业秘密或者个人隐私的，提供人应当明确标注，并向法庭说明，法庭予以审查确认。

2. 当事人应当对其提交的证据材料分类编号，对证据的来源、证明对象和内容作简要说明，签名或者盖章，并注明提交日期。

3. 当事人向法庭提供的证据是在中华人民共和国领域外形成的，应当说明证据来源，经所在国公证机关证明，并经中华人民共和国驻该国使领馆认证，或者履行中华人民共和国与证据所在国订立的有关条约中规定的证明手续。当事人提供的在中华人民共和国香港特别行政区、澳门特别行政区和台湾地区内形成的证据，应当具有按照有关规定办理的证明手续。

（四）被告及其代理人收集证据和提交证据的特别规定

被告及其诉讼代理人在诉讼期间不得自行向原告、第三人和证人收集证据。被告在作出行政行为时已经收集了证据，但因不可抗力等正当事由不能提供的，经人民法院准许，可以延期提供。原告或者第三人提出了其在行政处理程序中没有提出的理由或者证据的，经人民法院准许，被告可以补充证据。

第三节　行政诉讼证据的质证

一、质证的概念

所谓质证，一般认为有广义和狭义之分。广义的质证是指在诉讼过程中，有关当事人对提交法庭的各种证据，采用各种证明方法进行询问、质疑、辩驳、解释，进而影响法官对证据证明力的内心确信的活动。狭义的质证是指在庭审过程中，在法庭主持下，有关当事人围绕法庭上出示的证据的关联性、真实性和合法性，针对证据有无证明力以及证明力大小进行辨认、质疑、对质、核实，以达到查明案件事实真相目的的活动。我国的法律规定质证主要是从狭义角度而言的。[1]

对行政诉讼证据进行质证，其意义在于：①质证是行政诉讼当事人的一项重要的诉讼权利，也是当事人可以胜诉的重要手段。通过质证程序使审理更加公开，法院能够正确地认定证据、保障当事人的程序权利。②质证是法庭审查、认定证据的重要方式。质证是让法庭准确采信证据的最可靠、最有效的方式，当事人提供的证据经过相互质证后，才能有效判断证据是否可以作为认定案件的证据。③质证是行政诉讼中法庭调查阶段的核心环节。法庭调查是审判人员在诉讼参与人的参加下，在法庭上依照法定程序调查、核实案件事实和证据的诉讼活动。法庭调查包括陈述、举证、质证等，质证是法庭调查的最重要的内容。

二、行政诉讼质证的原则、主体、方式和内容

（一）质证的一般原则

1. 全面质证原则。全面质证是指当事人提交的所有证据都必须在法庭上出示，所有在法庭上出示的证据，都必须在庭审中由当事人进行质证。所有未经质证的证据，都不能作为定案的依据。当事人在庭前证据交换过程中没有争议并记录在卷的证据，经审判人员在庭审中说明后，可以作为认定案件事实的依据。

2. 公开质证原则。为保证质证目的的实现，及时查清案件事实真相，质证应在法庭主持下公开进行，接受社会各界的监督。对于涉及国家秘密、商业机密和个人隐私的证据，不得在法庭上公开质证。

3. 合法质证原则。质证主体必须依法质证，不得以引诱、威胁、侮辱等语言或方式质证，法庭作为质证的主持者应保证整个质证过程依法进行。如果当事人无视法庭纪律，采取引诱、威胁、侮辱等语言和方式去误导或激怒对方当事人，则属于滥用质证权利，对此种情形，法庭应当及时制止。

4. 关联性原则。质证主体的发问内容必须与案件事实有关联。关联性原则是质证必须要遵循的，如果发问内容与案件的事实明显无关，法院就可以予以制止，以保证司法效率，避免诉讼被不适当地拖延。

---

〔1〕　张正钊、胡锦光主编：《行政法与行政诉讼法》，中国人民大学出版社 2015 年版，第 276～277 页。

（二）质证的主体、方式和内容

1. 质证的主体。质证权是诉讼当事人的一项重要诉讼权利。原告、被告和第三人是《行政诉讼法》规定的诉讼主体，也是行政诉讼质证的主体。在行政诉讼中，代理人本身不是质证的主体。法院是居中裁判者，不应成为质证主体。

2. 质证的方式。质证的方式主要分为公开质证和非公开质证。公开质证是原则，非公开质证为例外。除涉及国家秘密、商业秘密、个人隐私或者法律规定的其他应当保密的证据不得在开庭时公开出示和质证外，其余证据均可以公开出示和质证。当事人及其代理人可以就证据问题相互发问，也可以向证人、鉴定人或者勘验人发问。也就是说，质证主要采取当事人向对方及其他诉讼参与人发问的方式。

3. 质证的内容。质证的目的是确定证据能否作为认定案件事实的依据。因此，行政诉讼的质证内容应当体现证据是否具有证明效力及证明效力大小。证据的证明效力是根据证据的关联性、合法性、真实性确定的，质证活动应围绕着证据的关联性、合法性、真实性等展开。例如，证据的合法性问题。《行政诉讼法》规定了不同种类的证据，每一类证据都有法定的要求，质证主体可以依据法律规范对不同证据的不同要求对各种证据进行质证。例如，一方当事人向法庭提交的书证要接受另一当事人对书证是否符合提供书证的规则的质疑。再如，证据的关联性的问题。当事人提供证据的目的在于以证据证明其主张的事实，进而实现其诉讼请求。一个证据是否能够证明待证事实以及能够在多大程度上证明待证事实，主要取决于证据与待证事实之间是否有关联以及联系的紧密程度如何。证据与待证事实之间关联性越强，其证明效力也就越强。因此质证主体可以就证据与待证事实之间的关联性进行质证。

第四节　行政诉讼证据的调取、保全、审查和认定

一、行政诉讼证据的调取

证据通常是由当事人收集和提供，提供证据既是当事人的诉讼权利，也是其诉讼义务。在行政诉讼中，当事人举证是行政诉讼证据的主要来源。法院在行政诉讼中的责任是对当事人所提供的证据进行审查判断，确定证据的效力，并在此基础上依法作出裁决。为保证案件的公正解决，法院一般不应该调取证据，但在必要时，法院也可以依法调取证据。

所谓调取证据，是指法院依法主动或依当事人申请收集证据。根据法律的有关规定，法院对证据的调取有以下两种情况：

（一）依职权调取证据

依职权主动调取证据，是指法院根据审理案件的实际需要，不待当事人申

请而依法主动调取证据的情形。法院依职权主动向行政机关以及其他组织、公民调取证据的情形限定为两种：①涉及国家利益、公共利益或者他人合法权益的事实认定的；②涉及依职权追加当事人、中止诉讼、终结诉讼、回避等程序性事项的。

法院可以依职权调取证据，但不得为证明行政行为的合法性调取被告作出行政行为时未收集的证据。

（二）依申请调取证据

依申请调取证据，是指法院根据原告或第三人的申请而向公民、法人或者其他组织调取证据的情况。《行政诉讼法》第41条规定，与审理案件有关的下列证据，原告或者第三人不能自行收集的，可以申请人民法院调取：①由国家机关保存而须由人民法院调取的证据；②涉及国家秘密、商业秘密和个人隐私的证据；③确因客观原因不能自行收集的其他证据。

导入案例中，本案的司法鉴定意见书是鉴定意见。其证据来源于经原告申请，法院调取的证据。

二、行政诉讼证据的保全

行政诉讼的保全，是指在证据可能灭失或以后难以取得的情况下，法院根据诉讼参加人的请求或依职权采取措施对证据加以确定和保护的行为。

（一）证据保全的条件

法院采取保全证据措施的前提是证据可能灭失或以后难以取得。所谓可能灭失，是指随着时间的推移，证据有可能不存在，如物证因自然因素而腐烂、变质、变形等。所谓以后难以取得，是指失去某种机会或超过一定时间，以后就难以取得的情况，如证人将要出国或到国外定居等。

（二）证据保全的时间

诉讼参加人申请保全证据的，应当在举证期限届满前以书面形式提出，并说明证据的名称和地点、保全的内容和范围、申请保全的理由等事项。诉讼参加人在必要时可以申请诉前证据保全。

（三）证据保全的程序

证据保全由诉讼参加人依法提出申请，必要时法院可以依职权采取保全措施。对诉讼参加人申请而采取保全措施的，其程序包括诉讼参加人申请、法院对申请的审查及裁定、实施保全措施等步骤。诉讼参加人申请保全证据的，法院还可以要求其提供相应的担保。

（四）证据保全措施

证据保全的方法因证据的种类不同而不同，所采取的保全措施需要根据具体情况而定，采取查封、扣押、拍照、录音、录像、复制、鉴定、勘验、制作询问笔录等保全措施。

三、行政诉讼的审查、认定

（一）行政诉讼证据审查

1. 行政诉讼审查原则。

（1）从行政案卷入手审查。法院对被诉行政行为的司法审查从案卷入手，被诉行政行为的合法性是由行政案卷中所记载的证据和规范性文件来支持的。如果行政案卷中记载的证据和规范性文件依据不足以证明被诉行政行为合法，受诉法院将作出撤销被诉行政行为或确认被诉行政行为违法的判决。法院在审查被诉行政行为合法性时，原则上不接受行政主体在行政程序中没有调查、收集的证据。

（2）以法庭调查方式审查。《行政诉讼法》第 33 条规定，证据经法庭审查属实，才能作为认定案件事实的根据。《最高人民法院关于行政诉讼证据若干问题的规定》第 35 条第 1 款规定，证据应当在法庭上出示，并经庭审质证。未经庭审质证的证据，不能作为定案的依据。因此法院对证据的审查应当在庭审过程中进行，并建立在质证的基础之上。

（3）全面、客观、公正地审查。法庭应当对经过庭审质证的证据和无需质证的证据进行逐一审查和对全部证据综合审查，遵循法官职业道德，运用逻辑推理和生活经验，进行全面、客观和公正的分析判断，确定证据材料与案件事实之间的证明关系，排除不具有关联性的证据材料，准确认定案件事实。这表明法院审查证据时，应全面、客观、公正地审查证据。

2. 行政诉讼证据审查的内容。法院审查证据主要是对证据的真实性、客观性和关联性进行审查，从而确定和判断证据的证明力。具体包括三个方面：①对证据的关联性的审查。法庭应当对证据进行全面、客观和公正的分析判断，确定证据材料与案件事实之间的证明关系，排除不具有关联性的证据材料，准确认定案件事实。②对证据的合法性的审查。法庭应当根据案件的具体情况，从以下方面审查证据的合法性：其一，证据的形式。审查证据是否具备法定的形式；其二，证据的取得。审查证据的取得是否符合法律法规、规章及司法解释的要求；其三，是否有影响证据效力的其他违法情形。③行政诉讼证据的真实性的要求包括五个方面：其一，证据形成的原因，主要指证据形成的客观过程；其二，发现证据时的客观环境。当事人收集到证据时的客观环境和法院依职权或依申请调取证据时的客观环境；其三，证据是否为原件、原物，复制件、复制品与原件、原物是否相符；其四，提供证据的人或者证人与当事人是否有利害关系；其五，影响证据真实性的其他因素。

郭某诉榆林市公安局交通警察支队
不履行道路交通管理法定职责案

原告郭某系一汽物流有限公司东湖分公司汽车驾驶员，2012年10月20日2时15分许，原告郭某驾驶吉A89785/吉A8R01挂半挂车，由妻子张某某押车行驶至青银高速吴定线下行线1070km+300m处，与李某某驾驶的晋EQ0006/晋E7685挂半挂车相撞，造成张某某受伤，两车不同程度受损的交通事故。事故发生后，原告郭某的妻子张某某被120救护车送往榆林市第一医院救治，住院83天，支出医疗费11万余元。事故调查期间，办案机关榆林市公安局交通警察支队高交三大队事故中队委托陕西榆林百信机动车物证司法鉴定所对原告郭某驾驶的车辆事发时的车速、制动性能进行了鉴定，2012年11月1日作出鉴定意见。根据高交三大队事故中队提供的本次事故现场勘查资料和事故现场照片及事故车辆检测情况，应用功能原理分析计算可得：①吉A89785/吉A8R01挂半挂车事故前的行驶速度约为89km/h；②主挂车刹车片与制动鼓符合技术要求。原告郭某所属运输企业的全部运营车辆均安装有行车记录仪，通过GPS系统可以准确地确定行车方位及行驶速度，据GPS在途信息记载，吉A89785事故发生时的速度为68km/h，原告郭某将此证据及时提供给办案民警，并将对方事故车辆当时是从应急车道驶向超车道、事故现场行车道还停有先期肇事的车辆等情况做了反映。尽管客观情况如此，高交三大队于2012年11月7日作出榆公交高三认字（2012）第0053号道路交通事故认定书，认定原告郭某负事故的全部责任。原告郭某于11月8日收到认定书，随即委托律师代书了不服认定书的复核申请，于11月9日送交榆林市公安局交警支队事故科民警，后因对事故事实方面内容进行了补充，代理律师于11月12日再次将补充内容的复核申请送交事故科。直至2012年12月下旬，事故科依然没有任何音信，代理律师去事故科了解情况，将事故中存在的问题向分管支队长作了反映。而后，事故科民警告知律师，当事人没有向支队事故科提供收到认定书的送达回执，以超期申请对待，不予受理。代理律师从此至2013年9月，多次交涉，说明送达回执的递交不是当事人的义务，建议支队尊重事实，客观认定事故案情，还原事实，给予当事人公道，但事故科依然如故。综上，原告郭某认为，GPS系统是国家认可的，可以准确记载行车状况的信息系统，陕西榆林百信机动车物证司法鉴定所对原告郭某事发时车速鉴定完全是人为的分析认定，其客观性与GPS系统的记载无可比拟。高交三大队置事故现场停放在行车道且没有采取警示标志的先期事故车在本次事故中的事故责任于不顾。晋 EQ0006 车从应急车道直行至超车道行车，事故发生时时速仅为 20~30km/h。这一速度明显违反法定最低车速的规定，而不予论责。认定原告郭某承担事故全责显然有失公正。原告郭某从事高风险的职业，为了节约费用，将妻子当作押车员，事故中致原告郭某之妻严重受伤，右足毁损，成为残疾人。巨额的经济费用更加增大了原告郭某的经济负担，使得原告郭某一家的生活更加拮据。为了求得公正，原告郭某只得向支队事故科请求复核，没想到只因没有提交送达回执，至今不予受理。被告行为是典型的行政不作为。为了维护原告郭某的合法权益，原告郭某现诉至法院，请求人民法院依法判令被告履行法定职责，对原告郭某所涉及的道路交通事故作出复核决定。

原告郭某为支持其诉讼请求，向本院提供了以下证据材料：

第一组：榆林市公安局交通警察支队高速公路三大队于 2012 年 11 月 7 日作出榆公交高三认字（2012）第 0053 号道路交通事故认定书复印件一份，用于证明事故发生时间为 2012 年 10 月 20 日，榆林市公安局交通警察支队高速公路三大队于 2012 年 11 月 7 日作出道路交通事故认定书，认定原告郭某负此事故全部责任。

第二组：道路交通事故责任认定复核申请书复印件一份，用于证明原告郭某对榆公交高三认字（2012）第 0053 号道路交通事故认定书不服，于 2012 年 11 月 9 日向事故中队提出复核申请书，后又于 2012 年 11 月 12 日再次提出补充复核申请，现向法庭提交 11 月 12 日的复核申请，11 月 9 日的复核申请当时没有备份。

第三组：①录音光盘一张；②录音记录一份，录音制作人为原告郭某代理人田伟，录音内容为原告郭某代理人田伟与交警支队事故科工作人员李某针对复核申请收到时间进行核实谈话情况；③被告在三天复核期限内收到了复核申请的事实。

第四组：送达回执复印件一份，用于证明高交三大队事故中队于 2012 年 11 月 8 日向郭某送达了道路交通事故认定书的事实。

被告辩称：根据 2009 年 1 月 1 日起施行的《道路交通事故处理程序规定》第 51 条规定：当事人对道路交通事故认定有异议的，可以自道路交通事故认定书送达之日起 3 日内，向上一级公安机关交通管理部门提出书面复核申请。复核申请应当载明复核请求及其理由和主要证据。申请复核一要在送达之日起 3 日内，二要有书面复核申请。原告郭某称其在 2012 年 11 月 8 日收到事故认定书，11 月 9 日与 11 月 12 日递交了复核申请。被告认为原告郭某所述并非事实，实际情况是原告郭某并未在法定期限内向被告提出过复核申请，即被告不存在不履行法定职责，故请求依法驳回原告郭某的全部诉讼请求。

被告为支持其主张，向本院提供了道路交通事故责任认定复核申请书复印件两份，用于证明落款为 2012 年 11 月 12 日的复核申请，被告于 2012 年 11 月 27 日收到。原告郭某弄虚作假，并未在法定期限内提出复核申请。

经庭审质证，本院对以下证据作如下确认：原告郭某提供四组证据，被告对第一组证据，真实性及证明目的均无异议，认为更能证明高速公路三大队已告知原告郭某应在收到认定书之日起 3 日内向上级机关提出复核申请。对第二组证据，真实性及证明目的均有异议，认为落款时间虽为 2012 年 11 月 12 日，但并没有郭某本人的签字与压印，而且落款时间并不能证明复核申请形成时间，更不能证明其在 2012 年 11 月 12 日提出过复核申请。对第三组证据，真实性及证明目的均有异议：其一，该证据在行政诉讼中为非法证据；其二，该录音并未完整播放，存在原告郭某非法剪切的可能，要求完整播放全部录音，才能证明案件全部事实情况。对第四组证据，真实性无异议，证明目的有异议，认为原告郭某于 2012 年 11 月 8 日收到事故认定书，应当在收到该事故认定书之日起 3 日内提出复核申请。经合议庭评议认为，原告郭某提供的第一组证据，客观真实，来源合法，能够证明原告郭某发生交通事故时间为 2012 年 10 月 20 日，榆林市公安局交通警察支队高速公路三大队于 2012 年 11 月 7 日作出道路交通事故认定书，认定原告郭某负此事故全部责任的事实，依法应予采信。第二、四组证据，客观真实，来源合法，能够证明原告郭某于 2012 年 11 月 8 日收到道路交通事故认定书，于 2012 年 11 月 9 日提出复核申请，后于 11 月 12 日提出补充复核申请的事实，依法应予采信。第三组证据，能够证明原告郭某代理律师就被告是否是在法定期限内收到原告郭某复核申请的事实进行核对时，被告单位工作人员认可在法定期限内收到原告郭某复核申请的事实；被告虽对其真实性有异议，但其未能在规定期限内提出书面鉴定申请，故其质辩理由不能成立，对第三组证据依法应作为认定该事实的证据予以采信。

原告郭某对被告提供的两份证据的真实性均无异议，对证明目的有异议，认为原告郭某提出复核申请未超出法定复核期限，不存在弄虚作假；原告郭某于 2012 年 11 月 8 日收到事故认定书，于 2012 年 11 月 9 日提出复核申请，但由于内容不充分，于 2012 年 11 月 12 日提出补充复核申请。经合议庭评议认为，被告提供的两份证据，虽系客观真实，但并不能证明被告所要证明的事实，故依法不予作为其所要证明事实的证据予以确认。上述证据，已经庭审质证存卷备查。[1]

（二）行政诉讼证据认定

证据认定是指对证据的证明效力的审查认定。证据认定规则，是指法庭在对证据进行认证时所遵循的规则。行政诉讼证据规则主要包括以下内容：

1. 非法证据排除规则。非法证据排除是指违反法律禁止性规定或者以侵犯他人合法权益的方法取得的证据不能作为定案证据使用。例如，严重违反法定程序收集的证据材料；以偷拍、偷录、窃听等手段获取侵害他人合法权益的证据材料；以利诱、欺诈、胁迫、暴力等不正当手段获取的证据材料等。

2. 最佳证据规则。最佳证据规则，是证明同一事实的证据，如何认定其证明效力的规则。证明同一事实的数个证据，其证明效力一般可以按照下列情形分别认定：①国家机关以及其他职能部门依职权制作的公文文书优于其他书证；②鉴定意见、现场笔录、勘验笔录、档案材料以及经过公证或者登记的书证优于其他书证、视听资料和证人证言；③原件、原物优于复制件、复制品；④法定鉴定部门的鉴定意见优于其他鉴定部门的鉴定意见；⑤法庭主持勘验所制作的勘验笔录优于其他部门主持勘验所制作的勘验笔录；⑥原始证据优于传来证据；⑦其他证人证言优于与当事人有亲属关系或者其他密切关系的证人提供的对该当事人有利的证言；⑧出庭作证的证人证言优于未出庭作证的证人证言；⑨数个种类不同、内容一致的证据优于一个孤立的证据。

3. 自认规则。所谓"自认"，是指在诉讼中，一方当事人就对方当事人主张的对其不利的事实予以承认的声明或表示。这种表示可以是明示，也可以默示。《最高人民法院关于行政诉讼证据若干问题的规定》第65条规定，在庭审中一方当事人或者其代理人在代理权限范围内对另一方当事人陈述的案件事实明确表示认可的，人民法院可以对该事实予以认定。但有相反证据足以推翻的除外。

4. 司法认知规则。司法认知是指法院对某些事实可以无须证明就认为其存在。司法认知是一种快捷的认证方式，能减少当事人无谓的发问、辩驳，节省司法成本，提高诉讼效率。《最高人民法院关于行政诉讼证据若干问题的规定》第68条规定，下列事实法庭可以直接认定：①众所周知的事实；②自然规律及定理；③按照法律规定推定的事实；④已经依法证明的事实；⑤根据日常生活经验法则推定的事实。其中①、③、④、⑤项，当事人有相反证据足以推翻的除外。

---

[1]　参考陕西省榆林市榆阳区人民法院行政判决书（2013）榆行初字第00019号，载中国裁判文书网。为教学需要案件内容作了必要的改动。

5. 补强证据规则。所谓补强证据规则，是指某一证据由于其存在证据资格或者证据形式上的某些瑕疵或弱点而不能单独作为定案事实的依据，只有在其他证据以佐证方式加以补强的条件下，才能作为定案的依据。例如，《最高人民法院关于行政诉讼证据若干问题的规定》第71条规定，以下证据不能单独作为定案依据：①未成年人所作的与其年龄和智力状况不相适应的证言；②与一方当事人有亲属关系或者其他密切关系的证人所作的对该当事人有利的证言，或者与一方当事人有不利关系的证人所作的对该当事人不利的证言；③应当出庭作证而无正当理由不出庭作证的证人证言；④难以识别是否经过修改的视听资料；⑤无法与原件、原物核对的复制件或者复制品；⑥经一方当事人或者他人改动，对方当事人不予认可的证据材料；⑦其他不能单独作为定案依据的证据材料。

延伸阅读

行政诉讼证明标准

所谓证明标准，也称为"证明要求"，是指依照法律规定承担证明责任的人提供证据对案件事实加以证明所必须达到的程度。在诉讼中，当事人为实现诉讼主张的证明任务的完成情况，不仅取决于所提供的证据的数量，更重要的是，取决于所提供的证据的质量。也就是说，当事人所提供的证据必须符合法定的证明标准，达到法定的证明要求，其主张的事实才能成立，否则，当事人的证明不成功，其主张的事实将不成立，将会因待证事实的证明问题而对裁判结果中的自身利益产生不利益影响。

在国外，不同诉讼类型大多采用不同的证明标准，对于行政诉讼证据主要采用"实质性证据标准"。所谓实质性证据，是指能够成为裁决认定事实之合理基础的证据，即基于该证据，具有理性的人通过合理考虑，就能够作出该事实认定，该证据就是实质性证据。

我国《行政诉讼法》的证明标准是：必须达到案件事实清楚，证据确实充分。《最高人民法院关于行政诉讼证据若干问题的规定》没有直接涉及具体的证明标准问题。[1]

思考题

1. 简述行政诉讼证据的概念和法定种类。

---

〔1〕 张正钊、胡锦光主编：《行政法与行政诉讼法》，中国人民大学出版社2015年版，第275～276页。

2. 简述行政诉讼原告和被告的举证责任。

3. 简述行政诉讼的质证内容。

4. 行政诉讼证据的认定规则主要有哪些？

实务训练

一、

2014 年 10 月 9 日，被告凤台县民政局准予原告李某与程某登记结婚，并颁发结婚登记证，但原告李某认为被告准予结婚登记的具体行政行为明显违法。原因是原告李某未亲自到凤台县民政局申请结婚登记，原告未提交户口本和居民身份证，未在结婚登记材料上签字确认，被告未依据法定程序受理结婚登记，被告违背原告意愿和法定程序颁发结婚证的具体行政行为违法，请求依法撤销。原告李某诉被告凤台县民政局婚姻管理行政登记一案，于 2015 年 2 月 3 日向凤台县人民法院起行政诉讼。凤台县人民法院于同日受理后，于 2015 年 2 月 5 日向被告送达了起诉状副本及应诉通知。凤台县人民法院依法组成合议庭，于 2015 年 2 月 26 日依法公开开庭审理了本案。

被告凤台县民政局于 2014 年 10 月 9 日为原告李某和第三人程某办理了结婚登记。被告在法定期限内向本院提交了作出具体行政行为的证据：①结婚登记审查处理表；②申请结婚登记申明书。

原告向法庭提交的证据有：①结婚登记信息，证明被告准予结婚登记的具体行政行为违法；②《新安晚报》挂失登记，证明原告身份证遗失，被告在未核实原告身份证情况下准予结婚登记的行为违法；③杭州市出租车发票，证明 2014 年 10 月 9 日，原告在杭州出差；④杭州市火车站照片，证明 2014 年 10 月 9 日，原告在杭州出差；⑤营业执照及证明。以上证据证明原告的身份及被告办理的婚姻登记错误。

被告凤台县民政局未书面答辩，庭审时辩称，其为原告及第三人办理结婚登记是按照婚姻登记当事人提供的材料进行登记的，登记程序合法，材料齐全，无过错。请法院依法判决。

第三人程某未书面答辩，庭审时述称，婚姻登记存在错误是原告造成的。原告知道结婚登记的事，当时原告称其因业务忙走不掉，原告遂安排与其外貌相似的亲戚（原告派其表哥顶替，派其表弟拿的原告身份证及户口本）顶替其和第三人到婚姻登记机关办的结婚证。经庭审质证认定：原告对被告提交的证据提出异议，认为审查表、申请表非原告签名，审查表上合影照非原告本人，被告提供的证据过于简单。[1]

[问题]

请你根据案件内容，运用本章所学的知识，分析本案原告和被告向法庭提交的证据的种类、被告的举证责任、经过法庭质证认定后的案件基本事实。

二、

2016 年 12 月 6 日周某以挂号信方式向西城食药局举报北京高山流水餐饮有限公司西城月坛店（以下简称高山流水月坛店）在销售的食品中添加中药材违法，要求西城食药局在法定期限内将立案（或不立案）决定书面告知其；将处罚结果书面告知其并依法奖励。西城食药局于 2016 年 12 月 7 日收到周某的举报材料，至周某于 2017 年 4 月 3 日向市食药局提起行政复议申请未予以办结。市食药局于 2017 年 5 月 31 日作出被诉复议决定，驳回了其的复议申请。周某认为，此案属单家餐饮店在销售的食品中添加中药材违法，根据其提供的相关材料等，西城食药局应在法定期限即 60 日内办理完毕，西城食药局办理该举报案件超出 60 日的行为违法。市食药局在被诉复议决定中认为西城食药局向其提交了《西城食药局关于餐饮服务经营者使用三七、天麻有关法律适用的请示》未收到批复……鉴于本案存在相关法律规范适用的疑难问题等情节……西城食药局办理延长期限并无不当。该复议结论没有相应的事实基础和相应的法律依据。首先即便是请示，请示时间也应计算在举报办理期限内；其次市食药局早在 2016 年 7 月 28 日就已印发京食药监食餐〔2016〕4 号《市食药局关于对餐饮服务经营者使用"三七""天麻"适用问题的批复》（以下简称 4 号批复），该批复中已经明确餐饮企业使用"天麻"违反了《中华人民共和国食品安全法》（以下简称《食品安全法》）第 38 条的规定应依法查处，此案不存在法律适用的疑难情况。市食药局驳回其的复议申请错误。周某诉至法院，1、请求法院确认西城食药局办理高山流水月坛店在其销售的食品中添加中药材违法一案超出法定期限（60 个工作日）的行为违法；2、责令西城食药局在 30 个工作日内办结并将办结结果书面告知其；3、确认市食药局作出的被诉复议决定违法。

一审诉讼过程中，周某针对西城食药局超期办理涉案案件在法定举证期限内向一审法院提交并当庭出示了如下证据材料：

1. 举报信，证明举报的详细内容；

2. 消费清单，证明周某与本案具有法律上利害关系；

3. 挂号信函收据及查询记录，证明西城食药局收到举报信的时间；

---

〔1〕　参考安徽省凤台县人民法院行政判决书（2015）凤行初字第00006号，载中国裁判文书网。为教学需要案件内容作了必要的改动。

4.4 号批复，证明西城食药局的请示没有必要且违法，其请示主要是拖延履行法定职责，想体现"动一动就行政作为"的假象，该函已经明确对餐饮企业使用"三七""天麻"要依据《食品安全法》第 38 条的规定依法予以查处；

5. 原《卫生部政务公开办公室关于普通食品、保健食品和新资源食品原料有关问题的说明》，该说明中（一、普通食品、新资源食品原料的界定与管理）（二、普通食品、保健食品原料的界定与管理）详细阐述了普通食品、保健食品原料（新资源食品原料）的界定方法、依据和对应的法律依据。证明西城食药局认为"三七"或者"天麻"能否作为食品原料具有较大的争议，没有相应的事实基础和相应的法律依据。"三七""天麻"属于中药材，在普通食品、保健食品、新资源食品中都不可以添加。

一审诉讼过程中，周某针对市食药局作出的被诉复议决定在法定举证期限内向一审法院提交并当庭出示了如下证据材料：

1. 行政复议申请，证明行政复议的详细内容；

2. 挂号信函收据及查询记录，证明市食药局收到周某行政复议申请的时间；

3. 被诉复议决定，证明该行政复议结论错误，应依法撤销。

一审诉讼过程中，西城食药局在法定举证期限内向一审法院提交并当庭出示了如下证据材料：

1. 举报信，证明西城食药局 2016 年 12 月 7 日接到周某举报；

2. 案件来源登记表，证明西城食药局接到举报后按照规定进行了案件登记；

3. 立案审批表，证明西城食药局于 2016 年 12 月 14 日立案调查，履行了内部手续；

4. 现场检查笔录，证明西城食药局接到举报后履行了调查职责，对高山流水月坛店进行了现场检查；

5. 类似"天麻"的植物根茎照片，证明西城食药局进行现场检查发现的情况；

6. 高山流水月坛店营业执照、餐饮服务许可证、授权委托书、法定代表人及受委托人身份证，证明高山流水月坛店的主体资质；

7. 2016 年 12 月 24 日询问调查笔录，证明西城食药局对高山流水月坛店进行了询问调查；

8. 云南省人民政府驻北京办事处《关于云南三七、天麻等传统食材在北京滇菜餐饮业中面临困境的情况及对策建议》，证明云南省驻北京办事处对滇菜在京经营情况以及"天麻"在滇菜中具有传统食用习惯进行说明并提出建议；

9. 食药监办稽函［2017］47 号《食品药品监管总局办公厅关于非药品经营单位销售中药材有关问题的复函》，证明高山流水月坛店认为"天麻"符合该复函的要求；

10. 云食药监函〔2017〕9号《云南省食品药品监督管理局关于协调妥善处理云南在京餐饮企业利用三七、天麻等传统中药材制作药膳面临困境和市场监管相关事宜的函》，证明云南省食品药品监督管理局证明"天麻"在滇菜中具有传统食用习惯；

11. 2017年1月24日询问调查笔录，证明西城食药局对高山流水月坛店进行询问调查；

12. 京西食药监〔2017〕5号《西城食药局关于餐饮服务经营者使用"三七"、"天麻"有关法律适用问题的请示》，证明西城食药局向市食药局进行了请示；

13. （举报延期）审批表，证明西城食药局履行了案件延期审批的内部手续；

14. 告知延期的电话录音光盘及文字整理材料，证明西城食药局向周某履行了告知案件延期办理的手续；

15. 2017年3月25日西城食药局告知周某的短信、微信图片，证明西城食药局告知周某请示未得到回复，案件正在办理中。此外，西城食药局向一审法院提交了《北京市机构编制委员会办公室关于北京市区（县）食品药品监督管理局、区（县）食品药品稽查大队、街道（乡镇）食品药品监督管理所等机构编制事项的函》《食品安全法》《食品药品投诉举报管理办法》《北京市食品药品监督行政处罚程序规定实施细则》《北京市食品药品投诉举报管理办法》等作为其职权依据及法律依据。

一审诉讼过程中，市食药局在法定举证期限内向一审法院提交并当庭出示了如下证据材料：

1. 行政复议申请材料，证明周某行政复议申请内容；

2. 行政复议申请材料邮寄单、邮寄查询单、文件签收登记单，证明市食药局法制机构于2017年4月6日收到周某提交的行政复议申请；

3. 京食药监复受字〔2017〕117号《行政复议受理通知书》及邮寄单、邮寄查询单，证明市食药局于2017年4月10日作出《行政复议受理通知书》并邮寄送达西城食药局；

4. 《行政复议答复书》及邮寄单、邮寄查询单，证明西城食药局于2017年4月21日向市食药局提交《行政复议答复书》及证据、依据；

5. 被诉复议决定邮寄单、邮寄查询单，证明2017年6月1日，市食药局将被诉复议决定分别邮寄周某及西城食药局。此外，市食药局向本院提交了《中华人民共和国行政复议法》《中华人民共和国行政复议法实施条例》《食品药品投诉举报管理办法》《北京市食品药品监督行政处罚程序规定实施细则》等作为其职权依据及法律依据。

高山流水月坛店未向一审法院提交证据材料。[1]

[问题]

请你和你的同学根据案件内容，运用本章所学的知识，模拟此案的举证、质证及审核和认定证据等诉讼活动。

---

　[1]　参考北京市第二中级人民法院行政判决书（2018）京02行终365号，引自中国裁判文书网。为教学需要案件内容作了必要的改动。

模块四　行政诉讼的审理和裁判

第七章

行政诉讼的审理程序

学习目标

　　通过本章的学习，学生应当了解行政审理程序的一般流程，掌握第一审简易程序的适用范围、上诉的条件。能够在熟悉法律条文及分析典型案例的基础上形成对行政审判与依法行政之间内在关联的认识。

　　本章的知识点：人民法院接到起诉状经过审查后，决定立案受理，遂引起一审程序的开始。一审程序是人民法院依照法定管辖权限范围，对案件进行的初次审理。开庭审理的程序主要包括：开庭前准备阶段；出庭情况审查阶段；法庭调查阶段；法庭辩论阶段；合议庭评议阶段；公开宣判阶段；闭庭。

　　二审程序是指上一级人民法院依照法律规定，根据当事人在法定期限内提起的上诉，对下一级人民法院作出的尚未生效的行政判决或者部分裁定进行重新审理的程序。上诉是指当事人不服一审法院作出的未生效的行政裁判，在法定期限内申明不服，提出请求上一级人民法院对行政案件进行第二次审理并撤销或者改变一审裁判的诉讼行为。

　　审判监督程序是指人民法院发现已经发生法律效力的判决、裁定、调解书违反法律法规规定，依法对案件再次进行审理的程序。再审案件的审理程序是：裁定中止原裁判的执行；重新组成合议庭；适用第一审或第二审程序。

　　本章的学习难点是：①对第一审普通程序到审判监督程序的过程形成整体认知；②民事争议与行政争议交叉案件的处理；③第二审程序全面审查原则；等等。

导入案例

　　备受社会关注的全国首例"专车案"——济南市民陈某诉济南市城市公共客运管理服务中心行政处罚一案，定于2015年4月15日上午9：00在济南市市中区人民法院第二审判庭公开开庭审理。为满足公众旁听需求，@济南中院、

@济南市中法院对庭审进行微博图文直播，并在济南市市中区人民法院第一审判庭同步视频直播，齐鲁网将同步直播。为保证良好的庭审和旁听秩序，2015年4月9日起，接受新闻媒体及社会公众旁听预约。[1]

第一节　相关事项的规定

《行政诉讼法》对行政案件审理中涉及的被诉行政行为的执行、财产保全、撤诉、审理程序的延阻等事项作出了规定，以保障行政诉讼活动顺利开展。

一、诉讼期间不停止行政行为的执行

为了保障行政管理的效率，体现行政行为一经成立即具有的推定合法的公定力、不得变动的确定力、约束双方的拘束力和必须实现的执行力，行政行为的法律效力不因行政相对人或者利害关系人申请行政复议或者提起行政诉讼而中止。人民法院应当尊重行政行为的法律效力，原则上只有在作出生效判决后通过事后救济的途径才可以否定行政行为的法律效力，使得行政相对人的权利义务状态能够恢复原状，排除影响。

作为例外，为了在尊重行政主体优越性，保障行政效率和维护公民、法人、其他组织合法权益之间寻求合适的平衡，具备以下情形之一的，人民法院应当裁定停止被诉行政行为的执行：①被告认为需要停止执行的；②原告或者利害关系人申请停止执行，人民法院认为该行政行为的执行会造成难以弥补的损失，并且停止执行不损害国家利益、社会公共利益的；③人民法院认为该行政行为的执行会给国家利益、社会公共利益造成重大损害的；④法律、法规规定停止执行的。

上述规定前三项是《行政诉讼法》作为一般法授权人民法院基于个案的特殊性进行利益衡量后，裁定是否停止被诉行政行为的执行。第四项作为兜底的规定，单行法律、法规在制定的过程中可以充分考虑到有关部门执法的特殊性，自行决定在行政复议、行政诉讼过程中讼争的行政行为是否需要"缓行"[2]。

起诉不停止执行的规定是适用于行政机关有强制执行权，能够自行强制执行其作出的行政行为的情形。例如，根据《中华人民共和国城乡规划法》第68条的规定，城乡规划主管部门作出责令停止建设或者限期拆除的决定后，当事人不停止建设或者逾期不拆除的，建设工程所在地县级以上地方人民政府可以责成有关部门采取查封施工现场、强制拆除等措施。有关部门采取的强制拆除

---

〔1〕　资料来源："全国首例'专车案'15日公审"，载央广网。

〔2〕　例如，依据《治安管理处罚法》第107条，被处罚人不服行政拘留处罚决定，提起行政诉讼的，具备法定条件的情况下，行政拘留的处罚决定暂缓执行。

措施即为自行强制执行的体现。

行政机关没有行政强制执行权或者自身有行政强制执行权的依然向人民法院提出强制执行其作出的行政行为申请的，不适用诉讼期间不停止执行行政行为的原则。在诉讼过程中，被告或者行政行为确定的权利人申请人民法院强制执行被诉行政行为，人民法院不予执行，但不及时执行可能给国家利益、公共利益或者他人合法权益造成不可弥补的损失的，人民法院可以先予执行。行政行为确定的权利人申请强制执行的，应当提供相应的财产担保。

参考案例

案例一：　　　某酒店诉某市规划管理部门行政处罚案[1]

案情介绍：1997 年 2 月，某省城建公司同外商达成一个合资协议，拟建设一个在该省城一流的五星级酒店，后该项目经省城建局、土地局两家批准，很快就完成了酒店的框架建设。工程即将完工时，该省省政府决定把省城建设成为一个世界一流的花园城市，省政府召集有关部门进行讨论，通过了一个城市总体规划建设方案，决定在市中心的 1000 米以内，不允许有超过城市标志性建筑——英雄纪念碑高度的其他建筑存在。而快要竣工的五星级大酒店正处于城市规划方案规定的边缘范围，同时也超过了英雄纪念碑的高度，属于违反城市规划方案的建筑。因此，该市规划部门以该建筑违反城市规划设计方案为由，作出决定：该五星级大酒店在 3 个月内限期整改，不允许超过标志性建筑的高度。过了 3 个月，该酒店没有任何反应。于是，该市规划部门依据相关法律法规作出强制拆除的行政处罚决定。该酒店对行政处罚决定不服，在法定期间内向该市中级人民法院提起行政诉讼，要求撤销该市规划管理部门的行政处罚决定，同时，提出要求暂停执行行政处罚决定。

在行政诉讼的过程中，该市规划管理部门依据行政行为不停止执行原则，向法院提出申请，要求强制执行该行政处罚决定。然而法院没有强制执行该行政处罚决定，相反，人民法院却作出暂停执行决定。

案情分析：针对行政机关具有行政强制执行权的，诉讼期间不停止行政行为的执行为原则，停止行政行为的执行作为例外。此原则体现了我国现行法律框架下行政审判权对行政权"谦抑"的特点。

另一方面，为了避免行政机关自行执行行政行为可能造成难以弥补的损失，例如，行政强制执行违法可能承担国家赔偿责任，损害信赖利益保护原则等，

---

[1]　资料来源："中国人民大学精品课程——行政法与行政诉讼法"。

法院可以裁定停止行政行为的执行，从而"阻却"行政机关自身的行政强制执行权。

二、财产保全与先予执行

（一）财产保全

人民法院对于因一方当事人的行为或者其他原因，可能使行政行为或者人民法院生效裁判不能执行或者难以执行的案件，可以根据对方当事人的申请作出财产保全的裁定；当事人没有提出申请的，人民法院在必要时也可以依法采取财产保全措施。

人民法院采取财产保全措施应当具备以下条件：①可能存在由于当事人主观原因或者客观原因，使行政行为或以后作出的生效判决不能执行或者难以执行的情况；②需要采取财产保全措施的案件，必须具有给付的内容。关于财产保全的内容，现行《行政诉讼法》没有规定的，适用《中华人民共和国民事诉讼法》的相关规定。

参考案例

案例二：　　**湖南省长沙市芙蓉区人民法院行政裁定书**[1]

案情介绍：申请人长沙市交通行政执法局认定被申请人李某雄非法运营，于 2014 年 2 月 27 日向被申请人作出罚款 30 000 元的行政处罚决定，并扣押其非法运营车辆。现扣押期限即将届满，被申请人仍未主动履行处罚决定所确定的义务，申请人认为被申请人可能逃避执行，于 2014 年 4 月 17 日向本院提出财产保全申请，要求查封、扣押被申请人价值 30 000 元的财产。

经审查，本院认为，申请人长沙市交通行政执法局在作出行政处罚决定后，已及时向被申请人催告履行，但被申请人并未主动履行处罚义务。为防止被申请人逃避执行，申请人长沙市交通行政执法局申请财产保全符合法律规定。依照《若干问题解释》第 92 条的规定，裁定如下：

冻结被申请人李某雄存款 30 000 元，或查封、扣押其价值相当的财产。本裁定立即执行。如不服本裁定，可向本院申请复议一次。复议期间，不停止裁定的执行。

案情分析：为了保证行政处罚决定得到执行，法院依据申请人的申请，作出了冻结、查封、扣押的财产保全裁定。冻结、查封、扣押的财产保全裁定与《行政强制法》规定的作为行政强制措施的查封场所、设施或者财物、扣押财

---

〔1〕　资料来源："中国裁判文书网"，根据需要对该裁定书首部、尾部及正文的内容做了适当调整。

物、冻结存款、汇款的功能是相似的。长沙市交通行政执法局依据现行规定可以作出扣押违法营运车辆的行政强制措施，显然该行政强制措施是难以保障行政处罚决定内容的实现的。

行政机关囿于行政强制措施权的局限，进而向人民法院申请财产保全，一方面是对行政行为内容实现的保障，同时也可以看作法院对行政行为是否合法的一次审核，起到控制行政权的作用。

（二）行为保全

行政诉讼中的行为保全措施是指在行政诉讼中为了避免当事人或者利害关系人利益受损或者损害进一步扩大，人民法院依据当事人或者利害关系人的申请，针对相关当事人，要求其做出一定行为或者禁止实施一定行为的强制措施。现行《行政诉讼法》在制定时并没有行为保全内容的规定，在借鉴民事诉讼中行为保全制度的基础上，2017 年 11 月 13 日通过的《最高人民法院关于适用〈中华人民共和国行政诉讼法〉的解释》（法释〔2018〕1 号）明确规定了行为保全措施，从而使得行为保全与财产保全、先予执行的之间的区别更加科学合理。

参考案例

案例三：　　　　　　河南省温县人民法院行政裁定书[1]

案情介绍：申请人温县国土资源局于 2018 年 11 月 19 日向本院申请行为保全，请求对被申请人岳村街道办事处工贸街居委会的违法建筑行为采取行为保全措施，责令被申请人岳村街道办事处工贸街居委会立即停止在工贸街西南街擅自占地建房的行为。

本院经审查认为，被申请人未经批准擅自占地建房，申请人于 2018 年 10 月 12 日向其下达《责令停止违法行为通知书》后，被申请人仍不停止违法行为。依照《中华人民共和国行政诉讼法》第 101 条、参照《中华人民共和国民事诉讼法》第 100 条之规定，裁定如下：

被申请人立即停止占地建房的行为。案件申请费由被申请人承担。本裁定立即开始执行。

案情分析：行为保全的对象是被申请人的行为，通过要求其实施一定的行

---

〔1〕　参考河南省焦作市温县人民法院行政判决书（2018）豫 0825 行保 2 号，引自中国裁判文书网。根据需要该裁定书内容做了必要的调整。

为或者禁止实施一定的行为，从而防范损害结果的现实发生或者损害结果的进一步扩大。因而从行为保全措施的目的观察，作为行政诉讼中的行为保全措施和行政强制制度中的行政强制措施有相同之处。尽管在法律条文的起草过程中行为保全和财产保全的内容被放在同一条文之中叙述，但是行为保全不直接针对财产，并不涉及财产给付的内容，这是其与财产保全措施的区别。行为保全也不直接涉及诉讼标的即讼争行政行为，因而行为保全也不同于先予执行。

本案受理时，2017年《行政诉讼法司法解释》已经施行，而该裁定书仍援引《民事诉讼法》第100条之规定而非援引该司法解释第76条，虽然二者规定内容是一致的，但是这种做法显然是值得商榷的。

（三）先予执行

先予执行又称先行给付，是指人民法院在判决确定之前裁定有给付义务的人预先给付对方部分财物，或者预先为一定行为的诉讼制度。行政诉讼中的先予执行包括对判决的先予执行和对被诉行政行为的先予执行两种。

1. 对判决的先予执行。人民法院对起诉行政机关没有依法支付抚恤金、最低生活保障金和工伤、医疗社会保险金的案件，权利义务关系明确、不先予执行将严重影响原告生活的，可以根据原告的申请，裁定先予执行。当事人对先予执行裁定不服的，可以申请复议一次。复议期间不停止裁定的执行。

2. 对被诉行政行为的先予执行。是指在诉讼过程中，为了避免可能给国家利益、公共利益或者他人合法权益造成不可弥补的损失，根据被告或者被诉行政行为确定的权利人的申请，人民法院在对被诉行政行为的合法性作出结论之前对被诉行政行为强制执行的行为。一般情况下，被告或被诉行政行为确定的权利人在诉讼期间申请人民法院强制执行被诉行政行为的，人民法院不予执行。但满足下列条件时，人民法院可以裁定先予执行：①必须以申请为前提，申请的主体不仅包括被告，也包括被诉行政行为确定的权利人；②人民法院如不及时执行被诉行政行为，将可能给国家利益、公共利益或他人利益造成不可弥补的损失；③在人民法院先予执行前，行政行为确定的权利人应提供相应的财产担保。

三、撤诉和缺席判决

（一）撤诉

1. 撤诉的概念。行政诉讼中的撤诉，是指原告、上诉人在人民法院宣告判决或者裁定前，按照法律规定的程序明示或者以其行为推定撤销已经成立的起诉行为，不再要求法院对案件继续进行审理，法院经审查后同意的行为。

在行政诉讼中，撤诉并不纯粹是原告或上诉人单方面的诉讼行为，而是原告或上诉人申请撤诉和人民法院准予撤诉的两种行为共同构成的诉讼活动。原告或上诉人行使请求权，需经人民法院决定准许撤诉，撤诉才能最终实现。如果人民法院不准许撤诉，案件即不能终结，诉讼程序必须继续进行。即使在视为申请撤诉的情况下，法院仍要裁定是否准许。之所以要经过法院准许，主要的原因在于防止撤诉可能带来的消极后果。

2. 撤诉的类型。

（1）根据撤诉所处的不同审级，撤诉可分为撤回起诉和撤回上诉两类，撤回起诉的主体为原告，撤回上诉的主体为上诉人。

（2）根据撤诉是否由当事人以明示的方式提出，可以将撤诉分为申请撤诉和视为申请撤诉（按撤诉处理）两种类型。申请撤诉是指原告或者上诉人在人民法院对行政案件宣告判决或者裁定前的诉讼期间内，主动向受诉人民法院提出撤诉申请，不再要求法院对案件继续审理，是当事人对诉讼权利的积极处分。

人民法院准许原告或上诉人自愿申请撤诉的条件主要包括：①申请撤诉的是原告或上诉人，提出撤诉是他们的专属权利，被告或第三人均不得提出撤诉请求；②申请撤诉必须是自愿的，是当事人自己真实的意思表示；③申请撤诉不得规避法律，不得损害国家、社会公共利益和他人合法权益；④第三人无异议的。人民法院应当对撤诉申请进行审查，如果符合法定条件，裁定准予撤诉，从而终结诉讼；如果不符合法定条件，裁定驳回申请，案件继续审理。

视为申请撤诉的情形包括：①原告或者上诉人经合法传唤，无正当理由拒不到庭或者未经法庭许可中途退庭的，可以按撤诉处理。②原告或者上诉人未按规定的期限预交案件受理费，又不提出缓交、减交、免交申请，或者提出申请未获批准的，按自动撤诉处理。

3. 撤诉的法律效果。

（1）在行政诉讼中，人民法院裁定准许原告撤诉后，原告以同一事实和理由重新起诉的，人民法院不予立案。

（2）在行政诉讼中，经法院裁定准许撤诉后，原告以不同事实或理由重新起诉或重新起诉有正当理由的，人民法院应当受理。

（3）如果准予撤诉的裁定确有错误，原告申请再审的，人民法院应当通过审判监督程序撤销原准予撤诉的裁定，重新对案件进行审理。

（4）如果原告或者上诉人是因为未按规定预交案件受理费而按撤诉处理的，原告或者上诉人在法定期限内再次起诉或者上诉，并依法解决诉讼费用预交问题的，人民法院应予受理。

（二）缺席判决

缺席判决是指法院开庭审理时，在当事人缺席的情况下，经过审理作出的判决。缺席判决在行政诉讼中适用于以下情况：①原告或者上诉人申请撤诉，人民法院裁定不予准许的；②原告或者上诉人经合法传唤无正当理由拒不到庭，或者未经法庭许可而中途退庭的；③被告无正当理由拒不到庭，或者未经法庭许可中途退庭的；④第三人经合法传唤无正当理由拒不到庭，或者未经法庭许可中途退庭的。

四、调解

（一）审理行政案件一般不适用调解

与民事诉讼不同，人民法院审理行政案件，除了《行政诉讼法》第60条规定的特殊情形外，不得采用调解方式，也不得以调解方式结案，只能依法作出裁判。

人民法院审理行政案件一般不适用调解的理论依据在于：

第一，行政诉讼的任务是审查行政行为的合法性，合法性的判断有明确的事实标准和法律依据，不存在争议双方当事人相互协商的余地。因此，行政行为要么合法，要么违法，在合法与违法之间不存在"可以视作合法亦可以视作违法"这种两可的局面，也就不存在法院调解的施展空间。

第二，调解的前提是双方当事人必须对其诉讼权利和实体权利具有处分权，即当事人可以放弃自身的诉讼权利和实体权利。被告行政机关行使的是特定的行政职权，这些职权同时也是其法定职责，在职权行使的条件、程序、幅度、权限、形式等方面均不同程度地受到法律法规的约束，不得随意处分。因而，在行政诉讼中也就没有调解适用的前提和可能。

第三，受"控权论"思潮影响，学界更多看到行政机关与相对人、行政权力与公民权利之间存在的对立性，认为行政权力的存在与公民权利的行使存在内在的、不可消除的紧张关系。行政权力与公民权利具有的不可调和性，二者的对抗没有妥协的可能，当行政争议发生时，行政机关与相对人只有在法庭上进行一番激烈的交锋，以求得权力和权利的平衡。[1]

（二）行政审判中调解的适用

1. 调解的适用条件。为了更好地解决纠纷，特别是群体性行政争议，有效化解社会矛盾，同时也是对现实中隐形调解做法的认同，现行《行政诉讼法》对调解从原来只适用于行政赔偿诉讼作了扩大化的规定。《行政诉讼法》第60条第1款明确规定行政赔偿、补偿以及行政机关行使法律、法规规定的自由裁量权的案件可以调解。调解应当遵循自愿、合法原则，不得损害国家利益、社会公共利益和他人合法权益。

---

〔1〕 资料来源："调解与行政诉讼制度创新"，载法律教育网，http：//www.chinalawedu.com/news/21601/21712/148/2003/11/he151133734171113002137247_ 94497.htm，最后访问时间：2015年6月2日。

2. 调解的方式。人民法院在审理法定范围内的行政案件，认为法律关系明确、事实清楚，在征得双方当事人同意后可以进行调解。人民法院审理行政案件，调解过程不公开，但当事人同意公开的除外。经人民法院准许，第三人可以参加调解。人民法院认为有必要的，可以通知第三人参加调解。

3. 调解的结案。调解达成协议，人民法院应当制作调解书。调解书应当写明诉讼请求、案件事实和调解结果。当事人一方或者双方不愿调解、调解未达成协议的，人民法院应当及时判决。

五、行政争议与民事争议关联案件的处理

参考案例

案例四：　　　　　**林西县电信局诉林西县房地产管理所
颁发房屋权属证书案**[1]

林西县电信局于 2001 年 11 月 28 日向林西县人民法院提起行政诉讼，要求撤销林西县房地产管理所为林西县邮政局颁发的房屋所有权证。林西县人民法院于 2001 年 12 月 25 日作出一审判决：撤销林西县房地产管理所为林西县邮政局颁发的房屋所有权证书。林西县房地产管理所不服该行政判决，向赤峰市中级人民法院提起上诉。在二审审理期间，林西县电信局又向林西县人民法院提起民事诉讼，要求对争议的房屋进行确权，林西县人民法院于 2002 年 2 月 28 日作出民事判决，认定双方讼争之房屋属于林西县电信局所有。林西县邮政局不服该民事判决，上诉至赤峰市中级人民法院。

赤峰市中级人民法院行政审判庭以"本案的审理需要相关的民事审理结果为依据"为由，于 2002 年 4 月 11 日裁定中止审理该行政案件。赤峰市中级人民法院民事审判第三庭以"本案的审理需要相关的行政审理结果为依据"为由，于 2002 年 8 月 2 日裁定中止审理该民事案件。后赤峰市中级人民法院行政审判庭恢复了行政诉讼，作出了行政判决，民事审判庭又依据行政判决作出了民事判决。

（一）行政争议与民事争议关联案件的概念

民事争议是平等主体之间发生的民事权益纠纷，受民事法律规范调整；行政争议是行政机关与相对人之间的争议，受行政法律规范调整。所谓行政争议

---

[1]　中华人民共和国最高人民法院行政审判庭编：《行政执法与行政审判》（总第 14 集），法律出版社 2005 年版，第 132 页。

与民事争议关联案件，是指行政争议与民事争议因在法律事实上相互联系，在处理上存在因果关系或者互为前提、相互影响的案件。该类案件多涉及土地、山林、房屋、规划、道路交通等领域，涉及责任认定、行政许可、行政裁决与权属确认等行政行为。[1]

（二）行政争议与民事争议关联案件的处理方案

对于行政争议与民事争议关联案件的处理，现行《行政诉讼法》规定了两种处理方案：

1. 行政附带民事诉讼。在涉及行政许可、登记、征收、征用和行政机关对民事争议所作的裁决的行政诉讼中，当事人申请一并解决相关民事争议的，人民法院可以一并审理。有下列情形之一的民事争议，人民法院应当作出不予准许一并审理民事争议的决定，并告知当事人可以依法通过其他渠道主张权利：①法律规定应当由行政机关先行处理的；②违反《民事诉讼法》专属管辖规定或者协议管辖约定的；③约定仲裁或者已经提起民事诉讼的；④其他不宜一并审理的民事争议。

人民法院一并审理民事争议的，除了行政机关对民事争议所作裁决的案件外，民事争议应当单独立案，由同一审判组织审理。行政诉讼原告在宣判前申请撤诉的，是否准许由人民法院裁定。人民法院裁定准许行政诉讼原告撤诉，但其对已经提起的一并审理相关民事争议不撤诉的，人民法院应当对民事争议部分继续审理。审理结束时，人民法院对行政争议和民事争议应当分别裁判。

2. 先行政后民事和先民事后行政。当民事和行政案件出现交叉的情况时，如果民事争议的解决须依赖于行政争议的解决，则行政诉讼应当作为前提，中止民事诉讼，待行政诉讼裁判作出之后，民事诉讼再恢复进行，而且须以此行政裁判作为审理的依据。[2]

反之，在行政诉讼过程中发现有民事争议的，并且民事争议为解决行政争议的基础，当事人没有请求人民法院一并审理相关民事争议的，人民法院应当告知当事人依法申请一并解决民事争议。当事人就民事争议另行提起民事诉讼并已立案的，人民法院应当中止行政诉讼的审理。待民事生效判决作出之后，行政诉讼再恢复进行。民事争议的处理期间不计算在行政诉讼的审理期限内。

例如，建设部门批准甲建房，相邻人乙认为甲建房影响其通风、采光，向法院提起行政诉讼，要求撤销建设部门对甲的建房许可。办案法官认为，是否

---

〔1〕　朱璐："浅析民事行政交叉案件的审理与解决"，载光明网，http：//court.gmw.cn/html/article/201208/13/99664.shtml，最后访问时间：2015年6月2日。

〔2〕　参见2017年《民事诉讼法》第150条第5项规定，本案必须以另一案的审理结果为依据，而另一案尚未审结的中止诉讼。

影响通风、采光，是《民法通则》等规定的相邻关系的范畴，应由民事诉讼首先解决这一根本问题，进而考虑建设部门的许可行为是否合法有效，因此中止行政案件的审理，告知乙另行提起民事诉讼。[1]

六、审理程序的延阻

（一）诉讼中止

诉讼中止是指在行政诉讼过程中，由于出现需要中断诉讼进行的情形，致使诉讼无法继续而暂时停止，待引起诉讼中止的原因消除后，诉讼再继续进行的法律制度。

在诉讼过程中，有下列情形之一的，法院应当裁定中止诉讼：①原告死亡，须等待其近亲属表明是否参加诉讼的；②原告丧失诉讼行为能力，尚未确定法定代理人的；③作为一方当事人的行政机关、法人或者其他组织终止，尚未确定权利义务承受人的；④一方当事人因不可抗力的事由不能参加诉讼的；⑤案件涉及法律适用问题，需要送请有权机关作出解释或者确认的；⑥案件的审判须以相关民事、刑事或者其他行政案件的审理结果为依据，而相关案件尚未审结的；⑦其他应当中止诉讼的情形。中止诉讼的原因消除后，恢复诉讼。

（二）诉讼终结

诉讼终结是指行政诉讼开始后，由于发生了法律规定的特定事由，使诉讼不可能进行或没有必要继续进行，人民法院决定结束行政案件审理的制度。

行政诉讼过程中，有下列情形之一的，终结诉讼：①原告死亡，没有近亲属或者近亲属放弃诉讼权利的；②作为原告的法人或者其他组织终止后，其权利义务的承受人放弃诉讼权利的；③因原告死亡，须等待其近亲属表明是否参加诉讼的；④原告丧失诉讼行为能力，尚未确定法定代理人的；⑤作为一方当事人的行政机关、法人或者其他组织终止，尚未确定权利义务承受人的。后三种原因中止诉讼满 90 日仍无人继续诉讼的，裁定终结诉讼，但有特殊情况的除外。

（三）延期开庭审理

延期开庭审理是指在行政诉讼过程中，人民法院已经确定开庭日期后，或者在开庭审理过程中，由于出现法律规定的事由，使开庭审理不能如期进行，或者已经开始的庭审无法继续进行，从而决定顺延日期审理的诉讼制度。与诉讼中止不同，顺延的期间仍然计算在审理期限以内。

延期开庭审理适用的情形包括：①应当到庭的当事人和其他诉讼参与人有

---

〔1〕　朱璐：“浅析民事行政交叉案件的审理与解决”，载光明网，http：//court. gmw. cn/html/article/201208/13/99664. shtml，最后访问时间：2015 年 6 月 2 日。

正当理由没有到庭的；②当事人临时提出回避申请且无法及时作出决定的；③需要通知新的证人到庭，调取新的证据，重新鉴定、勘验，或者需要补充调查的；④其他应当延期的情形。

第二节　行政诉讼的第一审普通程序

行政诉讼的第一审程序，是指人民法院自立案至作出第一审判决、裁定的诉讼程序。由于我国行政审判贯彻执行两审终审的审级制度，因此，第一审程序是所有行政案件必经的基本程序，是行政审判的基础程序。鉴于行政案件的审理难度和社会影响，1989 年制定的《行政诉讼法》排斥了简易程序在一审过程中的运用，现行《行政诉讼法》基于繁简分流的考虑在第一审普通程序的基础上增加规定了第一审简易程序作为有益的补充。行政诉讼的第一审普通程序包括以下内容：

一、审理前的准备

审理前的准备，是指人民法院在作出立案决定后至开庭审理前，为保证庭审工作的顺利进行，由审判人员依法进行的一系列准备工作的总称。它是行政案件审理必经的阶段，对保证庭审质量，提高庭审效率具有重要意义。审理前的准备主要包括下列工作内容：

（一）组成合议庭

人民法院按照普通程序审理第一审行政案件，可全部由审判员或由审判员、陪审员组成合议庭。合议庭的成员，应当是三人以上的单数。

（二）交换起诉状及答辩状

交换起诉状及答辩状主要是向被告和原告送达有关诉讼文书。人民法院应在立案之日起 5 日内，将起诉状副本和应诉通知书发送被告，通知被告应诉。被告应当在收到起诉状副本之日起 15 日内向人民法院提交答辩状，并提供作出行政行为的证据和所依据的规范性文件。人民法院应当在收到答辩状之日起 5 日内，将答辩状副本发送原告。提交答辩状是被告的一项权利，被告不提交答辩状的，不影响人民法院的审理。但被告在法定期限内，不提供或者没有正当理由逾期提供作出行政行为的证据和依据的，应当认定该行政行为没有证据和依据，可能承担败诉的风险。

（三）处理管辖异议

人民法院受理事件后，被告提出管辖异议的，应当在收到起诉状副本之日起 15 日内提出。对当事人提出的管辖异议，人民法院应当进行审查，异议成立的，裁定将案件移送有管辖权的人民法院；异议不成立的，裁定驳回。人民法院对管辖权异议审查后确定有管辖权的，不因当事人增加或者变更诉讼请求等改变管辖，但违反级别管辖、专属管辖规定的除外。

（四）请求一并审查规范性文件

公民、法人或者其他组织认为行政行为所依据的国务院部门和地方人民政府及其部门制定的规范性文件不合法，应当在第一审开庭审理前向人民法院提出一并审查的请求。有正当理由的，也可以在法庭调查中提出。

（五）审查诉讼文书和调查收集证据

1. 审查诉讼文书。这是审理前准备的中心内容。通过对原、被告提供的起诉状、答辩状和各种证据的审查，人民法院可以全面了解案情，熟悉原告的诉讼请求和理由、被告的答辩理由及案件的争议点。

2. 调查收集证据。人民法院向当事人送达受理案件通知书或者应诉通知书时，应当告知其举证范围、举证期限和逾期提供证据的法律后果，并告知因正当事由不能按期提供证据时应当提出延期提供证据的申请。人民法院如果发现当事人双方材料或证据不全，应当通知当事人补充。对当事人不能收集的材料和证据，人民法院可以根据需要主动或者依据当事人的申请调查收集证据。对于案情比较复杂或者证据数量较多的案件，人民法院可以组织当事人向对方出示或者交换证据，并将交换证据的情况记录在卷。

（六）审查其他内容

在了解案情的基础上，人民法院还要根据具体情况审查和决定下列事项：①确认原告、被告、第三人的资格，发现不具备当事人资格的，应当更换或者追加新的当事人；②决定或通知第三人参加诉讼；③审查决定是否需要并案审理或者分别审理；④确定审理的形式，是否存在不公开审理的情形；⑤准备审理本案所需依据的法律法规等。

二、庭审程序

（一）庭审方式

庭审是受诉人民法院在当事人及其他诉讼参与人的参加下，依照法定程序，在法庭上对行政案件进行审理的诉讼活动。庭审的主要任务是，通过法庭调查和法庭辩论，审查核实证据，认定案件事实；正确适用法律法规，判断涉案规章及规范性文件的可采性；确认当事人之间的权利义务关系。庭审是行政诉讼第一审程序中最基本、最重要的诉讼阶段，是保证人民法院完成审判任务的中心环节。

根据《行政诉讼法》的规定，行政诉讼第一审普通程序必须开庭审理。开庭审理应当遵循以下原则：

1. 必须采取言词审理的方式。言词审理与书面审理相对而言，是指在开庭审理的整个过程中，人民法院的所有职权行为和当事人以及其他诉讼参与人的一切诉讼行为，必须以言词方式进行。此种"对抗式"的审理方式有利于当事人充分行使辩论权和其他诉讼权利，便于人民法院客观认定案件事实、准确适用法律法规。

为了更好地体现诉讼过程中原告与被告之间的"平等对抗"，促进行政执法过程中政府公信力的进一步提升，2017年修改后的《行政诉讼法》增加规定，被诉行政机关负责人应当出庭应诉。不能出庭的，应当委托行政机关相应的工作人员出庭。

延伸阅读

行政机关负责人出庭应诉案件可以追溯到1989年《行政诉讼法》颁布施行之前。1988年8月25日，61岁的苍南县肥艚镇农民包某照，因为自家房子被强拆，一纸诉状将县政府推上被告席。时任苍南县县长的黄某余几经考虑，最终决定亲自出庭。尽管原告方的诉求没有获得法院的支持，但是原告方能够通过法律途径与被告方负责人对簿公堂，据理力争，这一事件对我国《行政诉讼法》的制定以及责任政府观念的形成的意义是不言而喻的。[1]

2. 以公开审理为原则，以不公开审理为例外。按照审判公开以及程序公正的要求，人民法院审理行政案件，除涉及国家秘密、个人隐私和法律另有规定外，一律公开进行。涉及商业秘密的案件，当事人申请不公开审理的，也可以不公开审理。公开审理的案件，允许公民旁听、允许记者采访报道。

（二）庭审程序

人民法院开庭审理必须依据法定程序进行。一般的庭审程序分为六个阶段：

1. 开庭准备。人民法院应在开庭3日前传唤当事人、通知诉讼参与人按时出庭参加诉讼。对公开审理的案件，应当张贴公告，载明开庭时间、地点、案由等事项。

2. 开庭审理。开庭审理时，审判长要核对当事人、第三人、诉讼代理人身份，宣布合议庭组成人员，告知当事人的诉讼权利和义务，询问当事人是否申请回避等事宜。

3. 法庭调查。法庭调查是庭审的重要阶段，主要任务是通过当事人陈述和证人作证，出示书证、物证、视听资料和电子数据，宣读现场笔录、鉴定意见和勘验笔录，审查核实证据，正确认定案件事实，为法庭辩论奠定基础。法庭

---

〔1〕 资料来源：载中国网，http：//www.china.com.cn/news/txt/2009-04/07/content_17561615.html，最后访问时间：2015年6月16日。

调查阶段的工作主要包括以下环节：①听取当事人的陈述和询问当事人；②通知证人到庭作证，告知证人的权利义务，询问证人，宣读未到庭证人的证人证言；③通知鉴定人到庭，告知其权利义务，询问鉴定人，宣读鉴定意见；④出示书证、物证、现场笔录、视听资料和电子数据；⑤通知勘验人到庭，告知其权利义务，宣读勘验笔录。

合议庭认为案件事实已经查明，双方当事人无争议的，审判长即可宣布法庭调查结束，进入法庭辩论阶段。

4. 法庭辩论。法庭辩论是指在合议庭主持下，各方当事人就本案证据、事实认定及被诉行政行为的法律适用问题，阐明己方的观点，反驳对方的主张，进行言词辩论的诉讼活动。法庭辩论的一般顺序是：①原告及其诉讼代理人发言；②被告及其诉讼代理人答辩；③第三人及其诉讼代理人发言或答辩；④互相辩论。

在法庭辩论中，审判人员始终处于指挥者和组织者的地位，应引导当事人围绕争议焦点进行辩论；同时，审判人员应为各方当事人及其诉讼代理人提供平等的辩论机会，保障其充分行使辩论权。

5. 合议庭评议。法庭辩论结束后，合议庭休庭，由合议庭成员对案件进行评议。评议不对外公开，意见不一致的，采取少数服从多数原则。评议应当制定笔录，评议中的不同意见必须如实记入笔录，评议笔录由合议庭全体成员及书记员签名。

6. 宣读判决。合议庭评议后，审判长应当宣布继续开庭。行政案件无论是否公开审理，一律公开宣读判决。当庭宣判的，应当在 10 日内发送判决书；如果不能当庭宣判，审判长应宣布另行择定日期宣判。定期宣判的，宣判后立即发给判决书。宣告判决时，必须告知当事人上诉权利、上诉期限和上诉的人民法院。

（三）审理期限

人民法院按照第一审普通程序审理行政案件，应当在立案之日起 6 个月内作出第一审判决。鉴定、处理管辖权异议和中止诉讼的期间不计算在内。有特殊情况需要延长的，由高级人民法院批准，高级人民法院审理第一审行政案件需要延长的，由最高人民法院批准。基层人民法院申请延长审理期限，应当直接报请高级人民法院批准，同时报中级人民法院备案。

三、对妨碍行政诉讼行为的排除

对妨碍行政诉讼行为的排除，是指人民法院在行政诉讼过程中，为了保障行政诉讼的顺利进行以及判决的实现，对实施妨碍行政诉讼行为的人采取的制裁措施。根据《行政诉讼法》的规定，人民法院必须针对法定的妨碍行政诉讼的行为，依法采取必要的强制措施。

（一）妨碍行政诉讼的行为

妨碍行政诉讼的行为，是指诉讼参加人和其他人在行政诉讼过程中，故意干扰、破坏诉讼秩序，妨碍诉讼活动正常进行的行为。根据《行政诉讼法》的规定，妨碍行政诉讼的行为主要有：①有义务协助调查、执行的人，对人民法院的协助调查决定、协助执行通知书，无故推托、拒绝或者妨碍调查、执行的；②伪造、隐藏、毁灭证据或者提供虚假证明材料，妨碍人民法院审理案件的；③指使、贿买、胁迫他人作伪证或者威胁、阻止证人作证的；④隐藏、转移、变卖、毁损已被查封、扣押、冻结的财产的；⑤以欺骗、胁迫等非法手段使原告撤诉的；⑥以暴力、威胁或者其他方法阻碍人民法院工作人员执行职务，或者以哄闹、冲击法庭等方法扰乱人民法院工作秩序的；⑦对人民法院审判人员或者其他工作人员、诉讼参与人、协助调查和执行的人员恐吓、侮辱、诽谤、诬陷、殴打、围攻或者打击报复的。

（二）排除妨碍行政诉讼行为的强制措施

诉讼参与人或者其他人存在上述妨碍行政诉讼行为的，人民法院可以根据情节轻重，予以训诫、责令具结悔过或者处以1万元以下的罚款、15日以下拘留；构成犯罪的，依法追究刑事责任。人民法院对有上述妨碍行政诉讼行为之一的单位，可以对其主要负责人或者直接责任人员依照上述规定予以罚款、拘留；构成犯罪的，依法追究刑事责任。

训诫，是人民法院对妨碍行政诉讼行为情节较轻者，予以批评、教育并警告其不得再犯的措施，属较轻的惩戒措施。责令具结悔过，是人民法院对有妨碍行政诉讼行为的人，责令其承认错误，写出悔过书，保证不再重犯的措施，也属较轻的惩戒措施。罚款，是人民法院对有妨碍行政诉讼行为的人，强制其缴纳一定数额款项的惩戒措施，罚款金额为1万元以下。拘留，是人民法院对有妨碍行政诉讼行为的人，短期限制其人身自由的一种惩戒措施，也是最严厉的惩戒措施，拘留期限为15日以下。

按照《行政诉讼法》的规定，罚款、拘留决定须经人民法院院长批准。当事人对决定不服的，可以向上一级人民法院申请复议一次。复议期间不停止决定的执行。

四、规范性文件的一并审查

（一）规范性文件一并审查的意义

规范性文件是除部门规章和地方政府规章外，由国务院部门和地方人民政府及其部门依照法定权限、程序制定发布，涉及行政相对人权利义务，具有普遍约束力，在一定期限内反复适用的公文。长期以来，规范性文件的制定和实施是各级行政机关履职尽责过程中常态化的工作。如何使这些与行政相对人日常生活息息相关的规范性文件科学规范，避免"乱发文"现象及"奇葩文件"的存在，现行《行政诉讼法》设计的规范性文件一并审查制度可以视为一种有效的做法。

（二）规范性文件一并审查的标准和方式

人民法院对规范性文件进行一并审查时，主要从规范性文件制定机关是否超越权限或者违反法定程序、作出行政行为所依据的条款等方面进行，审查的标准是规范性文件是否合法。具有下列情形之一的，规范性文件视为不合法：①超越制定机关的法定职权或者超越法律、法规、规章的授权范围的；②与法律、法规、规章等上位法的规定相抵触的；③没有上位法依据，违法增加公民、法人和其他组织义务或者减损其合法权益的；④未履行法定批准程序、公开发布程序，严重违反制定程序的；⑤其他违反法律、法规以及规章规定的情形。

人民法院在审查过程中，认为规范性文件可能不合法的，应当听取规范性文件制定机关的意见。

（三）规范性文件一并审查后的处理

人民法院经审查认为行政行为所依据的规范性文件合法的，应当作为认定行政行为合法的依据。经审查认为规范性文件不合法的，不作为认定行政行为合法的依据，并在裁判理由中予以阐明。作出生效裁判的人民法院应当向规范性文件的制定机关提出处理建议，并可以抄送制定机关的同级人民政府、上一级行政机关、监察机关以及规范性文件的备案机关。

人民法院认为规范性文件不合法的，应当在裁判生效后报送上一级人民法院备案。涉及国务院部门、省级行政机关制定的规范性文件，司法建议须分别报最高人民法院、高级人民法院备案。

五、案件的移送和司法建议

（一）案件的移送

案件的移送，是指人民法院在审理行政案件中，认为行政机关的主管人员、直接责任人员违法违纪的，应当将有关材料移送监察机关、该行政机关或者其上一级行政机关；认为有犯罪行为的，应当将有关材料移送公安、检察机关。接受移送的有关机关，应依法履行追查职责。如案件移送影响本案审理的，人民法院应裁定中止诉讼。

（二）司法建议

人民法院对被告经传票传唤无正当理由拒不到庭，或者未经法庭许可中途退庭的，可以将被告拒不到庭或者中途退庭的情况予以公告，并可以向监察机关或者被告的上一级行政机关提出依法给予其主要负责人或者直接责任人员处分的司法建议。

行政机关拒绝履行判决、裁定、调解书的，第一审人民法院可以向监察机关或者该行政机关的上一级行政机关提出司法建议。接受司法建议的机关，根据有关规定进行处理，并将处理情况告知人民法院。因此，在行政诉讼中，司法建议是保证行政裁判执行的手段之一。

第三节　行政诉讼的第一审简易程序

参考案例

案例五：　　　中国行政诉讼简易程序第一案落槌[1]

随着法官的一声法槌，2011 年 4 月 28 日在北京市海淀区人民法院第 17 法庭，一次普通行政案件的庭审拉开序幕。与以往不同的是，当天主持庭审的只有一位法官，这也是全国正式启动行政诉讼简易程序试点工作以来公开开庭审理的第一案。2010 年 11 月 17 日最高人民法院发布了《最高人民法院关于开展行政诉讼简易程序试点工作的通知》，随后在全国范围内开展行政诉讼简易程序试点工作，海淀区人民法院被确定为北京市 4 家试点法院之一，行政诉讼简易程序第一案的落槌宣判，标志着行政诉讼简易程序试点工作已经开始付诸实践。

一、设立行政诉讼第一审简易程序的必要性和可行性

1989 年颁布施行的《行政诉讼法》没有规定行政诉讼的第一审简易程序。2014 年修订后的《行政诉讼法》增设了行政诉讼的第一审简易程序。

（一）设立的必要性

1989 年制定的《行政诉讼法》刻意舍弃了简易程序的内容，明确规定行政案件不论繁简难易一律组成合议庭并适用普通程序进行审理。不同于民事诉讼，创立之初的行政诉讼制度这种对简易程序采取排斥态度的立法安排有其特定的社会历史背景，具体而言：①行政诉讼这种对监控行政权行使的诉讼活动与传统的法律文化格格不入；②广大行政机关的工作人员对这种以政府为被告的诉讼制度缺乏理解、难以认同；③行政诉讼制度缺乏历史传承，无经验可以依赖，无先例可资借鉴；等等。

然而，基于行政诉讼制度的内在规律，为了"保证人民法院公正、及时审

---

〔1〕　资料来源：李京华："中国行政诉讼简易程序第一案落槌"，载中国法院网，http://old.chinacourt.org/html/article/201104/29/449651.shtml，最后访问时间：2015 年 7 月 30 日。

理行政案件"，一方面需要通过解决行政争议，保护公民、法人、其他组织合法权益，达到定纷止争，实现程序公正与实体公正的立法目的。另一方面，"迟到的正义为非正义"，行政相对人的诉求与需要承受的诉讼成本之间应当比例相当，量入为出；法院有限的司法资源也应当根据诉讼标的、案件复杂程度、社会影响合理投入、优化配置。有鉴于此，对案件进行繁简分流，使行政纠纷根据个案的差异各行其道，已经成为行政诉讼制度改革创新的内在需求。

（二）设立的可行性

当前，在诉讼公正与诉讼效率两种价值取向之间寻找适当的平衡，探索适用简易程序审理行政案件，构建多元化解决行政纠纷的救济途径已然成为近年来审判实践的迫切需要。对照民事诉讼制度的简易程序，第一审行政案件简易程序构建的可行性在于以下两个方面：

第一，行政诉讼第一审简易程序是对行政执法过程中简易程序的回应。作为行政法律规范的适用者，行政机关在执法过程中也早就有所区分地按照简易程序和一般程序作出相应的行政处理决定。例如《行政处罚法》第 33 条规定，违法事实确凿并有法定依据，对公民处以 50 元以下、对法人或者其他组织处以 1000 元以下罚款或者警告的行政处罚的，可以当场作出行政处罚决定；《行政许可法》第 34 条第 2 款也规定，申请人提交的申请材料齐全、符合法定形式，行政机关能够当场作出决定的，应当当场作出书面的行政许可决定。对于同样是行政法律规范适用者的法院来说，这一有益经验是值得参考借鉴的。[1]

第二，个案的差异和审判经验的积累使简易程序的运用符合行政诉讼制度发展改革的内在规律。经历多年审判实践的积淀，得益于法院裁判文书上网公开、行政审判指导案例的编纂，一些常规的行政案件如治安管理处罚、户籍管理等行政案件的审理，已经有了较为成熟的类型化做法，审查内容、审查程序具备了实行简化审理的条件。通过简易程序的运用，既方便法院审理，也给当事人参与诉讼尽可能地减少了诉讼成本。[2]

二、行政诉讼第一审简易程序的适用

（一）适用范围

适用简易程序审理行政案件的范围问题，也是确立行政诉讼简易程序的适用标准问题。参照民事诉讼简易程序的适用，多以案件涉及的争议金额是否较大、涉及的法律关系是否复杂等作为行政诉讼简易程序的标准，即适用简易程

---

〔1〕　章志远、朱志杰："我国行政诉讼中的简易程序制度研究"，载《江苏行政学院学报》2012 年第 5 期。

〔2〕　吴偕林："行政诉讼简便程序研究"，载《行政执法与行政审判》（总第 13 集），法律出版社 2005 年版，第 60 页。

序审理的案件，一般应当是案件性质轻微、情节简单、争议不大、影响面较小的案件。

《行政诉讼法》对简易程序适用范围问题采取了列举、概括加排除的立法规定，即人民法院审理第一审行政案件时认为事实清楚、权利义务关系明确、争议不大的，可以适用简易程序，具体的类型包括：①被诉行政行为是依法当场作出的；②案件涉及款额 2000 元以下的；③属于政府信息公开案件的。除此之外，人民法院审理第一审行政案件，当事人各方同意适用简易程序的，也可以适用简易程序。

在对简易程序适用范围作了列举加概括的规定之后，《行政诉讼法》又作了排除性的规定，即发回重审、按照审判监督程序再审的案件不得适用简易程序。除此之外，对以下行政案件，一般也不宜适用简易程序进行审理：①新类型行政案件；②群体性行政案件；③矛盾容易激化的行政案件；④社会影响较大的行政案件；⑤涉外及涉港、澳、台、侨案件；⑥市、区、县人民政府为被告的行政案件；⑦证据较多或者法律适用争议较大的行政案件；等等[1]。

（二）审理规则

相比较普通程序，审理规则的简化主要体现在：

第一，开庭前准备阶段应予简化，人民法院可以采取电话、传真、电子邮件、委托他人转达等简便方式传唤当事人和通知证人到庭。

第二，适用简易程序审理的案件，一般应当一次开庭并当庭宣判。法庭调查和辩论可以围绕主要争议问题进行，庭审环节可以适当简化或者合并。适用简易程序审理的行政案件，一般由审判员一人独任审理，可采取捎口信、发短信、传真等方式送达，可简化或省略开庭例行程序，简化或省略当事人宣读起诉状、上诉状，还可简化法庭调查、当事人举证、质证、辩论等程序。[2]

第三，在审理期限上，应当在立案之日起 45 日内审结。

第四，人民法院在审理过程中，发现案件不宜适用简易程序的，裁定转为普通程序。

---

〔1〕 吴偕林："行政诉讼简便程序研究"，载《行政执法与行政审判》（总第 13 集），法律出版社 2005 年版，第 60 页。

〔2〕 沈福俊："行政诉讼简易程序构建的法治化路径——《最高人民法院关于开展行政诉讼简易程序试点工作的通知》评析"，载《法学》2011 年第 4 期。

第四节　行政诉讼的第二审程序

一、第二审程序的概念和意义

（一）第二审程序的概念

我国行政诉讼实行两审终审制度，除最高人民法院作出的一审判决、裁定外，当事人不服地方各级人民法院作出的一审判决和部分裁定，有权向上一级人民法院提出上诉，行政诉讼由此进入第二审程序。行政诉讼第二审程序，是指当事人不服地方各级人民法院尚未生效的第一审判决或裁定，依法向上一级人民法院提起上诉，上一级人民法院据此对案件进行再次审理所适用的程序。

（二）第二审程序的意义

第二审程序虽然不是每一起案件的必经程序，但却是一种独立的程序，二审程序存在的意义在于：①可以为当事人提供更多的救济机会，帮助当事人服判息诉，减少缠讼和诉累。②有利于上级人民法院对下级人民法院的审判工作进行指导和监督，可以及时发现偏差，纠正错误，从而有助于保护当事人的合法权益。

参考案例

案例六：　　　　　　**二审终审制度与案件请示制度**

2010年12月28日，最高人民法院发布了《关于规范上下级人民法院审判业务关系的若干意见》。这是1949年以来，最高人民法院制定的第11份规范案件请示制度的文件。最高人民法院此举旨在厘清上下级法院关系，合理配置上下级法院职权。"让司法的归司法，行政的归行政。"

这份以"审判指导意见"文件形式印发的意见规定，基层人民法院和中级人民法院对于已经受理的重大、疑难、复杂，或新类型，或具有普遍法律适用意义，或有管辖权的法院不宜行使审判权的案件，书面报请上一级法院审理。最高人民法院相关人士对《法治周末》记者表示，这一"提级审理"的方式，不再是下级法院对如何裁判进行请示，实质上是取消了多年来广为学界诟病的案件请示做法。

长期以来，在我国法院体系内，下级法院往往将自己管辖的具有一定难度的案件向上级法院请示，并以上级法院的答复作为裁判的结果。这种做法虽然习以为常，司空见惯，但缺乏法律依据，而且在实践中也存在不少弊端。

二、上诉和上诉的受理

(一) 上诉的概念和条件

上诉是当事人对地方各级人民法院尚未发生法律效力的第一审判决、裁定不服，在法定期限内以书面形式请求上一级人民法院对案件进行第二次审理的诉讼行为。当事人行使上诉权，提起上诉，必须符合以下条件：

(1) 上诉人和被上诉人必须适格。凡第一审程序中的原告、被告和符合条件的第三人及其法定代理人、经授权的委托代理人，都有权提起上诉。委托代理人必须经被代理人的特别授权，才能以被代理人的名义提起上诉。第一审人民法院作出判决和裁定后，当事人均提起上诉的，上诉各方均为上诉人。诉讼当事人中的一部分人提起上诉，没有提起上诉的对方当事人为被上诉人，其他当事人按照原审诉讼地位列明。

(2) 上诉人不服的一审判决、裁定，必须是法律明文规定可以上诉的判决、裁定。能够提出上诉的判决和裁定包括地方各级人民法院第一审尚未发生法律效力的判决和对驳回起诉、不予受理、管辖权异议作出的裁定。

(3) 上诉必须在法定期限内提出。当事人不服人民法院第一审判决的，有权在判决书送达之日起15日内向上一级人民法院提起上诉；当事人不服人民法院第一审裁定的，有权在裁定书送达之日起10日内向上一级人民法院提起上诉。逾期不提起上诉的，人民法院的第一审判决或者裁定发生法律效力。

(4) 上诉必须递交符合法律要求的上诉状。当事人提出上诉，既可以通过原审人民法院提出，也可以直接向第二审人民法院提出。当事人直接向第二审人民法院上诉的，第二审人民法院应当在5日内将上诉状移交原审人民法院。

(二) 上诉的受理

当事人提出上诉，应当按照其他当事人或者诉讼代表的人数提出上诉状副本。原审人民法院收到上诉状，应当在5日内将上诉状副本发送其他当事人，对方当事人应当在收到上诉状副本之日起15日内将副本发送上诉人。对方当事人不提出答辩状，不影响人民法院审理。

原审人民法院收到上诉状、答辩状，应当在5日内连同全部案卷和证据，报送第二审人民法院。

三、上诉案件的审理

就基本过程而言，上诉案件的审理，与第一审案件大体相同。为避免立法上的重复，《行政诉讼法》仅对行政诉讼第二审程序的特殊之处作了规定。

(一) 审理方式

根据《行政诉讼法》第86条的规定，人民法院对上诉案件，应当组成合议庭，开庭审理。经过阅卷、调查和询问当事人，对没有提出新的事实、证据或者理由，合议庭认为不需要开庭审理的，也可以不开庭审理。

（二）审理对象

第二审人民法院审理上诉案件，应当全面审查一审人民法院认定的事实是否清楚，适用的法律、法规是否正确，有无违反法定程序等，不受上诉范围的限制。同时应当对原审人民法院的判决、裁定和被诉行政行为进行全面审查。

（三）审理期限

人民法院第二审行政案件，应当自收到上诉状之日起 3 个月内作出终审判决，有特殊情况需要延长的，由高级人民法院批准。高级人民法院审理上诉案件需要延长的，由最高人民法院批准。

（四）原审判决存在遗漏事项的处理

原审判决遗漏了必须参加诉讼的当事人或者诉讼请求的，第二审人民法院应当裁定撤销原审判决，发回重审。原审判决遗漏行政赔偿请求，第二审人民法院经审查认为依法不应当予以赔偿的，应当判决驳回行政赔偿请求。原审判决遗漏行政赔偿请求，第二审人民法院经审理认为依法应当予以赔偿的，在确认被诉行政行为违法的同时，可以就行政赔偿问题进行调解；调解不成的，应当就行政赔偿部分发回重审。当事人在第二审期间提出行政赔偿请求的，第二审人民法院可以进行调解；调解不成的，应当告知当事人另行起诉。

（五）二审程序的审理结果

人民法院审理上诉案件，按照案件情形，作出不同的处理：①原判决、裁定认定事实清楚，适用法律、法规正确的，判决或者裁定驳回上诉，维持原判决、裁定；②原判决、裁定认定事实错误或者适用法律、法规错误的，依法改判、撤销或者变更；③原判决认定基本事实不清、证据不足的，发回原审人民法院重审，或者查清事实后改判；④原判决遗漏当事人或者违法缺席判决等严重违反法定程序的，裁定撤销原判决，发回原审人民法院重审。

原审人民法院对发回重审的案件作出判决后，当事人提起上诉的，第二审人民法院不得再次发回重审。人民法院审理上诉案件，需要改变原审判决的，应当同时对被诉行政行为作出判决。

第五节　行政诉讼的审判监督程序

一、审判监督程序的概念

审判监督程序，是指已经发生法律效力的判决、裁定具有法定情形的，调解违反自愿原则或者调解书内容违法的，人民法院依法对案件再次进行审理的程序，也称再审程序。

　　审判监督程序虽与第二审程序一样具有救济作用，但与第二审程序不同，它所针对的对象是已经生效的判决、裁定，属于事后救济手段。审判监督程序并非每起行政案件所必经的程序，也不是第二审程序的继续，只有在生效裁判、调解书确有错误，需要进行再审时，才能适用审判监督程序。审判监督程序这一特殊程序的存在，目的在于贯彻审判工作实事求是、有错必纠的原则，及时纠正错案，保证人民法院的办案质量，切实保护当事人的合法权益。

　　二、审判监督程序的提起

　　（一）提起审判监督程序的条件

　　（1）提起审判监督程序的对象，即人民法院的判决、裁定，必须已经发生法律效力。对尚未发生法律效力的判决、裁定，当事人可以通过提出上诉寻求司法救济。调解违反自愿原则或者调解书内容违法的，也可以成为提起审判监督程序的对象。

　　（2）提起审判监督程序必须具有法定理由，即人民法院已经发生法律效力的判决、裁定确有错误。根据现行《行政诉讼法》的规定，有下列情形之一的，属于判决、裁定确有错误：①不予立案或者驳回起诉确有错误的；②有新的证据，足以推翻原判决、裁定的；③原判决、裁定认定事实的主要证据不足、未经质证或者系伪造的；④原判决、裁定适用法律、法规确有错误的；⑤违反法律规定的诉讼程序，可能影响公正审判的；⑥原判决、裁定遗漏诉讼请求的；⑦据以作出原判决、裁定的法律文书被撤销或者变更的；⑧审判人员在审理该案件时有贪污受贿、徇私舞弊、枉法裁判行为的。

　　（3）提起审判监督程序的主体，只能是具有审判监督权的法定机关，即人民法院和人民检察院。具体权限是：①各级人民法院院长对本院已经发生法律效力的判决、裁定，发现具有法定情形之一，或者发现调解违反自愿原则或者调解书内容违法，认为需要再审的，应当提交审判委员会讨论决定是否再审；②最高人民法院对地方各级人民法院、上级人民法院对下级人民法院已经发生法律效力的判决、裁定，发现具有法定情形之一的，或者发现调解违反自愿原则或者调解书内容违法的，有权提审或者指令下级人民法院再审；③人民检察院对人民法院已经发生法律效力的判决、裁定，发现具有法定情形之一，或者发现调解书损害国家利益、社会公共利益的，应当提出抗诉。对人民检察院按照审判监督程序提出抗诉的案件，人民法院应当再审。

　　（4）与人民法院、人民检察院不同，当事人并无审判监督权，因而其不能直接启动审判监督程序。但为了完善纠错机制，切实保护当事人的合法权益，《行政诉讼法》及司法解释授予了当事人申请再审的权利，只要当事人的再审申请符合法律规定，人民法院即应对案件进行再审。根据《最高人民法院关于适用《中华人民共和国行政诉讼法》的解释》（法释〔2018〕1 号）规定，当事人向上一级人民法院申请再审，应当在判决、裁定或者调解书发生法律效力后 6 个月内提出。有下列情形之一的，自知道或者应当知道之日起 6 个月内提出：①有新的证据，足以推翻原判决、裁定的；②原判决、裁定认定事实的主要证据是伪造的；③据以作出原判决、裁定的法律文书被撤销或者变更的；④审判人员审理该案件时有贪污受贿、徇私舞弊、枉法裁判行为的。

人民法院接到当事人的再审申请后，经审查认为再审事由成立，且符合申请再审条件的，应当裁定再审。人民法院经审查认为当事人主张的再审事由不成立，或者申请再审不符合条件的，人民法院应当裁定驳回再审申请。

有下列情形之一的，当事人可以向人民检察院申请抗诉或者检察建议：①人民法院驳回再审申请的；②人民法院逾期未对再审申请作出裁定的；③再审判决、裁定有明显错误的。人民法院基于抗诉或者检察建议作出再审判决、裁定后，当事人申请再审的，人民法院不予立案。

（二）启动再审程序的程序

（1）各级人民法院院长对本院已经发生法律效力的判决、裁定、调解书提起审判监督程序，必须提交审判委员会讨论决定。

（2）最高人民法院对地方各级人民法院已经发生法律效力的判决、裁定，上级人民法院对下级人民法院已经发生法律效力的判决、裁定，发现违反法律、法规规定的，或者发现调解违反自愿原则或者调解书内容违法的有权提审或指令下级人民法院再审。

（3）相对人民法院的自我监督而言，人民检察院的审判监督属于外部监督。为使这种外部监督能充分得到实现，法律确立了自上而下的监督规则和程序：最高人民检察院对各级人民法院已经发生法律效力的判决、裁定，上级人民检察院对下级人民法院已经发生法律效力的判决、裁定，发现违反法律、法规规定的，或者发现调解书损害国家利益、社会公共利益的，应当提出抗诉。

地方各级人民检察院对同级人民法院已经发生法律效力的判决、裁定，发现具有法定情形之一的，或者发现调解书损害国家利益、社会公共利益的，可以向同级人民法院提出检察建议，并报上级人民检察院备案；也可以提请上级人民检察院向同级人民法院提出抗诉。凡人民检察院按照审判监督程序提出抗诉的，必须制作抗诉书，并将其送交有关人民法院。人民法院开庭审理抗诉案件时，应当通知人民检察院派员出庭。

三、再审案件的审理

（一）再审案件的审理程序

再审案件的审理程序和裁判效力主要依据案件的原审来确定。人民法院按照审判监督程序再审的案件，发生法律效力的判决、裁定是由第一审人民法院作出的，按照第一审程序审理，所作的判决、裁定，当事人可以上诉；发生法律效力的判决、裁定是由第二审人民法院作出的，按照第二审程序审理，所作的判决、裁定是发生法律效力的判决、裁定；上级人民法院按照审判监督程序提审的，按照第二审程序审理，所作的判决、裁定是发生法律效力的判决、裁定。根据法律规定，凡原审人民法院审理再审案件，必须另行组成合议庭。

（二）再审案件中原判决、调解书的执行问题

按照审判监督程序决定再审的案件，应当裁定中止原判决、调解书的执行，裁定由院长署名，加盖人民法院印章。上级人民法院决定提审或者指令下级人民法院再审的，应当作出裁定，裁定应当写明中止原判决的执行；情况紧急的，可以将中止执行的裁定口头通知负责执行的人民法院或者作出生效判决、裁定的人民法院，但应当在口头通知后 10 日内发出裁定书。

（三）对再审案件的处理

（1）人民法院经过对再审案件的审理，认为原生效判决、裁定确有错误，在撤销原生效判决或者裁定的同时，有两种处理办法：一是对原生效判决、裁定的内容作出相应裁判；二是发回作出原生效判决、裁定的人民法院重新审判。

（2）人民法院审理再审案件，对原审法院不予立案或者驳回起诉错误的，应当分别情况作如下处理：①第二审人民法院维持第一审人民法院不予立案裁定错误的，再审法院应当撤销第一审、第二审人民法院裁定，指令第一审人民法院受理；②第二审人民法院维持第一审人民法院驳回起诉裁定错误的，再审法院应当撤销第一审、第二审人民法院裁定，指令第一审人民法院审理。

（四）再审期限

（1）再审案件按照第一审程序审理的，适用第一审程序的审理期限，即必须在 6 个月内作出裁判。有特殊情况需要延长的，由高级人民法院批准，高级人民法院审理第一审案件需要延长的，由最高人民法院批准。

（2）再审案件按照第二审程序审理的，适用第二审程序的审理期限，即须在 3 个月内作出裁判。有特殊情况需要延长的，由高级人民法院批准，高级人民法院审理上诉案件需要延长的，由最高人民法院批准。

导入案例中，为了进一步深化司法公开，依托现代信息技术，打造阳光司法工程，2013 年 11 月 21 日，最高人民法院以法发〔2013〕13 号印发《关于推进司法公开三大平台建设的若干意见》。意见旨在全面推进包括审判流程公开、裁判文书公开、执行信息公开在内的司法公开三大平台建设，从而增进公众对司法的了解、信赖和监督。

意见强调人民法院应当积极创新庭审公开的方式，以视频、音频、图文、

微博等方式适时公开庭审过程。最高人民法院院长周强在意见的解读中强调，司法公开是确保审判权依法独立公正行使的关键，也是司法工作取信于民的关键。解决制约司法公正、影响司法公信力的体制机制障碍，推进司法公开工作是重要突破口。

思考题

1. 简述行政诉讼的上诉条件。
2. 怎样理解第二审程序的全面审查原则？

延伸阅读

该案是否应当中止诉讼[1]

2009 年 7 月 8 日，被告某房产管理局作出房屋所有权证，将位于某小区 288 号的自建房屋登记给原告史某。第三人屈某认为被告将自己的房产登记给原告是错误的，遂向被告提出申请，要求被告撤销该房产登记。2011 年 6 月 15 日，被告根据某村委会出具的证明，认为原告办理此套房屋登记的集体土地使用权依据缺失，依据《房屋登记办法》第 83 条的规定作出了撤销房屋登记决定书，撤销原告名下某小区 288 号房屋所有权证，并告知了史某复议和起诉的权利。史某不服，向法院提起行政诉讼，认为被告作出的撤销决定主要证据不足、适用法律错误、违反法定程序、超越法定职权，侵犯了原告的合法权益，要求撤销被告作出的撤销房屋登记决定书。被告某房产管理局和第三人均辩称本案应当先民事后行政，建议对本案中止诉讼。

分歧：第一种意见认为，本案不应当中止诉讼。因原告提起本案诉讼不是以相关民事法律关系无效或者应当撤销为由，不存在最高人民法院《关于审理房屋登记案件若干问题的规定》第 8 条规定的事由，不适用本条关于中止诉讼的规定。本案不应当中止诉讼。另一种意见认为，本案应当中止诉讼，先民事后行政，从根本上解决纠纷。本案件出现了民行交叉，表面看是行政争议，实际上是原告和第三人之间的房产之争。根据《中华人民共和国物权法》和相关法律法规的规定，房产争议应当先进行民事确权，民事确权后行政争议即可解决。最高人民法院《关于审理房屋登记案件若干问题的规定》第 8 条规定的事由中虽然没有明确列举适用本案的情况，但是该条在列举后用了一个"等"字，表示法院可以对同类具体情况进行裁决。因此，本案件应当中止诉讼。

---

〔1〕 张长明："该案是否应当中止诉讼"，载《人民法院报》2012 年 11 月 7 日，第 6 版。

实务训练

因某市某区花园小区进行旧城改造，区政府作出《关于做好花园小区旧城改造房屋拆迁补偿安置工作的通知》，王某等205户被拆迁户对该通知不服，向区政府申请行政复议，要求撤销该通知。区政府作出《行政复议告知书》，告知王某等被拆迁户向市政府申请复议。市政府作出《行政复议决定书》，认为《通知》是抽象行政行为，裁定不予受理复议申请。王某等205户被拆迁户不服市政府不予受理复议申请的决定，向法院提起诉讼。一审法院认为，在非复议前置前提下，当事人对复议机关不予受理决定不服而起诉，要求法院立案受理缺乏法律依据，裁定驳回原告起诉。

[问题]

1. 本案是否需要确定诉讼代表人？如何确定？

2. 行政诉讼中以复议机关为被告的情形主要包括哪些？

3. 若本案原告不服一审裁定，提起上诉的主要理由是什么？

4. 如果二审法院认为复议机关不予受理行政复议申请的理由不成立，应当如何判决？

5. 本案一、二审法院审理的对象是什么？为什么？

6. 若本案原告不服一审裁定提起上诉，在二审期间市政府会同区政府调整了补偿标准，上诉人申请撤回上诉，法院是否应予准许？理由是什么？

[分析提示]

1. 2017年修正的《行政诉讼法》第28条规定，当事人一方人数众多的共同诉讼，可以由当事人推选代表人进行诉讼。代表人的诉讼行为对其所代表的当事人发生效力，但代表人变更、放弃诉讼请求或者承认对方当事人的诉讼请求，应当经被代表的当事人同意。2018年《行政诉讼法》解释（法释〔2018〕1号）第29条规定，同案原告为10人以上，应当推选2~5名诉讼代表人参加诉讼；在指定期限内未选定的，人民法院可以依职权指定。

2. 2017年修正的《行政诉讼法》第26条第2款、第3款规定，经复议的案件，复议机关决定维持原行政行为的，作出原行政行为的行政机关和复议机关是共同被告；复议机关改变原行政行为的，复议机关是被告。复议机关在法定期限内未作出复议决定，公民、法人或者其他组织起诉原行政行为的，作出原行政行为的行政机关是被告；起诉复议机关不作为的，复议机关是被告。

3. 若本案原告不服一审裁定，提起上诉的主要理由是：复议机关不受理复议申请的行为是行政机关的一项行政行为，无论是否属于行政复议前置的情形，只要原告不服该复议决定，均可以起诉，法院应予受理。

4. 如果二审法院认为复议机关不予受理行政复议申请的理由不成立，应当作出撤销不予受理决定，判令复议机关受理复议申请。

5. 本案一、二审法院审理的对象是市政府不予受理复议申请的决定。因为原告起诉要求撤销的就是该决定，故法院应当以该决定作为合法性审查的对象。

6. 若本案原告上诉后市政府会同区政府调整了补偿标准，上诉人可以申请撤回上诉。法院经审查，若认为该市、区政府调整补偿标准的行为不违反法律法规的禁止性规定，不超越或放弃职权，不损害公共利益和他人合法权益，申请撤回上诉是上诉人的真实意思表示，第三人无异议的，法院应予准许。

第八章

行政诉讼的法律适用

学习目标

本章主要阐述行政诉讼的法律适用规则和行政诉讼法律冲突的适用规则两个方面的问题。通过本章学习，要求学生掌握行政诉讼的法律适用和行政诉讼法律冲突的概念与特征、行政诉讼的法律适用规则及行政诉讼法律冲突的适用规则等主要知识点，深入理解行政诉讼的法律适用规则及其法律冲突的适用规则，并且学会处理和解决实际中的相关法律问题。

导入案例

某种子公司不服行政处罚案

我国《种子法》规定，违法经营、推广应当审定而未经审定通过的种子的，可处以 2 万元以上 20 万元以下罚款。某省人大常委会在制定的地方性法规《种子法实施办法》中规定，违法经营、推广应当审定而未经审定通过的种子的，可处以 3 万元以上 20 万元以下罚款。在该省甲市的一起行政诉讼中，被告甲市农业局以原告某种子公司违法出售未经审定通过的种子为由，根据该省《种子法实施办法》决定给予其 3 万元的罚款。某种子公司认为其违法情节并不严重，如果依照《中华人民共和国种子法》的规定进行衡量，其罚款数额度绝不应该达到 3 万元之多，遂向法院提起行政诉讼。

[任务提出]

根据本案，思考并完成以下学习任务：

1. 某省《种子法实施办法》的有关规定与《中华人民共和国种子法》之间是否存在冲突？

2. 如果两者之间存在冲突，法院在案件的审理过程中应当如何适用？

第一节　行政诉讼法律适用的规则

一、行政诉讼法律适用的概念

（一）行政诉讼法律适用的概念

行政诉讼法律适用，是指人民法院在审理行政案件，解决行政争议的过程中，按照法定程序，具体运用法律规则作出裁判的活动。

（二）行政诉讼法律适用的特征

行政诉讼法律适用不同于行政程序中的法律适用，具有以下特征：

（1）行政诉讼法律适用的主体是人民法院，而非行政机关。行政诉讼中案件的审查主体只能是人民法院，因为人民法院是代表国家行使审判权的唯一的国家机关，只有人民法院才有权对被诉行政行为进行审查并作出判决。行政机关在行政诉讼中只是当事人之一，无权决定行政诉讼的法律适用。

（2）行政诉讼法律适用为"第二次法律适用"。行政机关作出行政行为，必须要依据法律、法规、规章以及其他规范性文件，这是行政程序中的法律适用，我们称之为"第一次法律适用"。而人民法院对被诉行政行为进行合法性审查时，也必须依据法律、法规，即行政诉讼的法律适用。行政诉讼的法律适用是对行政机关在行政程序中法律适用的再适用，也可称为审查适用，是要解决行政程序中的法律适用的合法性问题。相对于"第一次法律适用"，我们称行政诉讼的法律适用为"第二次法律适用"。

（3）行政诉讼法律适用的目的是审查被诉行政行为的合法性。行政诉讼的法律适用与行政程序的法律适用所要解决的问题有所不同，行政程序的法律适用是解决公民、法人或者其他组织的行为事实；而行政诉讼的法律适用是在于解决行政机关作出行政行为的事实和法律依据。行政诉讼法律适用的依据是行政诉讼法、行政实体法和行政程序法。人民法院适用行政诉讼法主要是为了行政诉讼能够顺利进行，解决对被诉行政争议的程序性问题。这部分法律适用的内容主要包括《行政诉讼法》的规定和最高人民法院关于《行政诉讼法》的司法解释，还包括单行的行政性法律、法规中有关诉讼程序的规定以及《民事诉讼法》的相关规定。人民法院适用行政实体法和行政程序法主要解决被诉行政行为的合法性问题，在特殊情况下也解决行政行为的合理性问题，如针对明显不当的行政处罚行为。

（4）行政诉讼法律适用具有终局的法律效力。人民法院适用法律规范作出生效的判决后，无论是对公民、法人或者其他组织还是行政机关，都产生法律上的拘束力和执行力，当事人必须遵守和执行行政诉讼判决的内容。

二、行政诉讼的法律适用规则

行政诉讼的法律适用规则，主要是解决不同等级的规范性文件在行政诉讼中的不同地位问题。

（一）法律与法规的适用

《行政诉讼法》第 63 条第 1 款、第 2 款规定："人民法院审理行政案件，以法律和行政法规、地方性法规为依据。地方性法规适用于本行政区域内发生的行政案件。人民法院审理民族自治地方的行政案件，并以该民族自治地方的自治条例和单行条例为依据。"

1. 法律。法律是国家最高权力机关制定的具有普遍约束力的规范性文件。根据《立法法》第 7 条的规定，全国人民代表大会及其常务委员会行使国家立法权。全国人民代表大会制定和修改刑事、民事、国家机构的和其他的基本法律。全国人民代表大会常务委员会制定和修改除应当由全国人民代表大会制定的法律以外的其他法律；在全国人民代表大会闭会期间，对全国人民代表大会制定的法律进行部分的补充和修改，但是不得同该法律的基本原则相抵触。法律的制定是人民行使国家权力表达自己意志的集中体现。法律的地位仅次于具有最高法律效力的宪法，它对一切国家机关都有约束力。人民法院在对被诉行政行为进行合法性审查的时候，必须要以法律为依据。

这里必须强调，宪法是国家的根本大法，具有最高的法律效力。尽管人民法院在行政诉讼中对被诉行政行为作出判决不宜直接援引宪法的具体条款，但是行政诉讼的法律适用必须与宪法的规定相一致，不能与宪法的基本精神和具体规定相冲突和抵触。

2. 法规。这里的法规包括行政法规、地方性法规以及自治条例和单行条例。行政法规是国务院根据宪法和法律，遵循法定权限和程序制定的，在全国范围内具有普遍约束力的规范性文件。根据《立法法》第 65 条的规定，行政法规可以就下列事项作出规定：①为执行法律的规定需要制定行政法规的事项。②宪法第 89 条规定的国务院行政管理职权的事项。应当由全国人民代表大会及其常务委员会制定法律的事项，国务院根据全国人民代表大会及其常务委员会的授权决定先制定行政法规。行政法规的效力仅次于宪法和法律，是宪法和法律的具体化，只要行政法规不与宪法和法律相冲突和抵触，都应该成为人民法院进行司法审查的依据。地方性法规是指省、自治区、直辖市人民代表大会及其常务委员会，省、自治区人民政府所在地的市、经济特区所在地的市以及经国务院批准的较大的市的人民代表大会及其常务委员会、设区的市的人民代表大会及其常务委员会根据本行政区域的具体情况和实际需要，在不同宪法、法律、行政法规相抵触前提下及在上位法规定的立法事项内，制定的规范性文件。根据《立法法》第 73 条的规定，地方性法规可以就下列事项作出规定：①为执行法律、行政法规的规定，需要根据本行政区域的实际情况作具体规定的事项；②属于地方性事务需要制定地方性法规的事项。除法律保留的事项外，其他事项国家尚未制定法律或者行政法规的，省、自治区、直辖市的人民代表大会及其常务委员会根据本行政区域的具体情况和实际需要，在不同宪法、法律、行政法规相抵触的前提下，可以制定地方性法规。根据《立法法》第 72 条的规定，设区的市的人民代表大会及其常务委员会根据本市的具体情况和实际需要，在不同宪法、法律、行政法规和本省、自治区的地方性法规相抵触的前提下，可以对城乡建设与管理、环境保护、历史文化保护等方面的事项制定地方性法规，法律对设区的市制定地方性法规的事项另有规定的，从其规定。

另外，2015 年修正的《立法法》进一步规定："制定地方性法规，对法律、行政法规已经明确规定的内容，一般不作重复性规定。"地方性法规的制定反映了该行政区域的具体情况和实际需要，是该行政区域的全体人民意志的体现。人民法院审理本行政区域内发生的行政案件必须以地方性法规为依据。行政诉讼法规定审理民族自治地方的行政案件，并以该民族自治地方的自治条例和单行条例为依据。自治条例和单行条例是民族自治地方的人民代表大会依照法定的权限，结合当地民族的政治、经济和文化的特点，制定的规范性文件。自治条例和单行条例还可以依照当地民族的特点，对法律和行政法规的规定作出变通规定，但不得违背宪法或者行政法规的基本原则，不得对宪法和民族区域自治法的规定以及其他有关法律、行政法规专门就民族自治地方所作的规定作出变通规定。自治条例和单行条例与地方性法规是处于同一级别的法律文件，人民法院审理民族自治地方的行政案件，必须以它们为依据。

最后必须强调，行政诉讼法规定法律、法规是人民法院审理行政案件的"依据"，这是关于法律、法规在行政审判中的地位的一般意义上的规定。在我国法律体系中，法律、行政法规、地方性法规以及自治条例和单行条例各自的等级、效力和地位并不相同，它们在行政审判中所起的作用也是有差异的。下位的法律规范必须符合上位的法律规范才具有法律效力，因此，人民法院在审理行政案件适用法律时，要将某一法律规范的规定放在整个法律体系中综合考虑，而不能简单地适用就对被诉行政行为的合法性予以判断。如果在具体的法律适用时发现该法律规范存在合宪性或者合法性问题，可以向有权机关提出司法建议，但是在有权机关确认和解决该法律规范合宪性或者合法性问题之前，人民法院无权拒绝适用。

（二）行政规章的适用

《行政诉讼法》第 63 条第 3 款规定："人民法院审理行政案件，参照规章。"

规章是国务院组成部门和直属机构或者省、自治区、直辖市和较大的市的人民政府，按照法定的权限和程序制定的具有普遍约束力的规范性文件。规章分为部门规章和地方政府规章。《立法法》第80条规定："国务院各部、委员会、中国人民银行、审计署和具有行政管理职能的直属机构，可以根据法律和国务院的行政法规、决定、命令，在本部门的权限范围内，制定规章。部门规章规定的事项应当属于执行法律或者国务院的行政法规、决定、命令的事项。没有法律或者国务院的行政法规、决定、命令的依据，部门规章不得设定减损公民、法人和其他组织权利或者增加其义务的规范，不得增加本部门的权力或者减少本部门的法定职责。"《立法法》第81条规定："涉及两个以上国务院部门职权范围的事项，应当提请国务院制定行政法规或者由国务院有关部门联合制定规章。"《立法法》第82条规定："省、自治区、直辖市和设区的市、自治州的人民政府，可以根据法律、行政法规和本省、自治区、直辖市的地方性法规，制定规章。地方政府规章可以就下列事项作出规定：①为执行法律、行政法规、地方性法规的规定需要制定规章的事项；②属于本行政区域的具体行政管理事项。设区的市、自治州的人民政府根据本条第1款、第2款制定地方政府规章，限于城乡建设与管理、环境保护、历史文化保护等方面的事项。已经制定的地方政府规章，涉及上述事项范围以外的，继续有效。除省、自治区的人民政府所在地的市，经济特区所在地的市和国务院已经批准的较大的市以外，其他设区的市、自治州的人民政府开始制定规章的时间，与本省、自治区人民代表大会常务委员会确定的本市、自治州开始制定地方性法规的时间同步。应当制定地方性法规但条件尚不成熟的，因行政管理迫切需要，可以先制定地方政府规章。规章实施满两年需要继续实施规章所规定的行政措施的，应当提请本级人民代表大会或者其常务委员会制定地方性法规。没有法律、行政法规、地方性法规的依据，地方政府规章不得设定减损公民、法人和其他组织权利或者增加其义务的规范。"这些是规章立法权限的法律依据。部门规章属于中央行政立法的范畴，在效力等级上低于法律和行政法规。地方政府规章属于地方行政立法的范畴，在效力等级上低于法律、行政法规和地方性法规。

规章与法律、法规在行政诉讼中的地位不同。法律、法规是作为行政审判的"依据"，而规章在行政诉讼中只处于"参照"的地位；法律、法规对于人民法院审理行政案件具有直接的适用力，人民法院无权拒绝适用，规章对于人民法院审理的行政案件并不具有直接的适用力，只能是"参照"。《关于〈中华人民共和国行政诉讼法（草案）〉的说明》对"参照"的解释是：对符合法律、行政法规规定的规章，法院要参照审理，对不符合或不完全符合法律、行政法规原则精神的规章，法院可以有灵活处理的余地。也就是说，人民法院审理行政案件时，对规章有选择甄别的权力，人民法院审查判断后，认为该规章符合法律、行政法规的规定，即可予以适用，参照该规章来审理行政案件，并将其作为对被诉行政行为进行合法性审查的依据；人民法院审查判断后，认为该规章不符合或不完全符合法律、行政法规原则精神，人民法院有灵活处理的余地，即可不予以适用。总而言之，人民法院对规章的参照，既不是对规章无条件地适用，也不是对规章一律拒绝适用，而是在某些情况下可以适用，在某些情况下也可以不予以适用。之所以规定规章在行政审判时起参照的作用，主要有以下两个原因：

第一，规章在行政审判中的参照地位是由其自身特性决定的。规章的自身特性决定了其不宜作为行政审判的必然依据。首先，有权制定规章的行政机关同时亦能作出行政行为，如果其成为行政诉讼的被告，人民法院又不加审查地一律以其制定的规章作为必然依据，就等于该行政机关自己给自己确立合法性审查的标准。这样既不利于对行政权力运作的监督，又不利于对公民、法人或者其他组织合法权益的维护，从而无法实现行政诉讼的价值。其次，有权制定规章的行政机关超越职权制定规章的现象时有发生，影响了规章的法律效力。再次，存在着规章与上位的法律、法规相互之间的冲突和矛盾问题。出现这一问题，一方面是由于行政机关或部门之间的职权分工不明确，有交叉的现象存在所导致；另一方面是某些行政机关或部门有严重的地方保护主义或部门保护主义的观念，从本地方利益或部门利益出发制定利己的规章所导致的。

第二，规章在行政审判中的参照地位是行政诉讼法律适用的实际需要。规章是法律、法规的具体化，在行政管理中所起的作用是不容低估的。实际上行政管理的很多领域离不开具体的规章，特别是在没有相应的法律、法规规定的行政管理领域，规章的作用更是不可或缺，它可以起到弥补法律、法规空白的作用。并且相关的法律、法规对规章的制定权限和程序都作出了明确的界定，在我国整个法律体系中，规章的法律地位和法律效力也是相当高的。因此，如果将规章一律排除在行政诉讼的法律适用之外，结果可能使我国的行政管理陷入难以运作的境地，同时也不适应行政诉讼法律适用的实际需要。

（三）规范性文件的适用

规范性文件，是指行政机关制定的行政法规、规章之外的具有普遍约束力的行政决定、命令的总称。学术界有的称其为"其他规范性文件"，有的称其为"行政规范性文件"，还有的称其为"行政规范"，等等。《行政诉讼法》称其为"规范性文件"。一般认为规范性文件不属于法的范畴，对法院没有强制的约束力。

规范性文件在行政诉讼中起辅助作用，人民法院一方面参考适用合法的规范性文件，一方面也享有对不合法的规范性文件的处理建议权。《行政诉讼法》第64条规定："人民法院在审理行政案件中，经审查认为本法第53条规定的规范性文件不合法的，不作为认定行政行为合法的依据，并向制定机关提出处理建议。"规范性文件在行政管理中存在诸多问题，比如制定主体混乱、随意性大、内容与上位规则相抵触和冲突现象普遍存在、越权情况严重、缺乏必要的程序规则等。因此，人民法院在审理行政案件时，如果认为规范性文件不合法的，不作为认定行政行为合法的依据。《行政诉讼法》第53条第1款进一步规定："公民、法人或者其他组织认为行政行为所依据的国务院部门和地方人民政府及其部门制定的规范性文件不合法，在对行政行为提起诉讼时，可以一并请求对该规范性文件进行审查。"同时《最高人民法院关于适用〈中华人民共和国行政诉讼法〉的解释》还进一步规定：公民、法人或者其他组织请求人民法院一并审查行政诉讼法第53条规定的规范性文件，应当在第一审开庭审理前提出；有正当理由的，也可以在法庭调查中提出。人民法院在对规范性文件审查过程中，发现规范性文件可能不合法的，应当听取规范性文件制定机关的意见。制定机关申请出庭陈述意见的，人民法院应当准许。行政机关未陈述意见或者未提供相关证明材料的，不能阻止人民法院对规范性文件进行审查。

人民法院对规范性文件进行一并审查时，可以从规范性文件制定机关是否超越权限或者违反法定程序、作出行政行为所依据的条款以及相关条款等方面进行。有下列情形之一的，属于行政诉讼法第64条规定的"规范性文件不合法"：①超越制定机关的法定职权或者超越法律、法规、规章的授权范围的；②与法律、法规、规章等上位法的规定相抵触的；③没有法律、法规、规章依据，违法增加公民、法人和其他组织义务或者减损公民、法人和其他组织合法权益的；④未履行法定批准程序、公开发布程序，严重违反制定程序的；⑤其他违反法律、法规以及规章规定的情形。

人民法院经审查认为行政行为所依据的规范性文件合法的，应当作为认定行政行为合法的依据；经审查认为规范性文件不合法的，不作为人民法院认定行政行为合法的依据，并在裁判理由中予以阐明。作出生效裁判的人民法院应当向规范性文件的制定机关提出处理建议，并可以抄送制定机关的同级人民政府、上一级行政机关、监察机关以及规范性文件的备案机关。

规范性文件不合法的，人民法院可以在裁判生效之日起3个月内，向规范性文件制定机关提出修改或者废止该规范性文件的司法建议。规范性文件由多个部门联合制定的，人民法院可以向该规范性文件的主办机关或者共同上一级行政机关发送司法建议。接收司法建议的行政机关应当在收到司法建议之日起60日内予以书面答复。情况紧急的，人民法院可以建议制定机关或者其上一级行政机关立即停止执行该规范性文件。

人民法院认为规范性文件不合法的，应当在裁判生效后报送上一级人民法院进行备案。涉及国务院部门、省级行政机关制定的规范性文件，司法建议还应当分别层报最高人民法院、高级人民法院备案。

各级人民法院院长对本院已经发生法律效力的判决、裁定，发现规范性文件合法性认定错误，认为需要再审的，应当提交审判委员会讨论。最高人民法院对地方各级人民法院已经发生法律效力的判决、裁定，上级人民法院对下级人民法院已经发生法律效力的判决、裁定，发现规范性文件合法性认定错误的，有权提审或者指令下级人民法院再审。

（四）司法解释的适用

司法解释是最高人民法院就审判过程中如何具体应用法律问题进行的解释，是对法律的具体化。目前，司法解释在我国法律体系中发挥着十分重要的作用，对人民法院判案有直接的影响。如果法院根据司法解释判案但在判决书中不加引用，难以使当事人相信法院在依法判案，也会使司法解释失去作用。因此，人民法院审理行政案件适用最高人民法院司法解释的，应当在裁判文书中援引。在行政审判中，司法解释起着非常重要的作用，对人民法院的判案有着直接的影响。

第二节　行政诉讼法律冲突适用的规则

一、行政诉讼法律冲突的概念

行政诉讼的法律冲突，是指人民法院在行政诉讼过程中，发现对同一法律事实或者法律关系，存在着两个或者两个以上的法律规范对其作出了不同的规定，人民法院适用不同的法律规定会导致不同的裁判结果的情形。导致这种法律适用冲突的情形可能是立法机关本身的原因，也可能是客观存在的某些因素。

行政诉讼的法律冲突具备以下几个特点：

（1）行政诉讼的法律冲突发生在我国的领域内。我国所有法律、法规以及规章只是在中华人民共和国领域内发生法律效力，而不能超越本国空间地域范围的限制。任何一个国家行政管理权的行使也有其地域范围的限制，行政行为的效力不能及于一国领域之外。因此，行政诉讼的法律适用冲突是发生在我国的领域内的法律适用上的冲突。《行政诉讼法》第98条规定："外国人、无国籍人、外国组织在中华人民共和国进行行政诉讼，适用本法。法律另有规定的除外。"

（2）行政诉讼的法律冲突是不可避免的。由于我国整个法律体系体现出多层级和多样性的特点，法律、法规和规章数量众多，很多方面的规定受多种因素制约，难以做到协调一致。再加之公民、法人或者其他组织动态频繁的日常活动，因此法律适用冲突在客观上是不可避免的。

（3）行政诉讼法律冲突的前提是不同的法律、法规和规章以及其他法律规范对同一法律事实或者法律关系作出了不同的规定。据此不同的规定将导致人民法院对被诉行政行为进行合法性审查时会作出不同的判断，导致不同的裁判结果。

二、行政诉讼法律冲突的表现形式

行政诉讼的法律适用冲突体现出复杂性的特点。有的冲突是合法的冲突，比如特别法与一般法上的冲突；有的冲突是不合法的，比如行政法规与法律规定的冲突。具体表现为：

（1）不同位阶的行政法律规范之间的冲突。在我国立法体制下，立法的主体是多层级的，不同层级的立法主体制定出不同位阶的行政法律规范。不同位阶的行政法律规范之间的冲突又称为层级冲突或者纵向冲突。比如，法律、行政法规、地方性法规、地方规章之间的冲突。

（2）同一位阶的行政法律规范之间的冲突。这种冲突既可以表现为同一地区的处于同一位阶的行政法律规范之间的冲突，也可以表现为不同地区的处于同一位阶的行政法律规范之间的冲突。同一位阶的行政法律规范之间的冲突又称为平级冲突或者横向冲突。比如，处于同一效力层级的法律之间、行政法规之间、地方性法规之间、部门规章之间、地方规章之间的法律规范冲突。

（3）特别法与一般法之间的冲突。特别法与一般法之间的冲突是指我国行政法规范体系中的特别法律规定与一般法律规定之间的冲突。这种冲突又称为特别冲突。

（4）不同时期发布的行政法律规范之间的冲突。不同时期发布的行政法律规范之间的冲突即指新的行政法律规范与旧的行政法律规范相抵触而产生的是适用新法还是旧法的法律适用冲突。这种冲突又称为新旧冲突或者时际冲突。

（5）不同群体的行政法律规范之间的冲突。不同群体的行政法律规范之间的冲突是指由于公民的民族、种族或者身份的不同，不同法律规范作出不同的规定而产生的法律适用冲突。这种冲突又称为人际冲突。比如，民族自治地方的《计划生育管理条例》对少数民族家庭与汉族家庭的不同规定；关于投资的行政法规对港、澳、台同胞以及外国人的投资与大陆公民、企业投资的不同规定。

（6）不同区域的行政法律规范之间的冲突。不同区域的行政法律规范之间的冲突是指不同的行政区域的行政法律规范的规定不相同而产生的法律适用冲突。这种冲突又称为区际冲突。主要表现为：①中国内地不同区域的法律适用的冲突。主要包括省、自治区、直辖市之间的，省、自治区、直辖市与较大的市之间的，较大的市与较大的市之间的，没有隶属关系的民族自治地方之间的，民族自治地方与其没有隶属关系的其他行政区域之间的，各经济特区之间的法律规范的冲突。②中国大陆与港、澳、台地区的法律规范之间的冲突。香港和澳门是中国的两个特别行政区，中国对其实行"一国两制"的政策，特别行政区实行高度的自治，享有行政管理权、立法权、独立的司法权和终审权。中国台湾地区的现行法律也是有别于中国大陆的社会主义法律。大陆及港、澳、台地区所施行法律的不同是客观存在的，因此具体法律规范的冲突又是必然的。

行政诉讼法律冲突的主要表现形式，总体体现出多样性和复杂性的特点。有的时候法律适用的冲突表现并不是单一的冲突，可能同时体现出两种或者两种以上类型的冲突。比如自治条例、单行条例与法律的冲突，既是一种特别冲突，又是一种层级冲突。我们列举和分析行政诉讼法律冲突情形的目的主要是能够找到有效解决法律规范之间冲突的正确的适用规则，以减少或消除由于法律规范之间冲突而给行政诉讼法律适用带来的负面影响。

三、行政诉讼法律冲突的适用规则

行政诉讼法律冲突的适用规则，是指人民法院在对行政行为进行合法性审查时，能够引导人民法院解决不同的法律规范针对同一法律事实或者法律关系的不同规定如何选择适用的问题的具体原则和方法。行政诉讼法律冲突的适用规则是行政诉讼法律适用中不可或缺的程序性规则，它可以避免在发生法律适用冲突时人民法院无所适从。人民法院通过该规则的引导，能够将具体的法律规范条款适用于特定的行政关系，从而对被诉行政行为作出正确的裁判。行政诉讼法律冲突的适用规则包括以下几个具体的规则：

1. 层级冲突的适用规则。层级冲突的适用规则是指不同层级的法律规范发生冲突时决定应该适用哪一层级的法律规范的冲突适用规则。不同层级的法律规范发生冲突一般属于违法的冲突。按照法律优先原则，上位阶的法律规范应当优于下位阶的法律规范，但是上位阶的法律规范授权下位阶的法律规范作出与上位阶的法律规范不同的规定除外。按照这一规则，人民法院在审理行政案件时，遇到某法律规范与上位阶的法律规范冲突，人民法院一般应依照上位阶的法律规范规定来解决争议。《立法法》第 87 条、第 88 条和第 89 条对不同层级的法律规范的效力等级作出了明确的规定：①宪法具有最高的法律效力，一切法律、行政法规、地方性法规、自治条例和单行条例、规章都不得同宪法相抵触。②法律的效力高于行政法规、地方性法规、规章。行政法规的效力高于地方性法规、规章。③地方性法规的效力高于本级和下级地方政府规章。省、自治区的人民政府制定的规章的效力高于本行政区域内的设区的市、自治州的人民政府制定的规章。

导入案例中，《行政处罚法》第11条第2款规定："法律、行政法规对违法行为已经作出行政处罚规定，地方性法规需要作出具体规定的，必须在法律、行政法规规定的给予行政处罚的行为、种类和幅度的范围内规定。"在本案中，某省《种子法实施办法》规定违法经营、推广应当审定而未经审定通过的种子的，可处以3万元以上20万元以下罚款；而《中华人民共和国种子法》规定对于这种情况应处以2万元以上20万元以下罚款。很明显，某省《种子法实施办法》修改了《中华人民共和国种子法》所规定处罚额度的下限，属于违反上位法规定的处罚幅度，显然与《中华人民共和国种子法》存在冲突。另外，根据上位阶的法律规范应当优于下位阶的法律规范的一般原理，此案中法院应当依据《中华人民共和国种子法》，而非某省《种子法实施办法》作出判决。

2. 平级冲突的适用规则。平级冲突的适用规则是解决制定主体不同但效力层级相同的法律规范相冲突应如何选择的冲突适用规则。在一般情况下，解决这类冲突的规则是送请有权机关作出裁决。我国《立法法》对送请裁决制度作出如下的规定：

（1）《立法法》第91条规定，部门规章之间、部门规章与地方政府规章之间具有同等效力，在各自的权限范围内施行。

（2）《立法法》第94条规定，法律之间对同一事项的新的一般规定与旧的特别规定不一致，不能确定如何适用时，由全国人民代表大会常务委员会裁决。行政法规之间对同一事项的新的一般规定与旧的特别规定不一致，不能确定如何适用时，由国务院裁决。

（3）《立法法》第95条规定，地方性法规、规章之间不一致时，由有关机关依照下列规定的权限作出裁决：①同一机关制定的新的一般规定与旧的特别规定不一致时，由制定机关裁决；②地方性法规与部门规章之间对同一事项的规定不一致，不能确定如何适用时，由国务院提出意见，国务院认为应当适用地方性法规的，应当决定在该地方适用地方性法规的规定；认为应当适用部门规章的，应当提请全国人民代表大会常务委员会裁决；③部门规章之间、部门规章与地方政府规章之间对同一事项的规定不一致时，由国务院裁决。再者，根据授权制定的法规与法律规定不一致，不能确定如何适用时，由全国人民代表大会常务委员会裁决。

3. 特别冲突的适用规则。特别冲突的适用规则是指普通法的一般规定与特别法的特别规定不一致时，解决是适用一般法还是特别法的规则。特别法优于一般法是解决此类冲突的基本规则。例如，《立法法》第92条规定，同一机关制定的法律、行政法规、地方性法规、自治条例和单行条例、规章，特别规定与一般规定不一致的，适用特别规定。但是必须强调，特别法优于一般法的冲突适用规则的前提是特别法与一般法处于同一层级上，否则不能适用该项规则。

4. 新旧法冲突的适用规则。新旧法冲突的适用规则是指新的法律规范与旧的法律规范规定不相一致，解决是适用新法还是旧法的规则。新法优于旧法和法不溯及既往是解决新旧法冲突的基本规则。也就是说，当新的法律规范规定与旧的法律规范规定相冲突时，在新法施行期间发生的行政案件，人民法院原则上应适用新法；在旧法施行期间发生的行政案件，人民法院原则上应适用旧法；行政案件发生在旧法施行期间，而争议的处理是在新法施行期间的，除了新法具有溯及既往效力以外，人民法院原则上应适用旧法。《立法法》第 93 条规定，法律、行政法规、地方性法规、自治条例和单行条例、规章不溯及既往，但为了更好地保护公民、法人和其他组织的权利和利益而作的特别规定除外。例如，《工伤保险条例》就具有溯及既往效力，该法规第 67 条规定："本条例自2004 年 1 月 1 日起施行。本条例施行前已受到事故伤害或者患职业病的职工尚未完成工伤认定的，按照本条例的规定执行"。

5. 人际冲突的适用规则。人际冲突的适用规则是解决由于不同民族、种族或个体的特殊身份而产生的法律适用冲突的基本规则。该规则一般要求，不同民族、种族或特殊身份的个体，应该适用就该民族、种族或个体的特殊身份作出特别规定的法律规范。

6. 区际冲突的适用规则。区际冲突的适用规则是解决由于不同行政区域的法律规范不同的规定而产生的法律适用冲突的基本规则。区际冲突包括中国内地之间法律适用冲突和中国内地与港、澳、台地区之间法律适用冲突两个方面。目前，对于中国内地之间法律适用冲突尚没有统一的冲突适用规则，此类问题的解决还需要进一步探讨和研究。对于中国内地与港、澳、台地区之间法律适用冲突一般采取"属地管辖"的原则解决，即发生在港、澳、台地区的行政案件适用港、澳、台地区的相关法律规范；发生在中国内地的行政案件适用内地的相关法律规范。此类法律适用冲突还可以通过双方协商来解决，例如，《中华人民共和国香港特别行政区基本法》第 95 条规定："香港特别行政区可与全国其他地区的司法机关通过协商依法进行司法方面的联系和相互提供协助。"

思考题

1. 试述行政诉讼法律适用的概念与特征。
2. 试述行政诉讼的法律适用规则。
3. 试述行政诉讼法律冲突的适用规则。

延伸阅读

WTO 规则的适用问题

WTO 规则是以强制性规则为基础的政府间规则体系，我国加入 WTO 后，行政机关和人民法院的一项重要任务，就是按照 WTO 规则办事，确保 WTO 规则在我国得以实施。毫无疑问，WTO 规则对人民法院的行政审判工作具有影响力，但问题在于人民法院在审理涉及 WTO 规则的行政案件时是否能直接适用 WTO 规则。

我国于 2001 年 12 月 11 日正式成为世界贸易组织的成员。《中国加入 WTO 工作组报告书》第 67 条指出：中国将确保其有关或者影响贸易的法律和法规与《WTO 协定》和中国的承诺相一致，以充分履行其国际义务。为此，将在完全遵守《WTO 协定》的情况下，通过修订其现行国内法和制定新法律，以有效的统一方式实施《WTO 协定》。同时，该报告第 68 条指出：行政法规、部门规章和其他中央政府措施将及时颁布，以在相关的时限内完全履行中国的承诺。如果行政法规、部门规章或者其他中央政府措施在此种时限内不能到位，主管机关仍然履行中国按照《WTO 协定》和议定书（草案）承担的义务。据此，WTO 规则在我国行政诉讼中的适用包括两个方面：①原则上 WTO 规则不能在我国行政诉讼中直接适用，其仅具有间接适用力。任何人不得直接援引 WTO 规则提起行政诉讼，人民法院在裁判文书中也不能直接援引 WTO 规则作为裁判依据，而必须依据经过转化的国内法受理和审判有关行政诉讼案件，即我国是在遵守 WTO 协定的前提下，通过修订现行国内法和制定新法律的方式来实施 WTO 规则的。人民法院审理涉及 WTO 规则的行政案件所适用的法律、行政法规的具体条文存在两种以上的合理解释时，应遵循同一解释规则，即除中华人民共和国声明保留的条款外，人民法院应当选择与 WTO 规则有关规定相一致的解释。②在行政法规、部门规章或者其他中央政府措施在承诺的时限内不能到位时，主管机关可以直接援引 WTO 规则，WTO 规则在行政诉讼中具有直接适用力。即 WTO 规则无法及时转化为国内法时，其在行政诉讼中可以直接适用。

实务训练

案例一：

刘某骑自行车在 A 省 B 市某区行驶，经路口遇红色信号灯未停，违章闯红灯，B 市交管局第二大队执行民警谢某对刘某的违章行为予以纠正，并当场开具公安交通管理处罚决定书，对刘某处以罚款 50 元，刘某不服该行政处罚，提起行政复议，复议机关作出维持罚款 50 元的行政处罚，刘某于是向有管辖权的人民法院提起行政诉讼。法院在审查该起案件时发现，该处罚所处的 A 省《道路交通管理条例》第 59 条规定：对于非机动车最高只能处罚 5 元或者警告。而 A 省行政区域内的 B 市《道路交通管理规定》第 53 条规定：对非机动车行驶违章处 50 元以下罚款或者警告。

[问题]

人民法院在处理本案时是具体适用 A 省《道路交通管理条例》还是 A 省 B 市的《道路交通管理规定》？

[分析提示]

地方性法规的效力高于本级和下级地方政府规章。省、自治区的人民政府制定的规章的效力高于本行政区域内的设区的市、自治州的人民政府制定的规章。

案例二：

高某系 A 省甲县个体工商户，其持有的工商营业执照载明经营范围是林产品加工，经营方式是加工、收购、销售。高某向甲县工商局缴纳了松香运销管理费后，将自己加工的松香运往 A 省乙县出售。当高某进入乙县时，被乙县林业局执法人员拦截。乙县林业局以高某未办理运输证为由，依据 A 省地方性法规《林业行政处罚条例》以及授权省林业厅制定的《林产品目录》（该目录规定松香为林产品，应当办理运输证）的规定，将高某无证运输的松香认定为"非法财物"，予以没收。高某提起行政诉讼要求撤销没收决定，法院予以受理。

有关规定：《森林法》及行政法规《森林法实施条例》涉及运输证的规定如下：除国家统一调拨的木材外，从林区运出木材，必须持有运输证，否则由林业部门给予没收、罚款等处罚。A 省地方性法规《林业行政处罚条例》规定："对规定林产品无运输证的，予以没收。"

[问题]

法院审理本案时应如何适用法律、法规？理由是什么？

[分析提示]

《森林法》及《森林法实施条例》均未将木材以外的林产品的无证运输行为纳入行政处罚的范围，也未规定对无证运输其他林产品的行为给予没收处罚。A 省地方性法规《林业行政处罚条例》的有关规定，扩大了《森林法》及其实施条例关于应受行政处罚行为以及没收行为的范围，不符合上位法。根据行政诉讼法律适用规则，法院应当适用《森林法》及《森林法实施条例》。

第九章

行政诉讼的判决、裁定与决定

学习目标

　　本章主要阐述行政诉讼的判决、裁定与决定等几个方面的理论问题。通过本章学习，要求学生掌握行政诉讼的判决的概念及特征，行政诉讼一审判决的形式与效力，行政诉讼二审判决和行政诉讼再审判决以及行政诉讼裁定与决定的适用范围等主要知识点；深入理解行政诉讼一审判决的形式与效力，行政诉讼二审判决和行政诉讼再审判决的相关法律问题；了解行政诉讼裁定与决定的适用范围，进而学会准确分析和处理实际中的相关案例。

导入案例

行政处罚明显不当，人民法院应该如何处理

　　刘某是某国际旅行社的在编人员，并受聘为某假期旅游公司的业余导游。2007 年 6 月，刘某借调到某市社会团体管理处工作。同年 7 月底，刘某在负责办理某市养殖协会组织王某等 19 人旅游团出国考察。而根据出国考察的具体要求，王某等 19 人不具备条件。但该协会的经办人强烈要求刘某无论如何也得想想办法，帮助他们出国考察。刘某经不住协会经办人的再三恳求，遂向有关领导汇报要对王某等 19 人填写的调查表进行技术处理的想法，有关领导没有表示反对。于是，刘某利用手中掌握的某市旅游用品公司（已注销）的人事章，将王某等 19 人改为该公司的工作人员，并涂改相应的简历等有关手续。刘某本人也冒用某假期旅游公司职工的身份为自己填写相关的表格。然后，刘某将这 19 人和本人的有关材料送交某市公安局外国人管理、出入境管理处进行审批。在审批过程中，某市公安局外国人管理、出入境管理处认定刘某实施了编造情况的违法行为，根据有关法律的规定，以某市公安局的名义对刘某作出行政拘留 5

天的处罚决定。刘某不服，向人民法院提起行政诉讼，法院经审理作出判决：变更某市公安局对刘某行政拘留 5 天的处罚决定，改为警告处罚。

[任务提出]

在司法权和行政权相对独立的情况下，人民法院为什么能够对本案作出变更判决？

第一节　行政诉讼的判决

一、行政诉讼判决的概念

行政诉讼判决，简称行政判决，是指人民法院审理行政案件终结时，依据事实和法律，以国家审判机关的名义，对行政案件的实体问题作出的结论性处理决定。行政诉讼判决集中体现了司法权对行政权力运作的监督，是人民法院处理解决行政争议的最基本的手段和表现形式。按照不同的标准对行政诉讼判决可以作不同的划分。按照作出的程序不同为标准，可以分为一审判决、二审判决和再审判决；按照是否发生法律效力为标准，可以分为生效判决和未生效判决；按照当事人是否有上诉的可能为标准，可以分为终审判决和非终审判决。

行政诉讼判决具有以下特点：

（1）行政诉讼判决是人民法院审理行政案件终结时作出的结论性处理决定。行政案件经过起诉、受理和审理等一系列程序后，人民法院认为争议的事实已经查清，依据法律的规定运用司法权对当事人双方争议的问题作出最后的处理决定，这种以国家审判机关的名义作出的最后的处理决定即为判决。判决的作出标志着行政案件审理的终结。虽然并非所有的行政诉讼判决都立即发生法律效力，但是不能因此否认案件审理的终结性。

（2）行政诉讼判决是人民法院对行政案件的实体问题作出的处理决定。这里的实体问题指的是被诉行政行为合法性的问题、行政处罚是否显失公正的问题以及行政机关是否履行了法定职责的问题等。只有类似这样的问题，人民法院才能用判决的形式予以解决。诸如是否受理起诉与上诉、是否允许撤诉、是否中止诉讼、是否回避、是否决定再审等程序性问题，人民法院不能用判决的形式予以处理。人民法院对行政案件作出判决，一方面体现了司法的权威性，生效的行政诉讼判决对当事人双方都具有确定力、约束力和执行力，无视它的存在都将会承担相应的法律责任；另一方面表现为对行政机关行政权力的运作起的监督作用，这种监督是最为直接和有力的。

二、行政诉讼第一审判决形式

根据《中华人民共和国行政诉讼法》的相关规定，行政诉讼判决主要有以下形式：

（一）驳回原告诉讼请求判决

根据《行政诉讼法》第69条规定，行政行为证据确凿，适用法律、法规正确，符合法定程序的，或者原告申请被告履行法定职责或者给付义务理由不成立的，人民法院判决驳回原告的诉讼请求。

人民法院作出驳回原告诉讼请求的判决一般须符合以下三个方面的条件：①行政行为的证据确凿，即被诉行政行为的证据充分，认定的事实确实清楚。②适用法律、法规正确，即被诉行政行为的依据正确合理。③符合法定程序，即被诉行政行为的行政程序符合法定要求。满足以上条件人民法院可以作出驳回原告诉讼请求的判决。

人民法院通过对行政行为的审查而作出的驳回原告诉讼请求的判决，否定了原告的诉讼请求，肯定了行政行为的合法性。驳回原告诉讼请求判决是司法权维护行政权依法运作的主要表现，在合法的前提下又是对行政效率的保障。

（二）撤销判决

撤销判决是人民法院通过审理，在查清全部案件事实的基础上，认定被诉行政行为全部或部分违法，从而全部或部分地撤销被诉行政行为，并责令被告重新作出行政行为的判决。根据《行政诉讼法》第70条的规定，行政行为有下列情形之一的，人民法院就可以作出撤销判决：

（1）主要证据不足。是指被诉行政行为缺乏必要的证据，不足以证明行政行为所认定的事实情况。行政机关作出任何行政行为都必须以必要的事实为依据，而事实的认定建立在行政机关充分的调查取证的基础上。行政机关在没有充分证据证明的情况下作出的行政行为必然缺乏事实基础，人民法院有权予以撤销。这里必须明确，人民法院撤销被诉行政行为的标准是该行为"主要证据不足"。主要证据在诉讼法理论上又称为"基本证据"，是指足以确认行政行为所必须具备的事实要件的证据。主要证据是相对于次要证据而言的，如果被诉行政行为的次要证据不足，是不足以影响行政行为合法性的，因而也不能构成人民法院作出撤销判决的理由。

（2）适用法律、法规错误的。是指行政机关作出行政行为时错误地适用了法律、法规或者法律、法规的条款。行政机关作出行政行为应当依据法律、法规，如果错误地适用了法律、法规或者法律、法规的条款，就意味着相应的行政行为没有正确的法律依据或者缺少必要的法律依据。适用法律、法规错误，从形式上看，可以表现为行政机关本应该适用某个法律、法规而适用了另外的法律、法规；也可以表现为行政机关尽管适用了正确的法律、法规但是错误地援引了法律、法规的条款。导致行政机关适用法律、法规错误的原因有多种，可能是行政机关对事实的定性错误；也可能是对法律、法规的理解错误。因此，人民法院在对被诉行政行为审查时，应当认真分析行政案件的具体情况，以便作出准确的判断。

（3）违反法定程序。是指行政机关在实施行政行为时违反了法律规定的方式、步骤、顺序和时限的要求。任何行政行为都是实体和程序的统一，两者缺一不可。行政程序是规范和控制行政权力的重要手段，能够遏制行政权力的滥用和保障公民、法人或者其他组织合法权益。依法行政的要求之一就是行政机关作出行政行为时必须严格遵循法定的行政程序，违反应当遵循的方式、步骤、顺序和时限的要求其中之一的，即构成程序违法。必须强调的是，违反法定程序是人民法院作出撤销判决的一个独立的理由，不依附于其他任何条件，即只要行政行为违反法定程序，不管实体内容正确与否，该行政行为都将被撤销。

（4）超越职权。是指行政机关实施行政行为时，超越了法律、法规授予的行政权限，作出了无权实施的行政行为。行政机关的职权是法律、法规明确授予的，所有的行政职权都受一定的范围和幅度的限制，即所谓的行政权限。超越职权主要表现在以下几个情形：①行政机关实施了法律、法规没有授予的职权，或者其他行政机关的权力。例如，税务机关实施了公安或工商机关的权力，即为超越职权。②行政机关超越了行使权力的地域范围。例如，上海市人民政府在江苏省境内实施权力，广东省人民政府干涉了深圳经济特区专门的行政管理事项等，就属于行政越权。③行政机关超过了行使权力法定的期限。例如，《行政处罚法》规定，违法行为超过 2 年未被发现的，不再给予处罚。如果行政机关对超过处罚时效的违法行为作出处罚决定，就属于超越职权。④行政机关超越了法律、法规规定的数额的限制性规定。例如，《行政处罚法》将执法人员当场收缴罚款的数额限制为 20 元以下，如果执法人员超过这个限制的数额，即构成越权行政。越权无效是法治国家的基本规则，是行政合法性原则的基本内涵之一。人民法院有权针对上述的超越职权的情形，作出撤销判决。

（5）滥用职权。滥用职权是指行政机关不正当地行使权力作出行政行为，该行为在形式上符合行政行为的构成要件，但行使权力的目的不符合法律、法规赋予该项权力的目的。滥用职权主要出现在法律、法规没有明确、具体的规定或者虽然有规定但是行政机关有自由选择和灵活处理空间的行政自由裁量领域。具体来说，在实践中滥用职权主要表现有：①不正当的考虑。不正当的考虑是指行政机关或执法人员为了小集团的利益或者个人的利益，故意考虑一些不相关的因素或者故意不考虑一些应当考虑的因素，即所谓出于不正当的动机而故意地"考虑不周"。例如，在实施行政处罚时，考虑亲朋好友关系而减轻处罚或不予处罚；或者借口当事人态度不好而加重处罚，都属于不正当的考虑。

②故意迟延和不作为。指行政机关在处理公民、法人或者其他组织的请求或者申请时，依法负有作为的义务，也明知自己负有作为的义务，但却以各种理由故意搪塞，拖延履行自己的职责。③不一致的解释和反复无常。不一致的解释是指行政机关对某些规范不经法定程序随意地作出解释，这些解释往往是相互矛盾和冲突的，然而行政机关在处理相同的案件时却运用这些不一致的解释；反复无常是指行政机关作出行政行为时，没有明确的标准，在事实没有变化的情况下受其他因素左右，经常地改变自己的主张和决定，以期达到非法目的。

滥用职权与超越职权是有区别的，主要不同在于：①主观要件不同。滥用职权的主观方面表现为故意，即行政机关明知行使权力的目的不符合法律、法规赋予其该项权力的目的；而超越职权的主观方面既可表现为故意，也可表现为过失。②客观方面表现不同。滥用职权是就违法行为的内部特征（或内容）而言的；而超越职权是就违法行为的外部特征而言的。

（6）明显不当。明显不当行为，可以理解为国家行政机关及其工作人员在法律规定范围内不适当地行使裁量权，造成明显不合理、不公正，从而损害公民、法人或其他社会组织的合法权益。在实践中，明显不当一般表现为：①畸轻畸重。即行政行为虽然是在法定范围和幅度以内作出，但是相对于相对人违法行为的性质、情节而言，明显地过轻或者过重。②同样情况，不同对待；不同情况，同样对待。③反复无常。行政机关对同样的违法行为，今天这样处理，明天那样处理；此地这样处理，彼地那样处理，没有明确的标准，相差悬殊。反复无常也是滥用职权的一种表现形式。明显不当与滥用职权既有联系又有区别。它们之间的区别在于主观要件的不同，滥用职权在主观上必须是故意，行政机关故意违背权力的目的实施行政行为；而明显不当的主观要件是过失，即结果不公正是由于行政机关的主观认识能力的限制或者客观条件的制约引起的。因此，滥用职权的行政行为是违法的行政行为，而明显不当的行政行为是合法却不合理的行政行为。当然，滥用职权也会导致行为的明显不当，即滥用职权是引起明显不当的原因之一，明显不当与滥用职权存在重合的可能。

撤销判决有三种形式：①全部撤销。适用于被诉行政行为全部违法，或者被诉行政行为虽然部分违法但该行政行为是不可分的情形。②部分撤销。人民法院的撤销判决只针对被诉行政行为违法的部分，对合法的部分予以维持。这种情形下的行政行为是可分的。③判决被告重新作出行政行为。人民法院判决被告重新作出行政行为，如不及时重新作出行政行为，将会给国家利益、公共利益或者当事人利益造成损失的，可以限定重新作出行政行为的期限。此外，《行政诉讼法》第71条进一步规定，人民法院判决被告重新作出行政行为的，被告不得以同一的事实和理由作出与原行政行为基本相同的行政行为。

无论是人民法院部分否定被诉行政行为，还是全部否定被诉的行政行为，撤销判决都是对原告合法权益的最为直接和有效的维护，同时也是对行政权力运作的有力的监督。

（三）履行判决

履行判决是人民法院经过审理认定被告无正当理由不履行、拖延履行法定职责或者依法负有某项给付义务时不履行，作出责令被告限期履行法定职责或履行给付义务的判决。是人民法院用判决的形式督促行政机关依法行政的一种判决形式。

根据《行政诉讼法》第 72 条和第 73 条的规定，履行判决一般需满足以下条件：

（1）被告负有履行法定职责的义务。行政机关依据法律、法规的授予享有行政职权，这种行政职权同时意味着行政职责，行政机关应当积极地履行自己的法定职责。如果其不履行自己的法定职责，就是失职。被告负有履行法定职责的义务，是人民法院作出履行判决的前提。

（2）被告不履行或拖延履行法定职责。不履行法定职责，表现为行政机关明确地拒绝履行法定职责，如工商行政管理机关对公民申领营业执照明确地表示不予以审查。后者是拖延履行法定职责，表现为行政机关不及时履行法定职责，或者履行法定职责的态度不明确，如排污企业向环保行政管理机关申领排污许可证，已经超过法定的审查期限而该机关仍未作出任何明示的行为。需要注意的是，如果被告不履行或拖延履行法定职责有正当理由，人民法院就不能作出履行判决。例如，公民尽管向工商行政管理机关申领营业执照，但是实质上其不符合颁发营业执照的条件，工商行政管理机关对该公民的申请不予答复的，不构成履行判决的理由。

（3）被告依法负有给付义务，不履行法定义务。如被告不按时发放抚恤金等。原告申请被告依法履行支付抚恤金、最低生活保障待遇或者社会保险待遇等给付义务的理由成立，被告依法负有给付义务而拒绝或者拖延履行义务且无正当理由的，人民法院可以根据《行政诉讼法》第 73 条的规定，判决被告在一定期限内履行相应的给付义务。

人民法院用履行判决的形式督促行政机关尽快地履行法定职责，从而保护公民、法人或者其他组织的合法权益。

（四）确认判决

确认判决是指人民法院在某些特定的情况下，对被诉行政行为作出确认违法或确认无效的一种判决形式。确认判决可以分为两种：一种是确认行政行为违法的判决；一种是确认行政行为无效的判决。根据《行政诉讼法》的规定，确认判决有以下几种情形：

（1）确认行政行为违法判决。根据《行政诉讼法》第74条的规定：①确认行政行为违法，但不撤销行政行为情形有：行政行为依法应当撤销，但撤销会给国家利益、社会公共利益造成重大损害的；行政行为程序轻微违法，但对原告权利不产生实际影响的。②行政行为有下列情形之一，不需要撤销或者判决履行的，人民法院判决确认违法：行政行为违法，但不具有可撤销内容的；被告改变原违法行政行为，原告仍要求确认原行政行为违法的；被告不履行或者拖延履行法定职责，判决履行没有意义的。

（2）确认行政行为无效判决。根据《行政诉讼法》第75条规定，行政行为有实施主体不具有行政主体资格或者没有依据等重大且明显违法情形，原告申请确认行政行为无效的，人民法院判决确认无效。不成立或者无效的被诉行政行为都是不产生法律效力的行政行为，人民法院无从撤销，也只能作出确认其无效的判决。此外，根据《行政诉讼法》第76条的规定，人民法院判决确认违法或者无效的，可以同时判决责令被告采取补救措施；给原告造成损失的，依法判决被告承担赔偿责任。

确认判决的意义在于对被诉行政行为的法律效力产生直接的影响。如果人民法院作出确认被诉行政行为违法的判决，公民、法人或者其他组织就可以据此申请国家赔偿以弥补自己合法权益的损失。

（五）变更判决

变更判决是指人民法院经过审理，认定有行政处罚明显不当等情形时，运用审判权直接变更行政处罚内容的判决。

变更判决是人民法院运用司法审判权对行政行为的合理性进行审查的具体表现。审判权和行政权分别由审判机关和行政机关行使，有一定的分工。在行政自由裁量的领域，涉及行政行为的合理性问题，人民法院不能越俎代庖，侵越行政权力，因此人民法院在行政诉讼中原则上只对行政行为的合法性进行审查。但是分权与制衡、分工与制约是密不可分的，如果坚持审判权和行政权彼此完全独立，那么在特定的情况下不利于对公民、法人或者其他组织合法权益的维护，使其合法权益得不到有效的救济，而且可能会导致恶性的循环诉讼，最终将无法充分实现行政诉讼的价值。就世界范围而言，越来越多的国家和地区对司法变更权开始持肯定态度。我国《行政诉讼法》坚持有限的司法变更权原则。

根据《行政诉讼法》第77条第1款的规定，行政处罚明显不当，或者其他行政行为涉及对款额的确定、认定确有错误的，人民法院可以判决变更。变更判决的限制性条件是：①人民法院的变更判决主要针对行政处罚明显不当的行为，而并非所有的行政处罚行为。该项限制性条件是对人民法院适用变更判决的内在范围的限制。行政处罚明显不当是指行政处罚尽管形式上不违法，但是处罚的结果以通常的法律和道德意识为判断标准均可发现和认定是明显的不公正，损害了公民、法人或者其他组织的合法权益。②其他行政行为涉及对款额的确定、认定确有错误的情形下，也可以适用变更判决，但必须只能是款额的确定、认定确有错误的行为，而不是所有行政行为。同时，《行政诉讼法》第77条第2款进一步规定，人民法院判决变更，不得加重原告的义务或者减损原告的权益。但利害关系人同为原告，且诉讼请求相反的除外。

　　变更判决体现出审判权对行政自由裁量权的有效监督和制约，使得对公民、法人或者其他组织合法权益的保护更为彻底。随着民主法治的发展，我国应当逐步扩大司法变更权的范围。

　　导入案例中，司法变更权是指人民法院对被诉行政行为经过审理后，认为该行政行为违法而改变该行政行为的权力。司法变更权涉及司法权与行政权的关系问题。行政诉讼法既考虑到最大限度地保护当事人合法权益的需要及保障司法权行使的有效性，又考虑到法定的权力分配关系。因此，法院享有司法变更权，但这种司法变更权又极为有限。本案中，有关领导的默认是刘某实施违法行为的一个重要条件，也是一个不可缺少的条件。而公安机关在实施对刘某的处罚过程中并没有考虑这个因素，而是将全部行政责任都加到刘某一个人的身上，并给予较重的行政处罚，显然是一种明显不当的行政处罚。因此，人民法院作出变更行政处罚的判决是可以的。

　　（六）其他判决形式

　　（1）采取补救措施、赔偿损失和补偿判决。根据《行政诉讼法》第78条的规定，被告不依法履行、未按照约定履行或者违法变更、解除《行政诉讼法》第12条第1款第11项规定的协议的，人民法院判决被告承担继续履行、采取补救措施或者赔偿损失等责任。被告变更、解除《行政诉讼法》第12条第1款第11项规定的协议合法，但未依法给予补偿的，人民法院判决给予补偿。

　　（2）对行政复议决定的一并判决。依据《最高人民法院关于适用〈中华人民共和国行政诉讼法〉的解释》的规定，人民法院对原行政行为作出判决的同时，应当对复议决定一并作出相应判决。人民法院依职权追加作出原行政行为的行政机关或者复议机关为共同被告的，对原行政行为或者复议决定可以作出相应判决。人民法院判决撤销原行政行为和复议决定的，可以判决作出原行政行为的行政机关重新作出行政行为。人民法院判决作出原行政行为的行政机关履行法定职责或者给付义务的，应当同时判决撤销复议决定。原行政行为合法、复议决定违法的，人民法院可以判决撤销复议决定或者确认复议决定违法，同时判决驳回原告针对原行政行为的诉讼请求。原行政行为被撤销、确认违法或者无效，给原告造成损失的，应当由作出原行政行为的行政机关承担赔偿责任；因复议决定加重损害的，由复议机关对加重部分承担赔偿责任。原行政行为不符合复议或者诉讼受案范围等受理条件，复议机关作出维持决定的，人民法院应当裁定一并驳回对原行政行为和复议决定的起诉。

（3）行政协议案件的判决。《行政诉讼法》第 12 条第 1 款第 11 项规定，公民、法人或者其他组织"认为行政机关不依法履行、未按照约定履行或者违法变更、解除政府特许经营协议、土地房屋征收补偿协议等协议的"，可以向法院提起行政诉讼。行政协议案件是一种新型的案件，不能适用传统的判决方式，需要专门为其设定相应的判决形式。

行政协议案件的判决方式包括两种：第一，被告不依法履行、未按照约定履行或者违法变更、解除行政协议的，法院判决被告承担继续履行、采取补救措施或者赔偿损失等责任。第二，被告变更、解除行政协议合法，但未依法给予补偿的，法院判决给予补偿。行政补偿的前提是行政行为合法，被告因公共利益需要或者其他法定理由单方变更、解除协议，给原告造成损失的，法院判决被告予以补偿。

三、行政诉讼第一审判决的效力

行政诉讼判决是人民法院代表国家行使审判权的集中体现，一经作出就具备了法律效力，无论对人民法院还是对案件的当事人都具有法律约束力。当然，行政诉讼第一审判决是人民法院对案件的初次判定，并不发生立即执行的效力，当事人对第一审判决不服的，有权在法定期限内向上一级人民法院提起上诉。

《行政诉讼法》第 71 条规定，人民法院判决被告重新作出行政行为的，被告不得以同一的事实和理由作出与原行政行为基本相同的行政行为。这一限制性规定，一方面体现了对判决法律效力的维护，另一方面体现了对公民、法人或者其他组织合法权益的保护，防止出现循环诉讼，增加原告的诉累。理解这一限制性规定要注意以下几个问题：其一，人民法院判决被告重新作出行政行为，被告重新作出的行政行为与原行政行为的结果相同，但主要事实或者主要理由有改变的，不属于该条规定的情形；其二，人民法院以违反法定程序为由，判决撤销被诉行政行为的，行政机关重新作出行政行为不受该条规定的限制。

四、行政诉讼第二审判决

二审判决是第二审人民法院在第二审程序中对上诉案件所作出的判决。根据《行政诉讼法》第 89 条的规定，人民法院审理上诉案件，按照下列情形，分别处理：

（1）原判决、裁定认定事实清楚，适用法律、法规正确的，判决或者裁定驳回上诉，维持原判决、裁定。维持原判必须同时具备以下两个条件：①原判决认定事实清楚，即第一审人民法院对被诉行政行为作出的合法性裁判是建立在可靠的事实和确凿的证据基础上的；②原判决适用法律、法规正确，即第一审人民法院在认定事实清楚的基础上，正确地适用法律、法规，对被诉行政行为作出了公正的判决。

（2）原判决、裁定认定事实错误或者适用法律、法规错误的，依法改判、撤销或者变更。

（3）原判决认定基本事实不清、证据不足的，发回原审人民法院重审，或者查清事实后改判。

（4）原判决遗漏当事人或者违法缺席判决等严重违反法定程序的，裁定撤销原判决，发回原审人民法院重审。

原审人民法院对发回重审的案件作出判决后，当事人提起上诉的，第二审人民法院不得再次发回重审。人民法院审理上诉案件，需要改变原审判决的，应当同时对被诉行政行为作出判决。

由于我国实行两审终审制，因此第二审人民法院的判决是终审判决，一经作出就立即发生法律效力，当事人不能提出上诉。

五、行政诉讼再审判决

再审判决是人民法院按照审判监督程序所作出的判决。《行政诉讼法》没有明确规定再审判决的条件。再审判决包括以下几种情形：

（1）人民法院经过再审审理认为原审判决认定事实和适用法律、法规并无不当，人民法院就应当裁定撤销原中止执行的裁定，继续执行原判决。

（2）人民法院经过再审审理认为原审判决认定事实错误，违反法律、法规规定，如果是按照第一审程序审理的，就按照一审判决的形式作出新的判决；如果是按照第二审程序审结的，可以撤销原判，发回原一审法院重新审理。

（3）人民法院按照第二审程序再审，发现原二审判决认定事实清楚，但违反法律、法规规定，可以依法改判。如果原一审裁判正确，二审裁判错误，可以撤销二审裁判，维持一审裁判。

再审判决的效力取决于再审人民法院按照哪一种程序审理行政案件，如果按照第一审程序审理，则当事人对再审判决不服的，可以上诉；如果按照第二审程序审理，则再审判决为终审判决，当事人不得上诉。

第二节 行政诉讼的裁定与决定

一、行政诉讼的裁定

（一）行政诉讼裁定的概念

行政诉讼裁定，是指人民法院在审理行政案件或者在执行案件过程中，就程序问题所作出的判定。行政诉讼的裁定和行政诉讼的判决一样，都是人民法院行使行政审判权的表现，都是具有法律效力的诉讼文书。但是两者之间亦存在着明显的区别：①适用的对象不同。行政诉讼的判决适用行政案件的实体问题；而行政诉讼的裁定适用行政案件的程序问题。②适用的领域不同。行政诉讼的判决一般是在行政案件审理的最后阶段作出；而行政诉讼的裁定在审理行政案件过程中，或者在执行案件过程中均可以作出。③表现形式不同。行政诉讼的判决必须采用书面形式；而行政诉讼的裁定既可以采用书面形式，也可以采用口头形式。④法律后果不同。当事人对第一审行政诉讼的判决不服均可以提起上诉；而当事人对第一审行政诉讼的裁定并非都可以提起上诉，只能对部分裁定有权提起上诉。

（二）行政诉讼裁定的适用范围

行政诉讼裁定适用于下列范围：①不予立案；②驳回起诉；③管辖异议；④终结诉讼；⑤中止诉讼；⑥移送或者指定管辖；⑦诉讼期间停止行政行为的执行或者驳回停止执行的申请；⑧财产保全；⑨先予执行；⑩准许或者不准许撤诉；⑪补正裁判文书中的笔误；⑫中止或者终结执行；⑬提审、指令再审或者发回重审；⑭准许或者不准许执行行政机关的行政行为；⑮其他需要裁定的事项。例如，第二审人民法院经审理认为原审人民法院不予受理或者驳回起诉的裁定确有错误，且起诉符合条件的，应当裁定撤销原审人民法院的裁定，指令原审人民法院依法立案受理或者继续审理；按照审判监督程序决定再审的案件，应当裁定中止原判决的执行；等等。

（三）行政诉讼裁定的法律效力

行政诉讼裁定的法律效力有三种情况：①当事人对第一审人民法院作出的不予立案裁定、驳回起诉裁定或者管辖异议裁定不服的，有权在裁定书送达之日起 10 内向上一级人民法院提起上诉，逾期不提出上诉的，一审法院的裁定即发生法律效力；②对于诉讼期间是否停止行政行为的执行的裁定，《行政诉讼法》第 56 条第 2 款规定，当事人对停止执行或者不停止执行的裁定不服的，可以申请复议一次。《行政诉讼法》第 57 条第 2 款规定，当事人对先予执行裁定不服的，可以申请复议一次。复议期间不停止裁定的执行；③除了上述裁定外的其他裁定，一经宣布或者送达，即发生法律效力，当事人无权上诉和复议。

二、行政诉讼的决定

（一）行政诉讼决定的概念

行政诉讼决定，是指人民法院为了保证行政诉讼的顺利进行，就有关特殊问题所作出的处理。行政诉讼决定有以下特点：①行政诉讼决定是就特殊问题所作出的处理，往往具有紧迫性，与行政诉讼判决解决的实体问题、行政诉讼裁定解决的程序问题都不相同。②行政诉讼决定的作用在于保证行政诉讼的顺利进行，或者是为案件的正常审理提供必要的条件。

（二）行政诉讼决定的适用范围

根据有关法律的规定和司法实践的做法，行政诉讼决定主要适用的情形有：

（1）有关回避事项的决定。对当事人提出的回避申请，人民法院作出的决定可以是书面形式，也可以是口头形式。申请人对驳回回避申请决定不服，可以向人民法院申请复议一次，但复议期间不停止该决定的执行。

（2）对妨害行政诉讼的行为采取强制措施的决定。人民法院训诫、责令具结悔过的决定，一般由审判长当庭口头作出，记入笔录。其中罚款、拘留决定应该由合议庭作出书面决定，并经人民法院院长批准，当事人对此不服的可以申请复议。

（3）人民法院院长将重大、疑难案件提交审判委员会的决定。

（4）决定再审、提审或者指定再审的决定。

（5）诉讼费用减免的决定。

（6）有关诉讼期限事项的决定。如对于下级人民法院需要延长审理期限的申请，高级人民法院和最高人民法院作出是否延长的决定等。

（三）行政诉讼决定的法律效力

在行政诉讼中，决定无论是何种性质，一经宣布或送达，即发生法律效力。对决定不服的，当事人不得提起上诉。法律规定当事人可以申请复议的，当事人有权申请复议，但复议期间不停止决定的执行。

思考题

1. 简述行政诉讼判决的概念及特征。
2. 简述行政诉讼一审判决的种类及其适用条件。
3. 简述行政诉讼裁定的适用范围。

不断迈向类型化的行政诉讼判决
——明显不当成为撤销情形，引入适度合理性审查

新《行政诉讼法》规定，对于行政行为明显不当的，法院可以判决撤销，这是极具革命性和开创性的规定。当与不当的问题，属于广义上的合理性问题。对于法院能否审查行政行为的合理性，学术界曾经存在较大争议。在本次修法过程中，有意见认为，应当在"总则"部分增加对行政行为合理性进行适度审查的原则。实际上，合法性审查原则和合理性审查原则并不矛盾。合法性原则是最低限度的合理性原则：所有不合法的，一定都是不合理的。对此问题，各方比较一致的意见是，合法性审查原则是行政诉讼的基本原则，如果将合法性审查原则与合理性原则并列规定，等量齐观，不仅会影响合法性审查原则的基础地位，也可能导致不适当地侵越行政权力。因此，《行政诉讼法》在"总则"中没有明确合理性审查原则。但是，在具体制度中，对于明显不当的行政行为在合法性审查的框架下作了规定。

明显不当的行政行为被列为撤销判决情形之一，是《行政诉讼法》针对中国行政执法现状的制度回应。随着行政管理领域的不断拓展，行政裁量权亦随之不断扩大，实践中存在大量既不合法又不合理、虽然合法但不合理的行政行为。特别是近年来，行政活动特别是涉及不动产登记、征收征用等资源类案件、劳动和社会保障类案件、行政裁决等案件中，行政裁量权不断扩大，裁量因素不断增加。如果片面强调《行政诉讼法》规定的合法性审查原则，忽视对行政行为合理性的审查，就无法真正做到行政争议的实质性解决。一个行政行为，如果已经达到了明显不当的程度，法院若不对其作出否定性的评价，可能引发公众对司法公正的质疑。因此，法院对"明显不当"行为的审查是一种常人能理解的、有限的、低限度的审查。这种适度的合理性审查从某种意义上讲，属于广义的"合法性"的范畴，与《行政诉讼法》确立的合法性审查原则，不仅不存在冲突，而且还是对合法性审查原则的必要和有益补充。可以想见，这一规定将进一步增强行政机关合理行政、比例行政的自觉性。[1]

---

〔1〕 梁凤云："不断迈向类型化的行政诉讼判决"，载《中国法律评论》2014年第4期。

实务训练

案例一：　被告不履行法定职责，判决履行没有意义时该适用何种判决？

杨某生是黑石头村村民，在安普路片区有合法承包地。2008 年 4 月，杨某生与黑石头村村民委员会（以下简称黑石头村委会）签订了租地协议，约定承包经营木材市场。2016 年 9 月，杨某生接到了安顺市西秀区华西办事处作出的《关于征收原黑石头村木材市场内集体土地的通知》，称依据贵州省人民政府黔府用地函 [2012] 480 号用地批复文件，安顺市西秀区华西办事处依法将对规划红线范围内的集体土地进行征收。杨某生获悉自己的承包地早在 2012 年 6 月 29 日就被安顺市人民政府报贵州省人民政府批准征收。杨某生认为西秀区政府在征地被批准之后应当及时进行公告，被告不依法进行征地公告的行为侵害了自己的知情权，请求确认被告西秀区政府未依法进行征收土地公告的行政行为违法。

经审理查明：2012 年 3 月 14 日，安顺市国土资源局西秀区分局作出区国土征预字 [2012] 1 号《征收土地公告》，拟征收西秀区华西办事处黑石头村 36.5025 公顷的土地。同年 5 月 24 日，被告西秀区政府作出西府呈 [2012] 70 号《关于 2012 年度第一批次保障性住房建设用地征地补偿标准及安置的报告》，申请将西秀区华西办事处黑石头村集体农用地 16.0928 公顷转为建设用地，同时申请将上述集体农用地 16.0928 公顷、集体未利用地 2.6378 公顷、建设用地 17.7719 公顷，共计 36.5025 公顷土地征收为国有，一并作为西秀区 2012 年度第一批次保障性住房建设用地。同年 6 月 29 日，安顺市人民政府作出安府呈 [2012] 69 号《关于西秀区 2012 年度第一批次保障房建设用地的请示》，同意西秀区政府的上述申请，呈报贵州省人民政府审批。同年 12 月 24 日，贵州省人民政府作出黔府用地函 [2012] 480 号《关于西秀区 2012 年度第一批次保障性住房建设用地的批复》，批准将西秀区华西办事处黑石头村的集体农用地 16.0928 公顷转为建设用地，同时批准将该集体农用地和上述集体经济组织的集体建设用地 17.7719 公顷、未利用地 2.6378 公顷，共计 36.5025 公顷土地征为国有。原告杨某生的承包土地在征收范围内。被告西秀区政府未提交已将上述公告张贴的证据，且其在举证期限届满后提交的张贴预征收公告及安置补偿方案公告的照片也不能证明其已经履行了征收土地公告的法定职责。

[问题]

本案的处理应适用何种判决？

[分析提示]

本案中，被告西秀区政府未提交已将上述公告张贴的证据，且其在举证期限届满后提交的张贴预征收公告及安置补偿方案公告的照片也不能证明其已经履行了征收土地公告的法定职责，故应视为被告未履行征收土地公告的法定职责。本案属于履行法定职责之诉，通常的理解是判决被告履行法定职责，但因涉案土地已征收完毕，判决履行公告职责已没有意义，故应判决确认被告未依法进行征收土地公告的行政行为违法。

案例二：   殴打他人被行政拘留不服状告公安局终审败诉

2017 年 2 月 6 日 17 时 25 分，天津市公安局北辰分局接到胡某琴报警，称其在天津市××东街国宜里小区外路边被一名男子打伤。天津市公安局北辰分局于当日受理、立案，对证人进行了调查，对王某光进行了传唤、询问。2017 年 2 月 22 日，天津市公安局北辰分局向王某光下发了《行政处罚告知笔录》。2017 年 2 月 23 日，向其送达了辰公（普）行罚决字 [2017] 220 号《行政处罚决定书》，认定：2017 年 2 月 6 日 17 时 25 分，在天津市××东街国××道底××百岁快车门口，王某光与胡某琴因琐事发生纠纷，后王某光动手将胡某琴打伤。根据《中华人民共和国治安管理处罚法》第 43 条第 2 款第 2 项，第 21 条第 3 项之规定，决定给予王某光行政拘留 10 日并处罚款 500 元的行政处罚。王某光不服，向天津市公安局申请行政复议，天津市公安局于 2017 年 5 月 31 日作出的津公复决字 [2017] 38 号《行政复议决定书》，维持天津市公安局北辰分局对王某光作出的辰公（普）行罚决字 [2017] 220 号《行政处罚决定书》。王某光仍不服，诉至一审人民法院，请求撤销天津市公安局北辰分局行政处罚决定书。一审人民法院审理后认为，天津市公安局北辰分局履行了告知程序，认定事实清楚，证据充分，程序合法，适用法律正确，予以支持，判决驳回了王某光的诉求。宣判后，王某光不服，向天津市第一中级人民法院提出上诉。

[问题]

请问二审法院应如何判决？

[分析提示]

二审法院经审理认为，根据《中华人民共和国治安管理处罚法》第 7 条第 1 款和第 91 条的规定，被上诉人天津市公安局北辰分局具有负责该行政区域内的治安管理工作的主体资格，作出行政拘留及罚款的行政处罚决定是其法定职权。被上诉人天津市公安局北辰分局提供的证据能够证明，其在接警后，履行了受理、调查、处罚前告知以及作出处罚决定等法定程序，其认定上诉人存在殴打他人的事实证据充分。被上诉人天津市公安局北辰分局依据《中华人民共和国治安管理处罚法》的规定，对上诉人作出拘留 10 日并处罚款 500 元的行政处罚决定，适用法律正确，裁量适当。

　　被上诉人天津市公安局提供的证据能够证明，其在收到上诉人的行政复议申请后，履行了受理、审查、决定及送达等法定程序，作出的行政复议决定合法。上诉人的上诉请求理据不足，法院不予支持。原审判决认定事实清楚，适用法律正确。综上，判决如下：驳回上诉，维持原判。

模块五　行政案件的执行

第十章

行政案件的执行

学习目标

　　通过本章的学习，使学生掌握行政诉讼执行、非诉行政行为执行的概念；一定程度上了解我国行政案件执行过程中存在的问题和较为可行的解决方案。

　　本章的知识点：行政案件执行是指人民法院按照法定程序，对已经生效的法律文书，在负有义务的一方当事人拒不履行义务时，强制其履行义务，保证生效法律文书的内容获得实现的诉讼活动。依据执行的依据，执行的启动条件等差异，行政案件执行分为行政诉讼的执行和非诉行政案件的执行。由于解决的争议不同，行政案件的执行具有与民事诉讼执行的类似制度，同时又具有自身的特点。

导入案例

　　1996 年 12 月，陕西省榆林市横山县波罗镇樊河村开办北窑湾煤矿，登记为集体企业。2000 年山东淄博人李某以招商投资的名义，利用煤炭采矿许可证换证期间，通过私刻公章、涂改采矿变更申请书等手段，获取了陕西省国土资源厅（简称国土厅，下同）新颁发的《采矿许可证》。原北窑湾煤矿企业负责人樊某飞对此不服，多次与国土厅协调无果后，以国土厅为被告提起行政诉讼。随后在横山县、榆林市两级法院的一、二审判决中，国土厅均获胜诉。2005 年 3 月 5 日，在一、二审法院审理结束后，樊河村村委会向榆林市中级人民法院提起再审，要求对省国土厅未经村委会同意将集体矿权变更一案进行再审。

　　这起因煤炭采矿许可证变更引发的以陕西省国土资源厅为被告的行政案件，经榆林市中级人民法院判决、省高级人民法院裁定后，生效判决责令省国土厅限期撤销《采矿许可证》。然而，省国土厅拒不履行判决内容，生效的行政判决形同废纸。更令人匪夷所思的是，面对生效的判决，省国土厅居然召集有关部门人员及法律专家举行所谓的协调会，在一方当事人参与机会被剥夺的情形下，以会议决定的方式否定生效的司法判决。[1]

［任务提出］

根据本案请思考以下问题：

1. 按照《中华人民共和国矿产资源法》，采矿权属于什么样的权利？

2. 陕西省国土资源厅召集有关部门人员和专家形成的会议决定，可不可以否定法院的生效判决？

3. 针对类似本案的"行政诉讼执行难"，如何采取行之有效的措施予以克服？

第一节　行政诉讼的执行

一、行政诉讼执行

（一）含义

行政诉讼的执行，是指行政案件当事人逾期拒不履行人民法院生效的行政诉讼的法律文书，人民法院和有关行政机关运用国家强制力量，依法采取强制措施促使当事人履行义务，从而使生效法律文书的内容得以实现的活动。行政诉讼的执行是行政诉讼的最后一个环节，它对于实现行政诉讼法的任务，保护当事人的合法权益，具有重要意义。

（二）特征

行政诉讼的执行的主要特征有：

（1）强制执行的主体既包括人民法院也包括有行政强制执行权的行政机关。这是行政诉讼执行与民事诉讼执行之间的重要区别。

（2）执行申请人或者执行被申请人一方是行政机关。这是由行政案件的性质决定的，因为行政法律关系和由此延伸到的行政诉讼法律关系中，行政机关必然是一方当事人。不过，当强制执行的主体是有行政强制执行权的行政机关时，申请强制执行者即为执行机关，二者融合为一体。

（3）强制执行的依据是已生效的行政诉讼法律文书。包括行政判决书、行政裁定书和行政调解书。

（4）强制执行的目的是实现已生效的法律文书所确定的义务。

二、执行主体

执行主体是指在行政诉讼执行中享有权利、承担义务的各方主体。包括执

---

〔1〕　资料来源："陕西国土资源厅败诉后否决民告官案法院判决"，载腾讯·大秦网，http://xian. qq. com/a/20100719/000178. html，最后访问日期：2015 年 6 月 12 日。

行机关、执行当事人、执行参与人和执行异议人。

（1）执行机关。也称执行组织，指拥有行政诉讼执行权，主持执行程序，采取强制执行措施的主体。我国行政案件的执行机关除了作为审判机关的人民法院外，还包括行政机关。在人民法院维持被诉行政行为，而且根据法律规定具有行政强制执行权的、作为一方当事人的行政机关可以自行执行生效行政裁决所维持的行政行为，成为执行机关。此种作法有助于提高行政效率，减轻法院的执行压力。

在人民法院作为执行机关时，一般由第一审人民法院负责执行。如果第一审人民法院认为情况特殊，需要由第二审人民法院执行的，可以报请第二审人民法院执行；第二审人民法院可以决定由其执行，也可以决定由第一审人民法院执行。

（2）执行当事人。指行政诉讼执行中的执行申请人和执行被申请人。一般情况下，行政诉讼的执行由人民法院负责，执行当事人就是行政诉讼的当事人，但在依照法律规定，具有强制执行权的行政机关作为行政诉讼执行的执行机关时，该行政机关作为行政诉讼一方当事人，同时又成了执行机关，行政机关具有双重身份。

（3）执行参与人。指除执行当事人以外的其他参与执行过程的单位或者个人。例如，执行涉及被执行人的存款、收入，那么该存款或者收入所在的机构（如银行及有关金融机构或工作单位等），就有义务协助执行这部分财产。

（4）执行异议人。指没有参与执行程序，但对执行标的主张权利，提出不同意见的个人或者组织，也称案外异议人。执行异议人提出异议时一般应采用书面形式，说明异议的理由并提供有关证据。执行人员应当及时审查异议理由，并做必要的调查核实。如果异议确有理由和事实根据，报请院长批准后中止执行；如果异议理由不成立的，驳回异议申请，继续执行程序。

三、执行根据

执行根据，是指执行申请人申请执行或者执行机关依职权采取执行措施所依据的法律文书。它是执行工作得以开始和进行的前提和基础，存在执行根据是开始行政诉讼执行的必要条件。行政诉讼强制执行的根据是已经生效的法律文书，包括行政裁定书、行政判决书和行政调解书；而非诉行政案件执行的标的是行政机关的行政行为。

上述法律文书必须同时具备三个条件，才能作为执行根据：①据以执行的法律文书必须已经发生法律效力，没有生效的法律文书不能作为强制执行的根据；②该法律文书必须具有可供执行的内容，通常包括物的给付、特定行为的执行和对人身的强制行为等。如果法律文书中不具有可强制执行内容的，不能作为执行根据；③法律文书中可执行事项具体明确。

四、执行措施

执行措施，是指执行机关运用国家强制力，强制被执行人完成所承担的义务的法律手段和方法。执行措施的运用直接关涉到对被执行人人身、财产的限制和处分，关系到被执行人重大的切身利益，因此执行措施的采取必须按照法律的明确规定进行。

法律规定行政诉讼执行措施主要体现在三类法律文件上：一是《行政诉讼法》；二是《民事诉讼法》，相应的措施对公民、法人、其他组织适用；三是单行法律，如《海关法》允许海关机关对被扣留、抵押的货物、物品、运输工具变价抵缴；〔1〕《治安管理处罚法》规定对被决定给予行政拘留处罚的人，由作出决定的公安机关送达拘留所执行；等等。

行政案件中的执行措施，因对行政机关的执行和对公民、法人或者其他组织的执行而不同。

（1）对行政机关的执行措施。行政机关拒绝履行判决、裁定、调解书的，第一审人民法院可以采取下列措施：①对应当归还的罚款或者应当给付的款额，通知银行从该行政机关的账户内划拨；②在规定期限内不履行的，从期满之日起，对该行政机关负责人按日处50元～100元的罚款；③将行政机关拒绝履行的情况予以公告；④向监察机关或者该行政机关的上一级行政机关提出司法建议。接受司法建议的机关，根据有关规定进行处理，并将处理情况告知人民法院；⑤拒不履行判决、裁定、调解书，社会影响恶劣的，可以对该行政机关直接负责的主管人员和其他直接责任人员予以拘留；情节严重，构成犯罪的，依法追究刑事责任。

从上述执行措施来看，行政诉讼中对行政机关的执行措施大多属于间接强制性的，如罚款、建议处理、对行政机关负责人处以罚款甚至追究刑事责任等。它并不直接实现义务的内容，而是通过间接强制方法敦促行政机关自己履行义务。而对公民、法人或其他组织的执行措施则具有直接强制性，即直接实现义务内容，或者实现与履行义务相同的状态。这种不同是由行政机关与司法机关的性质、地位及相互关系所产生的，司法机关一般只能通过间接的方法来达到目的〔2〕。

---

〔1〕《海关法》第92条规定，危险品或者鲜活、易腐、易失效等不宜长期保存的货物、物品，经直属海关关长或者其授权的隶属海关关长批准，可以先行依法变卖，变卖所得价款由海关保存，并通知其所有人。

〔2〕 肖承池："浅议行政诉讼案件的执行"，载中国法院网，http：//www. chinacourt. org/article/detail/2005/11/id/186791. shtml，最后访问时间：2015年6月12日。

（2）对公民、法人或者其他组织的执行措施。《行政诉讼法》并未对公民、法人或者其他组织的执行措施作出具体规定，人民法院可以参照民事诉讼的有关规定。在行政机关作为执行机关时，行政机关必须严格按照行政强制法、单行法律规定的执行措施执行。

五、执行程序

行政诉讼执行程序由一系列独立的环节所组成，主要包括：开始、审理、阻却、完毕、补救等。这些程序与民事诉讼执行程序基本相同，需要注意的问题有：

（1）期限。申请执行的期限为 2 年。申请执行的期限从法律文书规定的履行期间最后一日起计算；法律文书中没有规定履行期限的，从该法律文书送达当事人之日计算。逾期申请的，除有正当理由外，人民法院不予受理。申请执行时效的中止、中断，适用法律有关规定。

（2）执行管辖。发生法律效力的行政判决书、行政裁定书、行政赔偿判决书和行政调解书，由第一审人民法院执行。第一审人民法院认为情况特殊，需要由第二审人民法院执行的，可以报请第二审人民法院执行；第二审人民法院可以决定自行执行，也可以决定由第一审人民法院执行。

第二节　非诉行政案件的执行

一、非诉行政案件执行

（一）非诉行政案件执行的含义

非诉行政案件执行，是指公民、法人或者其他组织对行政行为在法定期间既不提起行政诉讼又不履行的，行政机关可以向人民法院提出执行申请，由人民法院采取强制执行措施，或者依据法律自行强制执行，使行政行为内容得以实现的制度。

从严格意义上说，非诉行政案件的执行与行政诉讼的执行有着本质的区别，行政诉讼的执行是诉讼执行，自然归属于《行政诉讼法》的规范领域，而非诉行政案件的执行本质是一种行政强制执行，应由《行政强制法》加以规定。在我国《行政诉讼法》制定之时，为解决我国行政强制执行中存在的实际问题，《行政诉讼法》专门对行政机关申请人民法院强制执行具体行政行为作出了规定：公民、法人或者其他组织对具体行政行为在法定期限内不提起诉讼又不履行的，行政机关可以申请人民法院强制执行，或者依法强制执行。据此，凡是行政机关有强制执行权的，公民、法人或者其他组织不履行具体行政行为所确定的义务，行政机关可以自行强制义务人履行义务。除此之外，如果公民、法人或者其他组织在法定期限内既不提起行政诉讼，又不履行义务的，行政机关都可以申请人民法院强制执行行政机关作出的具体行政行为，保证行政权的实现。

（二）非诉行政案件执行的特征

（1）非诉行政案件执行的根据是行政机关作出的行政行为，该行政行为没有进入行政诉讼，没有经过人民法院的裁判，因而它不同于人民法院对经过行政诉讼判决维持的行政行为的执行，后者虽然实际执行的仍是行政行为的内容，但该行政行为已经经过人民法院的裁判，转化为司法裁决，而不再是一种行政决定。这是非诉行政案件执行与行政诉讼执行的本质区别。

（2）非诉行政案件的执行申请人是行政机关，被执行人只能为公民、法人或者其他组织。在非诉行政案件的执行过程中，行政机关不能成为被执行人，而行政行为针对的公民、法人或者其他组织一般只能成为被执行人，不能成为执行申请人。在特定情况下，非诉行政案件的执行申请人也可以是生效行政行为确定的权利人或者其继承人。

（3）非诉行政案件的执行前提是公民、法人或者其他组织在法定期限内，既不提起行政诉讼，也不履行行政行为确定的义务。如果公民、法人或者其他组织已经向人民法院提起了行政诉讼，即使其没有履行该行政行为确定的义务，行政机关也不能向人民法院申请强制执行该行政行为。但如果人民法院不及时执行被诉行政行为，可能给国家利益、公共利益或者他人利益造成不可弥补的损失，经申请，人民法院可先予执行。

（4）非诉行政案件的执行目的是保障没有行政强制执行权的行政机关所作出的行政行为内容得以实现。

二、非诉行政案件执行的适用范围

非诉行政案件执行的适用范围解决的是：在何种情况下行政机关可以申请人民法院强制执行行政行为，在何种情况下行政机关不需要申请人民法院强制执行行政行为。它事实上涉及人民法院与行政机关对行政行为强制执行的分工和行政强制执行权的划分。非诉行政案件的执行的适用范围是：凡行政机关对行政行为没有法律赋予的强制执行权，以及行政机关和人民法院对行政行为皆享有强制执行权时，行政机关都可以申请人民法院强制执行行政行为。具体适用范围如下：

（1）法律没有赋予行政机关对其作出的行政行为的强制执行权，公民、法人或者其他组织在法定期限内既不提起行政诉讼也不履行的，行政机关申请人民法院强制执行的，人民法院应当依法强制执行。

（2）法律规定行政行为既可以由行政机关依法强制执行，也可以申请人民法院强制执行，行政机关申请人民法院强制执行时，人民法院也应予执行。

（3）行政机关依据法律规定仅对其行政行为其中的部分内容享有行政强制执行权，行政机关对没有行政强制执行权的部分行政行为申请人民法院执行的，也属于非诉行政案件执行的适用范围。

延伸阅读

最高人民法院曾经针对湖北省高级人民法院鄂高法〔2008〕391号《关于判决驳回原告的诉讼请求行政案件执行问题的请示》，作出了〔2008〕行他字第24号《关于判决驳回原告诉讼请求行政案件执行问题的答复》：经研究答复如下：被诉具体行政行为具有可执行内容的，人民法院作出驳回原告诉讼请求判决生效后，行政机关申请执行被诉具体行政行为的，人民法院应依法裁定准予执行，并明确执行的具体内容。

最高人民法院行政审判庭作出的〔2013〕行他字第11号《关于行政机关申请法院强制执行维持或驳回诉讼请求判决应如何处理的答复》中规定人民法院判决维持被诉行政行为或者驳回原告诉讼请求后，行政机关申请人民法院强制执行的，人民法院应当按照《中华人民共和国行政强制法》第13条第2款的规定，作出如下处理：①法律已授予行政机关强制执行权的，人民法院不予受理，并告知由行政机关强制执行。②法律未授予行政机关强制执行权的，人民法院对符合法定条件的申请，可以作出准予强制执行的裁定，并应明确强制执行的内容。

三、非诉行政案件的执行程序

非诉行政案件的执行一般包括申请与受理、审查、告知履行和强制执行等环节。

（一）申请与受理

1. 申请人。一般而言，非诉行政案件执行的申请人为行政机关。在特定情况下，非诉行政案件执行的申请人也可以是生效行政行为确定的权利人或者其继承人。《最高人民法院关于适用〈中华人民共和国行政诉讼法〉的解释》第158条规定：行政机关根据法律的授权对平等主体之间民事争议作出裁决后，当事人在法定期限内不起诉又不履行，作出裁决的行政机关在申请执行的期限内未申请人民法院强制执行的，生效行政裁决确定的权利人或者其继承人、权利承受人在6个月内可以申请人民法院强制执行。享有权利的公民、法人或者其他组织申请人民法院强制执行生效行政裁决，参照行政机关申请人民法院强制执行行政行为的规定。

2. 申请的期限和依据。没有强制执行权的行政机关申请人民法院强制执行其行政行为，应当自被执行人的法定起诉期限届满之日起3个月内提出。逾期申请的，除有正当理由外，人民法院不予受理。行政机关申请人民法院强制执行其行政行为时，应当提交的材料包括：①强制执行申请书；②行政决定书及作出决定的事实、理由和依据；③当事人的意见及行政机关催告情况；④申请强制执行标的情况；⑤法律、行政法规规定的其他材料。

3. 受理。行政机关提出申请后，人民法院应当对行政机关的申请进行审查，以确定行政机关的申请是否符合非诉行政案件的执行条件。对于符合非诉行政案件执行条件的申请，人民法院应当立案执行；对不符合非诉行政案件执行条件的申请，人民法院应裁定不予受理。

为避免被执行人随意对财产进行处分，保证行政职能的实现以及公民、组织的合法权益，行政机关或具体行政行为确定的权利人申请人民法院强制执行前，有充分理由认为执行人可能逃避执行的，可以申请人民法院采取财产保全措施。后者申请强制执行的，应当提供相应的财产担保。

（二）人民法院对行政行为的审查

1. 人民法院对申请执行的行政行为是否合法进行实体审查。人民法院决定立案执行后，应当继续对申请进行审查，但这次审查不同于立案审查，这次审查主要是对作为执行根据的行政行为是否合法进行实体审查。人民法院对被执行的行政行为是否合法进行实体审查的理由主要是：①公民、法人或者其他组织在法定期间对被执行的行政行为不起诉，并不意味着该行政行为合法有效。由于被执行的行政行为有违法的可能性，如果人民法院不对行政行为的合法性进行实质性审查，一旦行政行为违法，人民法院强制执行就会侵害公民、法人或者其他组织的合法权益。这显然不利于保护公民、组织的权益。②从法院角度来看，人民法院作为法律实施的最终保障机关，它担负着保证法律正确实施和监督行政机关依法行使行政职权的职能，如果允许人民法院强制执行存在明显违法的行政行为，显然与人民法院的职能相背离。③从行政强制执行主体设置角度看，之所以将人民法院作为行政行为强制执行的主体，一方面在于将行政行为的决定权与执行权分离，避免行政机关既是决定机关又是该决定的执行机关，可能造成违法执行；另一方面则在于由行政机关申请人民法院执行，多一道纠正错误的手续和环节，通过人民法院对行政机关的监督起到保护公民、法人或者其他组织合法权益的目的。如果人民法院不对行政行为进行实质性审查，不管具体行政行为是否合法便一概执行，有违将人民法院作为行政强制执行主体的初衷。

2. 审查的内容。对被执行的具体行政行为的合法性审查，由行政审判庭负责进行，审查实行合议制。合议庭对具体行政行为审查合法性的主要内容有：

①作出该行政行为的主体是否适格，是否有作出该具体行政行为的法定职权；②行政行为是否有事实根据，证据是否充分可靠；③行政行为适用法律、法规是否正确；④行政机关是否滥用了职权；⑤行政行为的作出是否符合法定程序；等等。

3. 审查后的结论。人民法院对具体行政行为的审查主要是书面审查，必要时人民法院可以进行一定的调查，对重大的案件人民法院也可以采取其他审查方式。人民法院受理行政机关申请执行其行政行为的案件后，应当在 7 日内由行政审判庭对行政行为的合法性进行审查，并作出是否准予执行的裁定。人民法院在作出裁定前发现行政行为明显违法并损害被执行人和行政机关的意见，并自受理之日起 30 日内作出是否准予执行的裁定。经合议庭审查认定具体行政行为合法正确，人民法院应作出准予强制执行的裁定，并送达申请人民法院强制执行的行政机关。

在审查中，若被申请执行的具体行政行为有下列情形之一的，人民法院应当裁定不准予执行：①实施主体不具有行政主体资格的；②明显缺乏事实根据的；③明显缺乏法律、法规依据的；④其他明显违法并损害被执行人合法权益的情形。因而，从总体来看，人民法院对具体行政行为不予执行的原因，必须是被申请执行的具体行政行为存在较为明显的错误，即在具体行政行为有原则性错误时，人民法院才能对该具体行政行为不予执行。在审查中，如果没有发现原则性错误，但存在有一些欠缺和不足，如某些事项有遗漏或者有差错，某些内容含糊不清等，人民法院虽不裁定不予执行，但应当通知并建议行政机关加以解释、纠正或者做出说明。

人民法院审查完毕后，无论是准予执行还是不予执行都应以裁定形式作出，对此裁定当事人不能提出上诉。

（三）通知履行和强制执行

1. 通知履行。对于行政审判庭裁定准予执行的非诉行政案件，需要采取强制执行措施的，行政审判庭应当将案件交由本院负责强制执行非诉行政行为的机构具体执行。负责强制执行非诉行政行为的机构，在强制执行前，应当再次书面通知被执行人，告诫被执行人履行义务，并附履行期限，促使被执行人自觉履行义务。如果被执行人逾期仍不履行义务的，则由执行机构强制执行。

2. 准备强制。在此阶段，人民法院应履行强制执行手续，填写强制执行文书，通知有关单位、人员到场，制定强制执行方案，等等。

3. 实施强制措施。人民法院在非诉行政案件执行中所采取的执行措施，可以参照《民事诉讼法》及《最高人民法院关于适用〈中华人民共和国民事诉讼法〉的解释》的有关规定执行。

4. 执行结束。执行任务完成后，人民法院应将案卷材料整理归档，并结清各种手续、清单及费用，书面通知申请强制执行的行政机关，宣告执行程序结束。

导入案例中，行政诉讼的执行制度是解决行政争议不可或缺的重要环节，是实现人民法院生效法律文书的重要途径，也是法律实现的重要形式。行政案件的特殊性，使得行政诉讼执行难在当事人双方之间并不具有同等的程度。由于司法体制等方面的原因以及法律规定的疏漏，行政裁判执行难尤其是行政机关败诉案件的执行难以成为我国执行难的一大痼疾。[1]

就本案而言，对于第一个问题，按照《中华人民共和国矿产资源法》（2009年修正）的规定，矿产资源属于国家所有，由国务院行使国家对矿产资源的所有权。根据《中华人民共和国矿产资源法实施细则》（1994年3月26日国务院令第152号），采矿权是指在依法取得的《采矿许可证》规定的范围内，开采矿产资源和获得所开采的矿产品的权利。取得《采矿许可证》的单位或者个人称为采矿权人。由此可见，采矿权应当视为基于行政许可形成的用益物权。

对于第二个问题，根据我国《行政诉讼法》的规定，人民法院对行政机关的行政行为是否合法进行审查。即人民法院的裁判结果是对行政机关行使职权的一种监督而非替代。因而在本案中人民法院可以以国土资源厅颁发《采矿许可证》缺乏合法依据为由判决撤销，但是人民法院无权在本案的判决中直接规定采矿权的归属。同时，榆林市中级人民法院作为本案的第二审法院，按照第二审程序审理再审案件所作的判决、裁定是发生法律效力的判决裁定。对于榆林市中级人民法院的生效判决，省国土资源厅以所谓的会议纪要否决法院的生效判决，显然违背了司法最终裁决原则，是非常明显的违法行为。

对于第三个问题，针对行政诉讼执行难（主要是行政机关作为被告败诉的案件），2017年修改后的《行政诉讼法》作了有针对性的规定：①在履行期届满拒不履行判决裁定的，可以对行政机关负责人而非行政机关处以罚款；②将拒绝履行的情况予以公告；③拒不履行判决、裁定社会影响恶劣的，可以对行政机关直接负责的主管人员和其他直接责任人员予以拘留。上述规定在致力于解决长期存在的行政诉讼裁判执行难，推动依法行政方面可谓《行政诉讼法》修改过程中的亮点，体现了立法者实现依法治国的决心和勇气。

---

[1] 肖萍、裴春光："行政裁判执行制度研究——以对行政机关的强制执行为视角"，载《法学评论》2009年第1期。

延伸阅读

非诉行政案件中的裁执分离

2012 年 4 月 10 日起施行的《最高人民法院关于办理申请人民法院强制执行国有土地上房屋征收补偿决定案件若干问题的规定》第 9 条规定："人民法院裁定准予执行的，一般由作出征收补偿决定的市、县级人民政府组织实施，也可以由人民法院执行。"至此，"裁执分离"首次进入司法实践。所谓裁执分离，是指法院对申请强制执行的行政行为是否合法进行实体审查，符合强制执行条件的，作出准予强制执行的裁定；而行政行为内容的实施由提出申请的行政机关负责。

法院的审查行为与行政机关的执行行为相分离，客观上有助于使法院从大量的执行任务中解脱出来，从而居于更超脱的中立者的地位，又有助于行政机关恪尽职守、依法履职，实现行政、司法准确定位，行政、司法各司其职，行政、司法制衡的权力配置状态。有学者认为"裁执分离"机制的完善应当优化非诉案件执行中司法职权的配置，继续保留法院承担非诉行政案件执行中的司法审查权，并改进和提升司法审查的标准和效率，但同时应将具有行政性的执行实施职能交还由行政机关行使，从而实现司法职权的优化和行政职能的回归。[1]

思考题

1. 试分析行政诉讼执行与非诉行政案件执行的差异。
2. 简述行政诉讼执行程序。

实务训练

申请执行人葫芦岛环境保护局与被执行人
方大锦华化工科技股份有限公司行政处罚执行终结案[2]

（辽宁省葫芦岛市中级人民法院，［2014］葫芦执二行字第 00001 号行政裁定书）

---

〔1〕 裴蓓："非诉行政案件'裁执分离'模式研究——以浙江法院实践为例"，载《行政法学研究》2014 年第 3 期。

〔2〕 行政裁定书引自殷清利：《新〈行政诉讼法〉实务解析与裁判指引》，法律出版社 2015 年版，第 319 页。

申请执行人：葫芦岛市环境保护局

被执行人：方大锦华化工科技股份有限公司

申请执行人葫芦岛市环境保护局依据已经发生法律效力的葫环罚字（2013）第 8 号行政处罚决定和本院 2013 年 11 月 12 日作出的（2013）葫芦审字第 00026 号准予强制执行裁定，于 2014 年 1 月 6 日向本院提出强制执行申请，本院依法受理。

在执行过程中，申请执行人葫芦岛市环境保护局申请撤销执行申请。依据《民事诉讼法》第 257 条第 1 项的规定，裁定如下：

终结葫芦岛市环境保护局葫环罚字（2013）第 8 号行政处罚决定的执行。

本裁定送达后即发生法律效力。

[问题]

1. 申请执行人申请执行的行为属于何种类型的行政案件执行？

2. 葫芦岛市中级人民法院如何审查申请执行的行政行为？